O Provedor

Título original:
Public Editor Number One. The collected Columns (with reflections, reconsiderations and even a few retractions) of the first ombudsman of The New York Times

© 2006 by Daniel Okrent and *The New York Times*
Publicado nos Estados Unidos pela PublicAffairs,
membro do Perseus Books Group

Prefácio: © José Carlos Abrantes e Edições 70

Tradução: Victor Silva

Revisão: Luís Abel Ferreira

Capa: FBA
Crédito imagem: Corbis/ VMI
©: Lawrence Manning-Corbis

Depósito Legal nº 284503/08

Biblioteca Nacional de Portugal – Catalogação na Publicação

OKRENT, Daniel

O Provedor. – (Extra colecção)

ISBN 978-972-44-1373-0

CDU 070

Paginação, impressão e acabamento:
GRÁFICA DE COIMBRA
para
EDIÇÕES 70, LDA.
Novembro de 2008

ISBN: 978-972-44-1373-0

Direitos reservados para Portugal
por Edições 70

EDIÇÕES 70, Lda.
Rua Luciano Cordeiro, 123 – 1.º Esq.º – 1069-157 Lisboa / Portugal
Telefs.: 213190240 – Fax: 213190249
e-mail: geral@edicoes70.pt

---

www.edicoes70.pt

Esta obra está protegida pela lei. Não pode ser reproduzida,
no todo ou em parte, qualquer que seja o modo utilizado,
incluindo fotocópia e xerocópia, sem prévia autorização do Editor.
Qualquer transgressão à lei dos Direitos de Autor será passível
de procedimento judicial.

Daniel Okrent
O Provedor

*Selecção de crónicas, textos,
e até algumas retractações
do Provedor dos Leitores
do New York Times*

70

*Para a Mimi, a Arika, o Joel, a Sarah
e a Karen e em memória do David*

Se te enforcarem hei-de lembrar-me de ti para sempre.

– Humphrey Bogart para Mary Astor,
em *Relíquia Macabra*, citado no *e-mail*
de um leitor do *New York Times*

A CRÍTICA PÚBLICA DO JORNALISMO

DANIEL OKRENT, o primeiro provedor (*public editor*) do *The New York Times*, foi nomeado na sequência de um escândalo que correu mundo: um jornalista, Jason Blair, fez plágios de outros jornais, inventando mesmo entrevistas e factos. Até então, o *The New York Times* não considerara necessário ter um provedor. Desde os anos 60, alguns outros jornais americanos tinham criado essa função, mas o *Times* nunca vira necessidade de proceder de igual modo. Porém, um novo director, que iniciou funções em 2003, recorreu a essa medida, imediatamente anunciada para o credibilizar. O jornal passou, portanto, a ter um provedor dos leitores para analisar e criticar os conteúdos publicados.

Conheci Daniel Okrent, em Maio de 2004, na conferência da Organization of News Ombudsman (ONO), em que parti-

---

Public editor foi a designação escolhida pelo *The New York Times* para esta função. Em Portugal adoptou-se provedor dos leitores (ou do leitor) na imprensa, designação que perfilhámos nesta tradução. Nos Estados Unidos, além de *public editor* e de *ombudsman*, são frequentes outras designações como *reader advocate*, *reader's representative* e *reader editor*, entre outras.

cipei como provedor dos leitores do *Diário de Notícias*. Na conferência e, sobretudo ao ler as suas crónicas, pude apreciar o espírito combativo e a forte ironia com que Okrent ataca os problemas que analisa. Eles estão bem visíveis neste livro. Muito ligado a revistas e a livros até à sua nomeação, o provedor iniciou um momento importante de crítica pública do jornalismo, e num jornal que muitos consideram um dos mais conceituados do mundo. Ao longo do meu mandato dei alguma atenção ao que se passava no *Times*, salientando algumas crónicas, debates ou mesmo notícias.

As crónicas aqui publicadas referem-se a especificidades do jornal e do jornalismo americano, marcando um contraponto interessante com a realidade que vivemos. A introdução feita pelo autor é uma análise muito informativa sobre as condições e ocorrências que viveu no ano e meio do seu mandato. O texto, de trinta e sete páginas, acrescenta uma evidente mais-valia às crónicas escolhidas, reveladas ao público em português pela primeira vez. Outro aspecto assume ainda particular relevo: Daniel Okrent acrescentou um comentário, após cada crónica escolhida, escrito para a edição em livro. Reflexões a reacções aos artigos provindas de jornalistas e de leitores do *The New York Times*, informações acrescentadas que não poderiam ser dadas no momento da escrita da crónica, reacções de *bloggers*, referências a escritos de outros jornais sobre textos do provedor, são alguns dos exemplos destes novos textos, genuínos valores acrescentados por serem, quase sempre, elementos de contextualização muito significativos.

Por outro lado, há muitas referências comuns que aproximam este livro de Portugal e do seu jornalismo. Os seus temas mostram a presença de problemas que se movem no interior de fronteiras mais largas do que as nossas. As crónicas referem-se à utilização de fontes anónimas, ao peso da opinião, ao modo como se cita, à parcialidade política, à questão da objectividade no jornalismo, à importância das notícias culturais e a tantos outros assuntos, como, por exemplo, a guerra do Iraque. Trata-se afinal de coisas com que lidamos todos os dias no nosso jornalismo e sobre as quais este livro nos dá reflexões muito originais e solidamente argumentadas.

JOSÉ CARLOS ABRANTES
Outubro de 2008

NOTAS SOBRE UMA PROFISSÃO ANTIPÁTICA

A CRIAÇÃO do lugar de provedor dos leitores do *The New York Times* foi anunciada pelo editor executivo do jornal, Bill Keller, logo no dia em que entrou em funções, em Julho de 2003. Keller fora nomeado em substituição de Howell Raines, a quem fora pedido que se demitisse, embora não tivessem decorrido ainda dois anos sobre a sua designação. O motivo aparente do despedimento de Raines foi a longa série de delitos jornalísticos cometidos sob a sua direcção pelo jornalista intrujão Jayson Blair. Outras razões acabaram por surgir numa reunião fatal convocada para uma sala de espectáculos de Manhattan no mês de Maio desse ano de 2003 pelo editor do jornal, Arthur O. Sulzberger Jr. Na reunião, o pessoal furioso apresentou um conjunto de queixas dirigidas ao estilo de gestão de Raines, aos seus procedimentos jornalísticos, etc. Após terem sido desencadeados ventos tão tempestuosos, não fui eu o único a pensar na altura que Raines não iria poder manter-se no emprego. Contudo, estava longe de imaginar que entre as suas consequências estava a criação do cargo que iria ocupar ainda nesse ano.

Os primeiros *ombudsmen* – termo que designa os representantes dos leitores nos jornais dos Estados Unidos – do jornalismo americano apareceram nos anos 60 do século passado, nomeadamente no *Louisville Courier-Journal* e no *Washington Post*. O *New York Times*, no entanto, recusara firmemente durante mais de três décadas contratar também um, invocando a suposta obrigação dos seus próprios editores de representar os leitores. Como grande parte da indústria jornalística olhava para o *Times* como o definidor dos seus padrões, uma das consequências da resistência do jornal foi o lento crescimento do exercício do cargo de *ombudsman*. Outra consequência foi, como se poderia imaginar, o aparecimento de alguém como Jayson Blair.

Não pretendo defender a ideia de que um *ombudsman* – ou "editor público", como o *Times* acabou por designá-lo – teria realmente descoberto que Blair plagiava outros jornais, inventava entrevistas e factos, e, por outro lado, acumulava um espantoso cadastro de graves delitos jornalísticos. No início deste nosso século XXI, Jayson Blair não foi, aliás, a única pessoa responsável por minar a reputação do *Times* em particular e dos jornalistas americanos em geral. Mas é muito possível que os protestos vindos de leitores, de pessoas sobre quem Blair escreveu, bem como doutros elementos do corpo do jornal tenham sido objecto de cuidadosa atenção por parte de quem tivesse sido especialmente incumbido de os ouvir. Todos os editores que teoricamente representavam os leitores tinham outras coisas a que se dedicar, nomeadamente fazer sair o jornal todos os dias.

Antes de o chefe de redacção John Geddes me ter telefonado em Setembro desse ano para me perguntar se estava interessado numa entrevista para o cargo de provedor dos leitores, nós nunca nos havíamos encontrado (na verdade, penso que nem nunca ouvira falar do meu nome). No entanto, tínhamos alguns conhecimentos comuns, entre eles o seu ex-chefe no *Wall Street Journal*, Norman Pearlstine, para quem eu trabalhara na Time, Inc. Pearlstrine recomendara-me para o lugar. Dificilmente esperaria ou imaginaria sequer uma chamada de Geddes. Embora conhecesse muita gente no *Times*, eu não era realmente um tipo dos jornais, nem era um leitor particularmente atento da crítica e do comentário jornalísticos. Reformara-me cedo, dois anos antes, da Times, Inc., onde fora um dos editores executivos na década anterior, e embarcara no que pensara vir a ser a última fase da minha vida de trabalho: escrever livros. Toda a minha carreira fora dedicada a livros e revistas. A última vez que trabalhara para um jornal fora como estudante universitário, nos anos 60. Quando Geddes me telefonou estava para sair um livro que escrevera sobre a Nova Iorque dos anos 20 e 30 e estava prestes a iniciar outro sobre os Estados Unidos durante o período da Lei Seca.

Todavia, o *Times* era o *Times* e eu era um jornalista, por isso, era impossível ignorar o convite de Geddes. Houve depois uma conversa animada e uma série de reuniões com vários membros da direcção redactorial. Falei pessoalmente com Bill Keller por duas vezes e depois mais uma vez por telefone, antes de me oferecer o emprego.

Apenas então me encontrei com Arthur Sulzberger. (Uma vez que já aceitara a oferta de Keller, esta era uma prova efectiva da independência da actividade editorial relativamente à interferência do administrador nos seus processos.) Sulzberger, cujas maneiras poderiam ser descritas, por vezes, como de informalidade agressiva, deu início ao nosso encontro com um comentário característico: "Por que diabo quer você fazer isto?" Não tinha outra resposta que não fosse esta: "Porque se trata do *Times*." Acabou por ser uma conversa suficientemente agradável em que o editor tornou claro que, embora eu tivesse sido contratado por Keller, ele também apoiava a ideia de um provedor dos leitores. A única vez em que abordou um tema delicado foi quando me perguntou se eu, na minha coluna ou em algum contacto verbal, pensava vir a recomendar-lhe o despedimento de alguém. "De modo algum", respondi. Eu estava disposto a fazer parte de um júri uninominal, mas era a ele que competia ser juiz.

⁂

Keller não me fez a descrição do lugar a ocupar, nem eu lhe apresentei nenhuma. Era um processo inventivo e Keller entregou-me, de facto, as chaves do laboratório e afastou-se. Concordámos em que eu teria um espaço regular quinzenal na secção "A Semana em Revista", que sai aos domingos, que o meu texto não seria visto antes da publicação a não ser pelo meu revisor, que se eu pretendesse espaço sem ter de esperar dois domingos poderia pedi-lo e que teria liberdade de escrever o que quisesse e à minha maneira (sem recorrer às fórmulas usadas pelo *Times* como, por exemplo, "Sr. Bush" ou "Sr.ª Clinton"). Concordámos também que desempenharia o cargo durante 18 meses e, a meu pedido, que não haveria renovação e que à partida eu próprio o tornaria público. Eu tinha uma vida a que desejava regressar, mas, para além disso, também não queria que algum leitor pensasse que evitava ser incisivo para obter uma opinião favorável por parte de quem fosse decidir a renovação do meu contrato.

A decisão de Keller se de pôr de parte, tanto da definição do que seria o cargo, como da orientação do seu ocupante foi extremamente judiciosa: permitir-lhe-ia manter-me sempre suficientemente distante. Quando criticasse um jornalista do *Times*, Keller poderia dar um apoio simbólico de solidariedade ao elemento magoado (ou enraivecido), dizendo que Okrent expressara apenas a sua visão das coisas e que a direcção avaliava o desempenho dos membros da redacção com total independência em relação ao que eu tivesse a dizer.

Por vezes, o apoio de Keller aos seus colaboradores podia ser combativo, um estilo que expôs mais intensamente na sua forte resposta às minhas críticas a dois editores do departamento da cultura (vd. as notas que se seguem a "Editores das Artes e Consumidores das Artes: Não na Mesma Página", p. 226). Também não revelava qualquer dificuldade em defender os seus colaboradores e em criticar-me em entrevistas e intervenções públicas. Mas, quando era adequado, também me apoiava, citando, por vezes, as minhas colunas em discursos aos elementos do pessoal, convidando-me juntamente com Sulzberger para falar ao Conselho de Administração da New York Times Co. e, embora tal possa não ser atribuível directamente ao meu trabalho, autorizando um "comité de credibilidade", presidido pelo chefe de redacção adjunto Allan M. Siegal, o qual, tendo começado a funcionar na Primavera de 2004, empreendeu uma análise formal de diversos assuntos que eu levantara nas minhas colunas, tendo vários dos seus membros tido encontros comigo para os aprofundar. Keller foi por duas vezes ofensivamente assertivo quanto à maneira como eu escrevera sobre certos assuntos, ou simplesmente os relatara (vd. as notas a "Quando o Direito de Saber se Confronta com a Necessidade de Saber", na p. 162, para além das relativas à coluna "Editores das Artes [...]"), e nunca receou dizer-me quando discordou de mim. No entanto, nunca invadiu o meu território e foi sempre cooperante nas suas respostas às minhas questões. Tanto quanto me lembro, a única vez em que se recusou a responder às minhas perguntas foi quando sondei o terreno das fontes não nomeadas, assunto que muito o magoaria, depois da minha comissão ter terminado, na pessoa da jornalista Judith Miller.

A minha apresentação aos jornalistas foi realizada de três formas: em primeiro lugar, antes de ter iniciado formalmente a função, quando fui convidado a estar presente na reunião diária da Página 1; em seguida, na primeira de muitas deslocações pela sala de redacção do terceiro andar para me encontrar com Al Siegal, viagem inaugural que me ficou na memória por todos os pares de olhos perscrutadores que me espreitavam por trás dos monitores dos seus computadores; e, por fim, de forma muito reveladora, numa viagem a Washington para uma reunião com o pessoal da delegação mais importante do jornal.

Ali, durante cerca de hora e meia, por entre sanduíches e refrescos, fui respondendo como podia às questões dos jornalistas e editores, dos quais apenas encontrara antes uns quatro ou cinco. Entre estes encontrava-se o chefe da delegação, Philip Taubman, que me apresentou ao seu grupo. Os nossos filhos tinham entrado juntos para a Universidade. Na verdade, Taubman e eu apenas tínhamos trocado cumprimentos, mas era reconfortante ter junto de mim alguém que conhecia, embora apenas superficialmente. Quem já teve a oportunidade de ser submetido a uma sessão de contraditório levada a cabo por várias dezenas de elementos da delegação de Washington do *New York Times* já saberá porque parece ser necessário estar assim apoiado. A sessão deu-se a meio do Inverno, mas quando saí ia encharcado em suor.

Os editores e os jornalistas não foram inamistosos. Apenas pretendiam saber como acontecera aceitar este lugar, quais eram as minhas qualificações, como me propunha levá-lo a cabo, se estava totalmente ciente das agendas de grupos de pressão que queriam mal ao *Times*, se sabia quanto a actividade jornalística era sensível e concorrencial, sobretudo em termos políticos, e se havia algo na minha experiência ou formação anteriores que me habilitasse a perscrutar rigorosamente as reportagens do *Times* sobre assuntos que, por exemplo, envolvessem a CIA e outras agências de informação.

Havia outra questão que não deixava de ocupar-me o espírito nesse dia e nos dezoito meses que se lhe seguiriam. Uma jornalista, que mais tarde haveria de admirar extraordinariamente, devido às suas capacidades, à sua ética e por estar abertamente disposta a discutir as críticas dirigidas ao seu trabalho, perguntou: "Vai referir *nomes* na sua coluna?"

Não me lembro se disse aquilo que pensava: "Em que é que trabalha?"

Um dos argumentos cépticos habituais a mim dirigidos pelos críticos de fora tinha por tema a minha preguiça evidente. (Deixei algumas pistas relativamente a um ataque destes, particularmente vívido, no contexto do meu artigo de Setembro de 2004, a seguir às férias; vd. p. 177.) A minha incapacidade para lidar com os seus temas habituais era suficientemente grande, diziam estes críticos, mas era verdadeiramente indesculpável, uma vez que eu apenas me ocupava a escrever uma coluna semana sim semana não. O *Times* não só me marginalizara, ao conceder-me que apenas interviesse de forma tão esparsa – pareciam eles pensar –, mas eu colaborava nisso alegremente, uma vez que 1500 palavras em duas semanas não era propriamente um trabalho penoso.

De facto, a coluna não era a parte mais significativa da minha função. Em geral, ela apenas me exigia dois ou três dias de atenção: um dia ou dois para investigar, mais ou menos um dia para escrever (em muitas ocasiões, após vários serões tardios e madrugadas a olhar para o tecto do quarto, reflectindo no assunto que me ocupava). A maior parte do ciclo quinzenal era gasto a dar atenção aos *e-mails*, que diminuíram um tanto após uma primeira explosão de queixas reprimidas (veja-se na p. 46 a nota que se segue ao meu primeiro texto no jornal), mas que, não obstante, continuaram a um saudável ritmo de 500 a 1000 mensagens por semana enquanto ali me mantive.

Todas estas mensagens eram lidas pelo meu assistente, Arthur Bovino, que estivera durante três anos como secretário de redacção do *Times* antes de trabalhar para mim. Arthur, estou certo, acabou por conhecer os leitores do *Times* melhor do que ninguém no jornal, absorvido como esteve a falar continuamente com eles durante ano e meio. Após termos instalado o nosso sistema de trabalho, todas as mensagens de *e-mail* tinham uma resposta automática que incluía respostas a questões típicas (como encontrar o endereço de um jornalista ou artigos que mencionava na minha coluna, como propor artigos para a página de opinião) e informava os que apresentavam questões que, se necessário, receberiam de nós uma resposta ([1]).

Isso reduzia o total das mensagens a metade. Outra quarta parte do correio que nos chegava provinha de campanhas massivas de grupos de interesse particulares e podia ter seguimento com uma única resposta no meu jornal da *Web* ou devolvida por *e-mail*. Outras mensagens, que não tinham resposta, eram as que continham linguagem imprópria (alguma era mesmo chocante), eram irrelevantes ou, muitas vezes, constituíam absurdos lúbricos (nos primeiros meses, houve um homem que escrevia praticamente todos os dias a perguntar: "Maureen Dowd é realmente tão sensual como parece nas fotografias?") ou queixas de que a tinta do jornal lhes sujava os dedos.

([1]) Confesso que quem se dirigia a nós através do meio fácil do *e-mail* obtinha uma resposta muito mais rápida do que aqueles que deixavam mensagens gravadas, os que enviavam as suas queixas pelo correio ou os funcionários das empresas que transportavam pesados dossiês, apresentando em pormenor a abordagem errónea que delas era feita às mãos do *Times*, e os entregavam directa e pessoalmente no meu serviço ou até, numa ocasião desagradável, em minha casa.

As restantes mensagens – cerca de 75 a 100 todas as semanas – eram alvo de atenção pessoal. Muitas vezes isso significava uma resposta rápida a explicar algum procedimento habitual da redacção. Por vezes, Arthur ou eu mesmo fazíamos seguir a reclamação para um dos editores, solicitando ao leitor que se queixara que não deixasse de voltar a contactar-nos se a resposta fosse insatisfatória ou dilatória. Outra resposta frequente continha os resultados das análises do editor Bill Border a alguma acusação de que erráramos.

Os que recebiam as respostas mais personalizadas (e, quando o nosso sistema ficou a funcionar, as mais atempadas) eram pessoas acerca das quais se tinha escrito no jornal e pensavam ter sido mal citadas, mal caracterizadas ou tratadas injustamente de alguma outra forma. Se as queixas continham os termos "processar", "libelo" ou "advogado", eram de imediato enviadas cópias para o departamento jurídico do *Times*. Estas e todas as mensagens que alegassem comportamento não ético por parte de algum jornalista do *Times* constituíam a categoria de maior urgência.

Mediante algum tipo de investigação, todas as semanas tentava verificar qual a razão que assistia aos protestos desses casos e de várias dezenas doutros. Esta assumia, em geral, a forma de perguntas dirigidas por *e-mail* aos editores responsáveis pelo artigo em questão e mais algumas ao jornalista que escrevera a peça, para além de conversas com a chefia da redacção (habitualmente Al Siegal). Quase sempre ficava a saber o suficiente para responder porque pensava eu que o *Times* estava inocente ou, então, por que razão a censura apresentada me parecia correcta. Neste último caso, a nossa correspondência terminava geralmente com uma correcção, uma nota do editor, um expresso pedido de desculpas de um editor ou do autor do artigo ou, pelo menos, com um reconhecimento da minha parte, para ser utilizado da forma que o reclamante entendesse, de que o *Times* errara, mas que os editores não concordavam comigo.

Por fim, a queixa poderia dar origem a um artigo, nomeadamente quando tocasse num assunto que estivesse no cerne da forma como o *Times* exercia a sua actividade. Por exemplo, a queixa por parte de alguns pais sobre a maneira como foi relatada uma querela num jogo de basquetebol universitário (vd. "Manter o Registo Exacto – Mas quem Pode Encontrar o Registo?" na p. 96) foi matéria para uma coluna, porque pensei que ilustrava um problema permanente característico do jornalismo contemporâneo. Como esse jogo de basquetebol fora coberto jornalisticamente era de extrema importância para um pequeno grupo de pais; que os erros cometidos na cobertura do jogo pelo *Times* faziam parte de um problema actual era importante para todos os leitores do jornal, pensava eu.

Arthur Sulzberger tinha-se interrogado, por razões muito óbvias, acerca dos meus motivos para pretender o emprego. De início, um leitor enviou-me uma nota com uma citação de I. F. Stone: "convencer os outros a ser virtuosos", dizia ele, "não é uma profissão muito apreciada." Também não o é prestar serviço na divisão de assuntos internos, ostentar o cartão de identificação de inspector-geral ou erigir-se em carrasco que ergue ou baixa o polegar, três dos papéis desagradáveis com que várias pessoas do *Times* comparavam a minha posição. Joann Byrd, um dos elementos do comité que recomendara a Keller a criação de um cargo de provedor dos leitores, fora *ombudsman* do *Washington Post* e dissera que após ter terminado a sua comissão no cargo os únicos amigos com que ficou no edifício do jornal foram duas almas fiéis que trabalhavam na biblioteca, bem longe da linha de fogo.

Estou certo de que as pessoas no *Post* podem ser muito rudes, mas no *Times* – convencido arrogantemente da sua primazia e desprezando historicamente os críticos e os concorrentes – não era provável que alguém do exterior a quem fora dado espaço para criticar negativamente o seu pessoal tivesse o melhor dos acolhimentos ou recebesse a colaboração mais prestimosa. Sendo eu alguém que não possuía credenciais jornalísticas, não me seria possível compreender a natureza do seu trabalho. Sendo eu alguém que nunca trabalhara no *Times*, não me seria possível ser recebido como seu igual.

No entanto, conhecera pessoas do *Times* ao longo de várias décadas e o que sempre me impressionara fora como tal lugar parecia ser infeliz. Não me lembro de nenhum momento em que a atmosfera dominante na West 43rd Street não fosse de queixume ([2]). Durante o tempo em que estive no jornal acabei por verificar que tal não se ficava a dever a qualquer coisa que a direcção fizesse ou deixasse de fazer, mas devido ao lugar único que o *Times* ocupava no jornalismo americano e o que isso significava para os que aspiravam a aí trabalhar. Para a maioria dos jornalistas da imprensa escrita o *Times* era há muito o pico Everest e muitos só lá chegaram após uma árdua ascensão. Se alguém fosse o melhor jornalista de um pequeno jornal, digamos no meio do Kentucky, em breve seria contratado pelo *Louisville Courier-Journal*. Após alguns anos em Chicago ou talvez numa delegação do *Tribune* em Washington ou no estrangeiro, o *Times* apareceria com uma proposta.

Em cada uma das etapas do percurso, é-se uma estrela. Depois, tendo atingido este cume tão exaltado, olha-se à volta e vê-se que já ali está um milhar de pessoas. Outra metáfora:

([2]) Uma possível excepção: os primeiros tempos da comissão de Max Frankel como editor executivo, em meados dos anos 80, quando o termo do longo reinado de A. M. Rosenthal deu lugar a vários anos de *glasnost* relativa.

após vários anos a ser a Estrela da Companhia, descobre-se que se é apenas mais um cão a correr atrás da cauda.

O descontentamento generalizado no interior da casota tornou a minha tarefa algo mais fácil do que esperava. Embora tivesse surgido uma dúzia de casos verdadeiramente terríveis que tornaram a minha vida difícil sempre que puderam, a maioria das pessoas com que lidei, pelo menos decorrido os primeiros meses, encarou-me como apenas mais outro indivíduo irritante contra quem resmungar, ou como mais outro par de ouvidos a *quem* resmungar, porque muitos deles estavam mais do que desejosos de transformar o seu descontentamento em matéria útil ao que me incumbia fazer. Com uma frequência inesperada, havia pessoal que vinha ter comigo para debater algum acto jornalístico discutível cometido por outrem. Subeditores denunciavam os chefes de departamento, os jornalistas da delegação de Washington murmuravam acrimoniosamente contra os editores nacionais e os jornalistas dos grandes temas lançavam golpes em todas as direcções contra artigos mencionados na capa da revista de domingo.

Gerir estas queixas não era propriamente um prazer. Se não me sentia um polícia interno, sentia-me muitas vezes como o subdirector de uma faculdade rebelde. Porém, destas fontes interesseiras obtinha muitas vezes uma perspectiva útil sobre o modo de funcionamento do jornal e com o decorrer do tempo tornou os relatórios sobre o interior da instituição relativamente fáceis: trabalhadores que se sentiam preteridos, uma vez descontadas as suas motivações, tornavam-se boas fontes.

A excepção era, evidentemente, quando se sentiam preteridos por *mim*. Não havia ninguém do jornal que fosse obrigado a responder às minhas questões ou aos meus *e-mails*, a retribuir os meus telefonemas ou a conceder-me parte do seu tempo. Tudo o que eu podia fazer era apenas pressionar algures com um relatório ou mencionar os nomes dos autores dos artigos ou dos respectivos editores na minha coluna, referindo as questões a que tinham preferido não responder. Algumas pessoas empenharam-se ocasionalmente em alguma forma de obstrução algo desagradável. Apenas num caso, todavia, deparei com alguém envolvido numa sabotagem grosseiramente injusta. Aconteceu cerca de três meses após ter iniciado funções e deu origem ao pior dia de trabalho que tive no cargo e a um fim-de-semana em que pensei muito seriamente apresentar a minha demissão.

David Cay Johnston, um jornalista da secção de economia, soube que eu tinha sido eleito para a direcção de uma empresa pública muito pequena chamada TESSCO Technologies (o seu valor de mercado era aproximadamente 60 milhões de dólares; para efeitos de comparação, o valor de mercado da New York Times Co. era, por essa altura, superior a 6,5 mil milhões de dólares). Johnston contou imediatamente a muitos colegas o que parecia ser a minha perfídia e enviou-me uma mensagem mordaz, acusando-me de provocar um grande "escândalo na redacção", devido ao meu conflito de interesses, que era até então desconhecido. "A última coisa de que nós aqui precisamos é doutro escândalo", escreveu ele. "No entanto, isso é o que nós agora temos." ([3])

O que Johnston ignorava e não se incomodara em investigar era que antes de Keller e eu termos acordado formalmente a minha contratação eu lhe entregara uma lista de todas

---

([3]) Devo chamar a atenção para o facto de eu já ter tido um choque desagradável com Johnston. No início de uma reunião com o pessoal encarregado das notícias de economia, acusou-me de sabotar a carreira de um jovem jornalista (que estava sentado junto dele, visivelmente incomodado, enquanto ele batia na mesa), de ter colocado em risco a reputação do jornal (ao ter reconhecido a um leitor, e de forma muito ténue, que o artigo escrito pelo jovem jornalista "não era o *Times* no seu melhor") e, para além disso, de abusar da minha posição como provedor dos leitores.

as minhas actividades e compromissos, nela se incluindo a minha possível escolha para a direcção da TESSCO, que estava na altura ainda pendente. Contratado como estava por um período fixo de 18 meses, não me podia dar ao luxo de abandonar todas as minhas actividades no exterior do *Times*. Ainda necessitava de ganhar dinheiro para viver quando cessasse a minha comissão em Maio de 2005. Keller, tal como mais tarde este disse a Johnston, ponderou os conflitos potenciais, tendo nós concordado que, se surgisse algum caso desses, eu tornaria público que poderia ser considerado parte interessada ou então me absteria de intervir. Foi o que aconteceu devido à minha participação na direcção da National Portrait Gallery, uma divisão da Smithsonian Institution. ("E a Smithsonian faz parte do Governo Federal", tinha Johnston escrito ameaçadoramente. "Os membros dos conselhos de administração das fundações são pagos?" Infelizmente não!)

Depois de Keller ter informado Johnston sobre o que eu revelara e sobre as nossas conversas ("Obviamente [Okrent] não estaria nesta função se eu pensasse que ele iria embaraçar-nos com comportamentos não éticos, mas se o fez o embaraço seria sobretudo dele") e de John Geddes e Al Siegal me terem fortemente dissuadido a não levar por diante a hipótese de me demitir (invocara junto deles um princípio essencial da vida: "Quem é que precisa desta porcaria?"), após tudo isto, dizia, Johnston enviou-me outro *e-mail*. Cito-o integralmente: "Keller diz que ele é fixe e a bola está do lado dele. :⊃ "

Johnston era um indivíduo muito especial. Mas o subeditor do departamento de notícias da área metropolitana, Joe Sexton, também, conseguindo ser absolutamente cordial e, ao mesmo tempo, determinadamente não cooperativo. Sexton, que fora um dos mais francos na reunião do pessoal de Maio de 2003 que precipitara a saída de Raines do jornal, escreveu-

-me em Março de 2004, depois de eu o ter questionado sobre uma queixa proveniente do gabinete jurídico do Município de Nova Iorque.

"Penso ter chegado à conclusão que vou invocar o meu direito a não responder directamente a si ou aos seus inquéritos", escreveu ele.

É uma decisão que gosto de ver como algo que se aproxima de um princípio meu, e não motivada pela minha conveniência ou por insegurança. Julgo que a criação do lugar de provedor dos leitores foi um erro tremendo cometido em desfavor do jornal. Todavia, não serei de modo algum um obstrucionista. Tudo farei para facilitar a tarefa aos jornalistas e editores que pretendam responder-lhe e fornecer-lhes as informações que estejam na minha posse e lhes possam ser úteis nisso. Sou um apaixonado partidário da lealdade em relação ao departamento de notícias da área metropolitana e não quero que o meu silêncio prejudique a sua reputação nem a sua credibilidade. É possível, mesmo assim, que esta decisão seja algo contraditória, no entanto, é a que assumo de momento.

Se Sexton pretendia ser objector de consciência, eu confrontava-me com duas opções: acomodar-me à sua decisão ou queixar-me a Keller. A primeira significava que teria de dirigir os meus relatórios sobre o departamento para outro sítio, a segunda ter-me-ia tornado mais dependente de Keller do que me interessava. Curto-circuitar Sexton acabou por ser muito fácil.

Se me tornei dependente de alguém (para além de Arthur Bovino, naturalmente), o meu rochedo foi Al Siegal. Penso que discordámos em metade das posições que assumi, mas Siegal nunca, ou quase nunca, me disse nada do que pensava sobre o que eu ia escrevendo. Fora Siegal, o chefe de redacção adjunto do jornal para os padrões a seguir, que presidira ao comité que recomendara a criação do lugar de provedor dos leitores. Ele sabia que, uma vez contratado, o provedor estaria fora do controlo da direcção e que teria de viver com quem Keller escolhesse. Siegal optou por agir com urbanidade (4). Foi a ele que me dirigi quando quis compreender as políticas e os procedimentos do *Times* e saber porque estavam em vigor determinadas regras, por que razão algumas destas nem sempre eram cumpridas e, em geral, qual era o processo que permitia a um grupo de 1200 pessoas dispersas pelo mundo inteiro fazer todos os dias um jornal coerente, vívido e muito rigoroso. Ao longo das quatro décadas no *Times*, Siegal ganhara entre alguns elementos do pessoal a reputação de ser rude e até desagradável, razão por que, nas raras ocasiões em que deparei com esse seu lado, não o interpretei como algo que me fosse pessoalmente dirigido.

Não obstante, Siegal era igualmente conhecido por ser um mentor generoso e de uma incorruptível devoção aos padrões mais elevados, duas características que admirei profundamente e que aproveitei completamente. Com o decorrer dos meses as minhas descidas ao terceiro andar da redacção para me encontrar com ele tornaram-se tão corriqueiras que todos aqueles pares de olhos que anteriormente olhavam furtivamente por cima dos ecrãs dos computadores sempre que entrava na enorme sala deixaram de notar a minha presença. Os jornalistas que pareciam ser totalmente suspeitosos quando lhes telefonava ou escrevia passaram a tratar-me, em geral,

---

(4) Não é que não tivesse razão para isso. Penso que Siegal tinha um certo prazer em que houvesse alguém encarregado de receber os ataques dos leitores insatisfeitos e que anteriormente pesavam sobre os seus ombros. Escreveu-me ele em determinada ocasião, depois de lhe ter enviado um *e-mail* de um leitor consternado que se virara para mim depois de ter sido sumariamente despachado por um dos editores mais antigos do jornal, "Por que razão pensa você que o inventei?"

com uma indiferença delicada. Alguns editores procuravam-me ocasionalmente para discutir algum assunto pendente e se não se relacionava com algo já publicado, ficava satisfeito em fazer de caixa de ressonância ([5]). Em geral, as pessoas do jornal começaram pelo menos a tolerar a minha presença, em grande parte, penso eu, porque ficaram seguros de que, independentemente do que eu dissesse na minha coluna, quando regressavam ao trabalho na segunda-feira de manhã o jornal continuava a ser deles. Esta foi para eles uma boa notícia, é claro. Para mim, a notícia mais gratificante, e que me chegava através de algumas pessoas da redacção, era que nessas mesmas manhãs de segunda-feira o dia começava em muitos departamentos com a discussão do que a minha coluna dissera no dia anterior. Podiam não gostar do que escrevera, podiam até pensar que não merecia ser mencionada, mas estavam necessariamente empenhados na análise dos assuntos que a minha coluna despertara. Levar as pessoas do *Times* a pensar na forma como os leitores viam diversos aspectos do seu trabalho não era toda a guerra, mas constituía boa parte dela.

([5]) Estas conversas relacionavam-se frequentemente com queixas que haviam recebido sobre determinados jornalistas ou se eu tinha ouvido alguém de fora do jornal falar de alguma notícia que acabava de ser publicada. No entanto, após uma escorregadela inicial, nunca mais discuti o que quer que fosse que ainda não tivesse sido publicado, com receio de ter de comentá-lo mais tarde. Foi a mesma razão que me levou a não estar presente em reuniões sobre matérias noticiosas, nem a tomar parte em discussões sobre orientações internas. A escorregadela inicial ocorreu quando ouvi alguém falar de um assunto que parecia estar maduro para ser objecto de cobertura jornalística pelo *Times*. Houve um editor que concordou, distribuiu a tarefa e levou o assunto para a primeira página, onde acabou por ficar recheado de citações anónimas. No dia seguinte, alguém visado pela matéria telefonou-me para me instar a investigá-la. É óbvio que não o pude fazer.

Com uma única excepção, todos os textos que escrevi nasceram de investigações ou objecções que recebi dos leitores ou de pessoas que tinham sido referidas pelo jornal. Para essa excepção (vd. "Não há Negócio como o Negócio dos Prémios Tony", na p. 125), concedi a mim mesmo uma entrada gratuita: foi um artigo motivado pelo desagrado que *eu* tinha tido como leitor do *Times*.

O texto sobre os Prémios Tony provocou uma forte resposta de pessoas que pertenciam ao meio teatral nova-iorquino. No entanto, em lugares muito distantes da Broadway a resposta incandescente permitiu-me obter uma compreensão essencial sobre a maneira como o *Times* era visto por alguns dos seus leitores mais críticos. É que meses passados sobre a publicação do artigo, os que desaprovavam ter eu adoptado alguns aspectos da política de cobertura jornalística dos assuntos por parte do *Times* citavam-no como prova da minha incompetência na função. Qualquer pessoa que se preocupasse com tais trivialidades, argumentavam, não tinha competência para ser provedor do leitor. Do mesmo modo, muitos leitores ideologicamente orientados deram vazão à sua revolta (ou ao seu desprezo) em vários locais da *internet* sempre que eu não abordava nos textos do jornal os assuntos acerca dos quais me haviam escrito ou quando não enviava uma resposta pessoal às suas queixas.

Compreendo a sua frustração, mas parece que não entenderam o que o jornal significava na vida de leitores que não fossem eles mesmos (nem pareciam saber a quantidade de correspondência que ia recebendo). Se o centro da vida de alguém é a guerra do Iraque, ou o estado da lei do aborto nos Estados Unidos, ou a maneira como o seu livro é apreciado ou a sua empresa é apresentada, pode ser difícil de compreender que centenas de milhares de outros recebam todos os dias o jornal sem outra ideia que não seja ser informados, esclarecidos e, talvez, entretidos. É claro que os Prémios Tony não eram tão importantes como a política externa dos Estados Unidos, mas os Prémios Tony, os campeonatos desportivos, as receitas feitas pelos filmes, os restaurantes da moda e milhares de outros assuntos tão inessenciais como estes eram cobertos pelo *Times* e tinham algum significado para uma grande parte dos seus leitores.

Para além de me encarregar dos *e-mails* e escrever os meus artigos, a última grande parte do meu tempo era passada em reuniões, não com o pessoal do *Times*, embora tivesse feito um circuito de almoços e cafés com a maioria dos departamentos editoriais nos primeiros meses do meu cargo, mas sim com gente do exterior. A fila de pessoas que esperava à minha porta no dia em que dei início às minhas funções convenceu-me de que dirigir-me para fora ou trazendo os de fora ao *Times* me iria permitir, não apenas dar a saber quais eram as minhas responsabilidades, mas igualmente determinar, de certo modo, quais eram elas.

Falei para grupos escolares, comunitários e religiosos. Encontrei-me com emissários irados do maior sindicato dos trabalhadores do município de Nova Iorque, do sindicato dos bombeiros e da Fundação da Estátua da Liberdade. Um grupo de estudiosos e activistas arménios veio ter comigo para tentar persuadir o *Times* a usar a palavra "genocídio" para descrever o que os Turcos fizeram aos Arménios 75 anos antes. Depois de Keller ter mudado a orientação, recebi uma delegação de Turcos consternados. O atlético administrador superior e dois outros directores da Universidade Estadual do Ohio trouxe-ram uma lista de queixas sobre a secção de desporto, no pri-meiro mês do meu exercício do cargo; um professor de Biolo-gia Celular da Universidade Tufts, consternado pela cobertura que era dada à ciência, visitou-me no último mês e, na última semana, falei aos membros da Ombudsman Association de Nova Iorque ([6]). Ao longo da minha comissão, encontrar-me--ia demoradamente com advogados, especialistas de relações públicas e gestores de crises que representavam a Wal-Mart, a Newmont Moning, Corp., a Purdue Pharma e muitas outras grandes companhias que se sentiam afectadas pelo *Times*.

Estes grupos particularmente bem financiados, bem aconselhados do ponto de vista jurídico e bem relacionados constituíram um dos problemas mais espinhosos com que tive de me confrontar. Muito embora o possamos negar, creio que a maior parte dos jornalistas se torna muito defensiva quando os seus acusadores são provenientes das fileiras dos superprivilegiados: as grandes empresas, as instituições públicas, as figuras políticas. Com poucas excepções (designadamente as respostas moderadas e ponderadas do jornalista Walter Bogdanovich às queixas da CSX Corporation em relação à série de artigos sobre a segurança nos cruzamentos das vias férreas), parece que tanto os jornalistas como os editores entram nestas disputas com uma defesa baixa. Afastam as queixas com o argumento de que são alegações interessadas e os complexos documentos apresentados que as acompanham e fundamentam como tentativas de confundir ou intimidar. Não se interrogam: "Será possível que tenham alguma razão?" "Não teremos nós cometido talvez algum erro?"

([6]) Estes vinham em grande parte das universidades, de instituições públicas e de empresas. A associação profissional para pessoas como eu era um grupo internacional chamado Organization of Newspaper Ombudsmen (ou, mais adequadamente, ONO), e valorizo o convívio com os seus membros. No entanto, as suas convenções anuais em lugares como Londres, Paris ou Istambul pareciam ser demasiado festivas para um grupo de moralistas de profissão. Por outro lado, talvez eu assim pensasse porque a única convenção a que pudera assistir se realizou no lugar realmente pouco exótico de Sampetersburgo, na Florida.

É evidente que quando as coisas estão a funcionar a segunda questão é levantada antes da publicação. Verificaria repetidamente que os nossos melhores jornalistas de investigação, como Bogdanich, David Barstow e Scott Shane, já tinham apresentado os resultados delas aos indivíduos ou entidades sob escrutínio, dando-lhes a oportunidade de as refutar ou atenuar antes da publicação. Mas isso nem sempre acontecia e as conversas tripolares que se seguiam – entre o *Times*, os que eram visados nas notícias e eu próprio – era das mais complicadas que tinha de enfrentar: era difícil encarar a Halliburton ou a Wal-Mart como a parte que estava em desvantagem no conflito. No entanto, quando enfrentavam o *Times* podia muito bem ser que estivessem nessa situação.

Regressando ao momento em que foi anunciada a minha nomeação, no Outono de 2003, a reacção que mais ressonância teve em mim e se revelou mais profética apareceu num artigo de Mark Jurkowitz, no *Boston Globe*. Alex Jones, um ex-jornalista do *Times* (e co-autor com Susan Tifft de *The Trust*, uma soberba biografia da família Sulzberger), afirmou que o que quer que eu escrevesse "seria tremendamente aumentado pelos inimigos do *Times*". (Vd. na p. 175 as notas a "O *New York Times* é um jornal liberal?" e na p. 323 as notas a "13 Coisas sobre as quais Tive a Intenção de Escrever mas nunca o Fiz".)

Os líderes de alguns grupos de interesse e os *bloggers* que os acompanhavam elogiaram-me quando escrevi algo com que concordavam, mas rejeitaram-me como incompetente, desonesto ou disfarce das vergonhas do jornal quando discordavam de mim ([7]). As mensagens por *e-mail* que enviei a discordar de

---

([7]) Aviso aos aspirantes a provedores dos leitores: tentem não estar em funções durante as campanhas eleitorais presidenciais.

alguma coisa que tivesse aparecido na cobertura que o *Times* fazia em relação ao Médio Oriente seriam citadas e distribuídas aqui e ali por qualquer dos lados que visse apoiado pelo meu comentário o seu ponto de vista e, na próxima vez, veriam que dizia algo de que não gostavam e, frequentemente, atribui-lo-iam à minha cedência à pressão de Arthur Sulzberger, Bill Keller, a Exxon Mobil ou os Sábios de Sião.

Ficava aliviado por a minha mãe, que ao tempo ainda vivia, não frequentar a *internet*, porque teria de ler coisas realmente pouco edificantes. Alguns críticos, no entanto, mantiveram um tom equilibrado e uma abertura de comunicação que eram independentes do facto de discordarem do que eu escrevia. Estou-lhes muito grato pela sua consideração. Os mais importantes entre eles foram os líderes da Aliança dos Homossexuais e Lésbicas contra a Difamação, os Parceiros para a Paz e o Comité para o Rigor no Noticiário sobre o Médio Oriente na América.

Ainda assim, tentei fechar os ouvidos à má educação, aos excessos e às ofensas declaradas, reconhecendo que, independentemente do que provocara a sua ira, eles deviam ser julgados com equilíbrio e justiça. A queixa que vinha da esquerda que parecia ter maior fundamento derivou de eu ter reconhecido ser necessário ouvir com especial atenção os críticos que não partilhavam os meus pontos de vista. Optara por me envolver com um certo número de pessoas da direita, correndo o risco – e reconheci-o no meu primeiro texto escrito – de que "a tentativa de ser imparcial [...] pode, por vezes, fazer-nos recuar tanto que perdemos o equilíbrio."

Sei que caí algumas vezes. Tentei compensar essas quedas e os erros de perspectiva ou de prudência tornando norma a publicação numa coluna mensal apenas dedicada às mensagens dos leitores que criticavam a minha posição ou diferiam dela. Mas ao olhar em retrospectiva, devo dizer que valeu a pena, quanto mais não seja pela possibilidade que me ofereceu de abrir os meus ouvidos e o meu espírito às pessoas cujos pontos de vista eu não iria encontrar nem sequer no decurso de um ano inteiro de relações sociais e intelectuais em Manhattan.

Tenho em especial consideração um diálogo que travei com David Mastio, ex-editor do *USA Today* e jornalista do *Detroit News* e, mais tarde, escritor de discursos na administração Bush. Mastio argumentou que se o *Times* carecia de pluralismo ideológico no seu pessoal noticioso, tal não era inteiramente culpa sua, dada a natureza e a cariz do negócio jornalístico nos Estados Unidos. Quando os jornalistas alcançavam uma envergadura suficiente para ser contratados pelo *Times*, explicava ele, os que não tinham pontos de vista direccionados já tinham sido afastados do sistema. Mastio diz que foi questionado com maior atenção e muitas vezes directamente desafiado quando escrevia coisas – sobretudo sobre temas ambientais – "que não se enquadravam na narrativa padrão" tacitamente aceite em tantas das redacções americanas.

Dois conservadores da redacção que se mantiveram (e prosperaram) no *Times* contaram-me que lhes era constantemente chamada a atenção para o que os tornava diferentes, tal como jornalistas negros e hispânicos que conheci sentiam constantemente a separação face a muitos dos seus colegas brancos, não devido a um racismo aberto, mas apenas devido às diferenças constituídas pelas suas heranças sociais e à perspectiva específica que davam ao seu trabalho, *devido a* essas heranças.

De facto, havia muito mais do que diferenças ideológicas em causa. Não havia conservadores em número significativo entre o pessoal do *Times*, mas também não o havia de possuidores de armas, nem de militares veteranos, nem de liberais do ponto de vista político que fossem cristãos evangélicos, tal como tinham sido poucos os afro-americanos ou os homossexuais e lésbicas assumidos, ou (num tempo em que os escritores de nome Abraham reduziam na assinatura os seus nomes próprios a iniciais) mesmo os judeus praticantes.

Agora, porém, a diversidade do pessoal era mais importante do que alguma vez fora, porque o *Times* passara manifestamente a ser um jornal nacional, que procurava, tanto compreender a nação, como dirigir-se a ela como nunca o fizera. Em 2003, a tiragem de domingo destinada à cidade de Nova Iorque e aos 26 condados suburbanos dos arredores foi ultrapassada pela primeira vez pela que se destinava ao resto do país. Dois anos mais tarde, a tiragem nacional diária também ultrapassou a local. Ao mesmo tempo, o rápido crescimento em todo o país do site nytimes.com tornou a separação entre Nova Iorque e o que não era de Nova Iorque ainda mais desactualizada. O *Times* podia optar por falar para uma audiência nacional – e mesmo mundial –, ao mesmo tempo que se dirigia apenas aos que partilhavam a sua visão das coisas, ou podia tentar ampliar essa visão, ao ser mais abrangente do ponto de vista intelectual e, consequentemente, mais eficaz jornalisticamente.

Se errei ao ouvir demasiado os que viam o *Times* como a voz de um liberalismo urbano centrado em Nova Iorque, isso aconteceu porque pensei ser razoável representar aquelas pessoas que não liam o *Times*, mas o deveriam fazer. É claro que penso que o país (e ainda mais o jornal) ficaria melhor se houvesse mais pessoas a lê-lo.

De facto, continuo convencido de que o *Times* é o nosso único jornal verdadeiramente essencial. A enorme ambição da sua tarefa diária não tem paralelo em mais nenhum órgão jornalístico. Concorre quotidianamente com o *Washington Post* e o *Los Angeles Times* nas notícias de âmbito nacional, com o *Wall Street Journal* nas notícias financeiras e económicas e com as forças combinadas destes três no noticiário internacional. Compete com todos no desporto e na moda e gasta somas enormes em recursos que lhe permitem estar muito acima do resto da imprensa americana no espaço e no esforço que concede à cobertura dos temas culturais. Na cidade de Nova Iorque, está empenhado numa batalha diária com os tablóides e as estações de rádio locais.

Apesar de tudo o que o distingue, o *Times*, como o seu ex-colunista Sydney Schanberg me chamou a atenção, sofre como os outros do que designou adequadamente como "doenças jornalísticas". Como ele diz, é "simplesmente o mais importante e o definidor da bitola".

Era por isto que eu tinha constantemente notícias doutros jornalistas, a começar por Brooke Unger, especialista de economia, sedeado no Brasil, que discordava da posição que eu tomara na minha segunda intervenção no jornal ("Podemos Assumir uma Posição de Princípio, mas mesmo assim Tropeçar", p. 48), com receio de que a minha argumentação pudesse condicionar o trabalho dos jornalistas em toda a parte apenas porque o prestígio do *Times* na profissão se iria transferir automaticamente para o seu *ombudsman*. Quando publiquei o nome de um leitor que enviara uma mensagem particularmente abjecta a um dos jornalistas, alguns jornalistas de outros jornais (bem como um velho amigo no *Times*) criticaram-me fortemente por abusar do poder associado a uma assinatura no *Times* (vd. "Como é que Jackson Pollock Faria a Cobertura desta Campanha?" na p. 191 e as notas que se seguem a "Uma Correcção", na p. 208). Outros tomaram posições divergentes sobre artigos específicos que, receavam eles, poderiam convencer os seus próprios leitores de que havia algo de pouco saudável no jornalismo americano em geral.

Na maioria dos casos, contudo, recebi apoio de outros jornalistas e, sobretudo, o que muito me sensibilizou, dos que já tinham abandonado a profissão. Alguns, poucos, reformados do *Times* viram claramente em mim o seu anjo vingador, esperando que desse umas palmatoadas aos editores de que não gostavam ou que salientasse que o jornal não era tão bom (ou nobre, importante, ético ou valioso) quanto fora no seu tempo. Todavia, era surpreendente como muitos jornalistas reformados, quer do *Times* quer de outros jornais, apoiavam o meu trabalho. Era como se o seu afastamento das salas de redacção lhes tivesse permitido ver aquilo que os que nelas estão imersos podem não ver: as distorções causadas por uma posição que é de constante antagonismo, a superconfiança dissimulada nas fontes anónimas, a perseguição tola de furos jornalísticos inexistentes, as incursões por vezes cruéis na vida privada e todo o complexo de práticas consagradas que conduziu à pouca fé no jornalismo manifestada actualmente por tantos Americanos.

Não se trata apenas da pouca fé demonstrada, mas da suspeita generalizada que os leva a iniciar a sua relação com o seu jornal diário numa atitude de suspeição e desconfiança. Veja-se o caso, por exemplo, da mulher que ficou "profundamente ofendida" por uma parte de um cabeçalho do *Times* que, segundo pensava, era "insensível, ofensivo e provavelmente racista". A história sobre trabalhadores vulgares em Long Island, na sua maioria imigrantes, que corriam riscos devido ao tráfego de alta velocidade, tinha por título "Perigo em Movimento na Terra das Quatro Rodas". A minha correspondente dizia que discordava do subtítulo, "Imigrantes Descuidados Arriscam-se nas Estradas de Long Island", e perguntava por que razão este não atribuía o descuido às "pessoas que, circulando com velocidade na segurança dos seus veículos, atropelavam pessoas a pé e de bicicleta? Quem é que parece mais descuidado, quem não perde nada ou o passante que sabe que arrisca a vida a atravessar a estrada e não dispõe de outra alternativa de transporte ou de uma opção mais segura?"

Estava prestes a reenviar a mensagem de *e-mail* à editora do departamento de notícias da área metropolitana, Susan Edgerley, quando pensei em ler o artigo – o que é sempre uma boa ideia – para ver se haveria algo na reportagem de Patrick D. Healy que pudesse justificar este adjectivo manifestamente ofensivo, que poderia ter sido inserido no título por um editor tão arrogante que era incapaz de perceber a mágoa que a descrição poderia causar. Foi esta leitura atenta que provocou a minha resposta à mulher:

"Compraz-me poder responder à Sr.ª que não é correcta a sua interpretação", escrevi eu. "O subtítulo do artigo era 'Imigrantes sem Carro Arriscam-se nas Estradas de Long Island' e não 'Imigrantes Descuidados...'" (*)

Era apenas mais um dia na vida do Provedor Público Número Um.

(*) Confusão entre "*carless*" (sem carro) e "*careless*" (descuidado). (*N. T.*)

NOTA AO LEITOR

EXCEPTUANDO ligeiras alterações na pontuação e a omissão de um nome (explicada contextualmente na p. 207), todos os artigos aqui reproduzidos – constituindo tudo o que publiquei como provedor dos leitores – surgem como foram publicados no *Times*. Quer nos artigos quer nas notas que se seguem a cada um deles, refiro-me a cada editor pelo cargo que desempenhavam na altura em que foram publicados.

Em alguns, poucos, dos artigos e em várias das minhas notas, menciono artigos de jornal, *postings* de blogues e outros textos, incluindo críticas ao que escrevi no *Times*. Quando o contexto não fornece informação suficiente (título, data e lugar de publicação), inseri [@] para que o leitor possa localizar facilmente uma versão da referência na *Internet*, o que significa que o artigo mencionado pode ser encontrado no *site* www.publicaffairsbooks.com/publiceditor#1. É claro que em alguns casos este *site* reenviará o leitor para outro que, por sua vez, solicitará a inscrição como membro ou algum tipo de pagamento.

Todos os meus artigos como Provedor dos Leitores, bem como as cartas dos leitores acerca deles, estão disponíveis gratuitamente num *link* do mesmo endereço. Nesta página também se podem procurar mais referências a documentos do meu diário na *internet*.

O ADVOGADO DOS LEITORES
DO *TIMES* APRESENTA-SE

7 de Dezembro de 2003

QUANDO *The New York Times* convida alguém para ser a primeira pessoa encarregada de fazer a avaliação, a crítica e até mesmo os comentários públicos à integridade do jornal é difícil dizer que não: tal convite constitui um desafio muito entusiasmante. Mas também é difícil dizer que sim: há maneiras mais fáceis de fazer amigos.

Jornalistas e editores (cuja espessura de pele se mede em mícrones e a extensão da memória em anos de elefante) irão melindrar-se com uma segunda opinião pública. Quem dirige o jornal pode ser levado a pensar como é que irá evitar despedir-me antes de terminado o meu contrato de ano e meio. E haverá demasiados combatentes nas guerras da cultura, relutantes em tolerar interpretações que divirjam das suas, que desvalorizarão o que eu disser, excepto quando isso servir os seus interesses ideológicos.

No entanto, esses são problemas deles, e não meus. A minha única preocupação nesta aventura é fazer uma avaliação desapaixonada e os meus únicos companheiros serão os leitores que procuram o *Times* em busca de notícias, que esperam que sejam criteriosas, honestas e completas e estão desejosos de confiar num leitor como eles – eu – que seja seu representante.

Mas afinal quem sou eu?

Por formação e prática, sou um jornalista. Durante 35 anos escrevi e editei revistas e nos últimos dois anos (e em vários outros curtos intervalos) escrevi livros. Anteriormente, passei quase dez anos como editor literário. Quando frequentava a escola, nos anos 60, fui um não-muito-bom correspondente do *Times* na Universidade, um pouco dado à preguiça, raramente disposto a fazer uma terceira ou quarta chamada a confirmar a exactidão do que fora dito na primeira. Em vez disso, gastava as energias nessa época superarejada como um desavergonhado militante partidário e jornalista embaraçadoramente impreciso do jornal da minha faculdade. No início da minha carreira nas revistas, participei, por vezes, numa espécie de jornalismo de ataque que hoje em dia me enche de remorsos: escolhia um alvo e enviava um jornalista para me trazer o escalpo. Tornei-me mais justo e melhor à medida que ia crescendo em idade.

Por formação familiar e por hábito, sou de filiação Democrata, mas situo-me notoriamente à direita dos meus correligionários do Upper West Side de Manhattan. Quando amanhã virem as páginas de opinião, tracem uma linha entre os editoriais do *Times* à esquerda até à coluna de William Safire à direita. Podem situar-me precisamente a meio caminho. No entanto, em certos assuntos, afasto-me decididamente do centro descomprometido. Sou um absolutista quanto ao comércio livre e à liberdade de expressão, um apoiante do direito dos homossexuais e ao aborto e penso que o falecido Cardeal John O'Connor foi um grande homem. Acredito que não é justo que os que estão bem na vida se lamuriem contra os altos impostos e é incongruente que os que advogam os direitos humanos se oponham a qualquer acção militar americana. Preferiria passar os meus fins-de-semana a exterminar ratos nos túneis sob a Estação Penn do que a ler um livro de Bill O'Reilly ou de Michael Moore. Vou muito a concertos. Quase nunca vou ao cinema. Detesto os Yankees desde os meus seis anos.

Quando fui tema de reportagens ou comentários do *Times*, fui geralmente tratado de maneira equilibrada. Em 1985, no entanto, um dos meus livros foi trucidado na "Crítica de Livros" ("[...] tem os seus senãos nos pormenores, no ritmo e até nas palavras [...] Quando Okrent não força as frases, cai na frase feita [...]") por alguém cujo livro eu apresentara negativamente – no *Times*! – nem sequer três anos antes. A minha mulher diz-me para ultrapassar a questão, mas uma tal má vontade é demasiado suculenta para a abandonar passados apenas 18 anos. É também um aviso de que as pessoas reais podem ficar magoadas com os deslizes dos jornais e talvez me tivesse sido destinado sofrer essa crítica para, duas décadas depois, poder ter empatia com os assim agravados.

Desde que a minha nomeação foi anunciada, ouvi queixas tão intensas acerca do jornal que são de arrancar os cabelos. Uma antiga colega minha contou-me que cancelara a sua assinatura devido ao "virulento anticatolicismo" do *Times*. Os pais de uma pessoa conhecida minha consideram o jornal "*prima facie* anti-semita". Um dos meus mais velhos amigos boicota o *Times* devido ao que considera ser a hostilidade aberta para com os conservadores e a sua "falta de rigor institucional".

Um outro amigo, inflamado por aquilo que pensa ser a falta de cobertura jornalística do Afeganistão pós-talibã, perguntou-me: "O *New York* não é tão cúmplice quanto a Administração Bush em ignorar este pobre país?"

Permitam-me que explicite um princípio teológico meu: creio que o *Times* é um grande jornal, mas muitíssimo falível. A pressão do fecho da edição, a concorrência pelos furos jornalísticos, o esforço de imparcialidade que pode, por vezes, levar a manter-se tão afastado que perde por inteiro o sentido da justa medida, tudo isto faz inexoravelmente parte da actividade jornalística. O mesmo acontece com o ressentimento efervescente contra homens e mulheres em posições de poder que pode surgir numa profissão que requer, tal como Russell Baker escreveu uma vez, "que nos sentemos em corredores de mármore à espera de pessoas importantes que [nos] venham mentir".

Os actos jornalísticos executados de forma incorrecta e que resultam do que podemos considerar, falando em geral, como condições de trabalho, podem ser explicáveis, mas não são desculpáveis. Tais actos passam a ser crime quando a apresentação das notícias é adulterada pela parcialidade, a manipulação intencional das provas, os conflitos de interesse não assumidos ou a relutância autoprotectora em admitir os erros. É aqui que o leitor e eu fazemos a nossa entrada. Como provedor dos leitores, o que planeio fazer é o que fiz durante 37 anos: ler o jornal todos os dias como se eu, tal como o leitor, lhe pedisse para ser a minha fonte primária de notícias e comentários (e esperando, arrependido, que me exaspere tantas vezes como só alguém de quem se gosta nos pode fazer). Mas para que possa representar eficazmente os leitores quando têm alguma queixa a fazer sobre a integridade do *Times*, os editores principais concedem-me livre acesso a todo o pessoal e, de quinze em quinze dias (ou com maior frequência se eu o julgar necessário), um espaço precisamente aqui para tecer comentários sobre o seu trabalho. O meu texto não será objecto de intervenção editorial, excepto no que diz respeito à gramática, à ortografia, etc. Os membros do jornal não são obrigados a responder às minhas questões sobre a cobertura, a apresentação ou outros aspectos da actividade jornalística, mas se não o fizerem também o direi. No interesse de uma comunicação aberta com os meus amigos leitores, tentarei ao máximo não falar com ninguém *off the record*, na sombra, com a prerrogativa ou a coberto de alguma das muitas e ofuscantes formações nebulosas que perturbam a imagem do jornalismo contemporâneo. Pretendo ser capaz de vos contar aquilo que sei, de continuar a ser um leitor, ainda que um leitor com um acesso sem restrições aos bastidores. Pretendo nunca estar na situação de dizer: "Sei que o que fizeram está correcto, mas não posso dizer-vos porquê." Pode ser que as actividades do jornal nem sempre sejam transparentes, mas espero que os meus próprios argumentos, as minhas afirmações e, se necessário, as minhas acusações o sejam.

Se estivesse nos meus projectos ser reconduzido, podiam ter alguma razão para duvidar da minha independência. Por isso, em 29 de Maio de 2005, por mútuo acordo com o editor executivo Bill Keller, o meu nome irá desaparecer do cabeçalho desta coluna e da folha de salários do *Times*. Até lá, deixarei à consideração dos meus leitores sobre em que medida desempenho honestamente o meu trabalho. Desejo boa sorte e boa vontade a todos. Até daqui a quinze dias

Esta peça jornalística foi uma versão revista de um texto exploratório que escrevi no período em que Bill Keller e eu discutíamos a possibilidade de ser contratado para a função de provedor dos leitores. Pensei ser sensato dar a conhecer a Keller qual seria o estilo das minhas intervenções: o que pretendia era escrever de forma coloquial, despertar pelo menos a ilusão de haver intimidade com os leitores, pôr-me ao seu nível em termos de orientação e de ideias feitas. Aparentemente Keller aderiu, mas Al Siegal sugeriu sabiamente que eliminasse uma menção à minha posição sobre o conflito israelo-palestiniano. No fundamental, o que ele disse foi: "Por que razão pretenderá perder uma parte dos seus leitores logo com a sua primeiro intervenção?" Pelo que vim a saber do modo como cada palavra que provinha da delegação do jornal em Jerusalém podia provocar uma raiva incontida, estou certo de que Siegal tinha razão.

Fiquei aturdido pela resposta que o meu artigo provocou. 24 horas após ter sido publicado – sem anúncio prévio, excepto numa menção no fim da primeira página da secção "A Semana em Revista" –, o meu endereço de *e-mail*, que fora anunciado, ficou submerso com mais de um milhar de mensagens dos leitores. Muitas delas eram de rejeição. Uma mensagem típica dizia: "Não estarei interessado no que tiver a dizer. A sua parcialidade é já evidente (e errada)." Respostas como esta não deveriam desencorajar-me tanto como o fizeram. Uma certa ingenuidade levara-me a esperar que até os inimigos mais veementes do jornal concedessem pelo menos uma oportunidade a esta experiência do provedor dos leitores. Tenho de concordar com os críticos com sentido de humor: "O senhor pretende estar no meio da rua, mas parece que a rua é a Broadway em frente do Zabar's, o que me diz tudo o que precisava de saber."

Todavia, quando acabei de ler uma primeira grande selecção da artilharia que para ali disparara, percebi que a intensidade da resposta não era apenas sintoma das paixões políticas que haveriam de dominar mais tarde uma parte tão substancial do correio dos leitores. Durante grande parte da primeira semana Arthur Bovino e eu enfrentámos uma enchente de razões de queixa que não dispusera antes de um meio de expressão adequado. Pessoas sobre as quais o jornal escrevera anos antes contaram as suas histórias de amargor, que habitualmente começavam pelo que sentiam ser actos de injustiça ou de falta de rigor cometidos pelo jornal e depois passavam directamente a queixar-se das cartas que não tiveram resposta, mensagens de *voice-mail* não retribuídas ou mensagens que nunca o poderiam ter sido, porque os números de telefone para reclamar que surgiam no jornal tinham os seus gravadores de mensagens sempre cheios. Há muito tempo que o *Times* tinha sistemas para lidar com as queixas dos leitores, só que não era muito assíduo a fazer uso deles.

A resposta da imprensa foi diversificada, mas o comentário mais digno de nota provocou-me uma reacção instintiva de recuo (o que em si mesmo não surpreende ninguém, porque tenho uma sensibilidade normal). Tim Rutten, o excelente articulista sobre os meios de comunicação social do *Los Angeles Times*, fez-me em pedaços por várias razões, mas sobretudo por (a) narcisismo e (b) atenção indevida à alegada parcialidade dos *media*, quando a única coisa que importaria seria o rigor. [@] Pode ser que Rutten ainda não goste do que acabei por fazer durante ano e meio e seria tremendamente narcisista da minha parte defender-me da acusação de narcisismo, mas espero que tenha acabado por reconhecer, durante e após a campanha presidencial de 2004, que aquela parcialidade entrevista é uma matéria de grande preocupação em muitos leitores.

A única coisa que gostaria de retirar do artigo é a sugestão de que não deixaria que os editores e escritores do *Times* se explicassem *off the record*. Semanas depois, as conversas *off the record* tornar-se-iam parte integrante do meu trabalho.

PODEMOS ASSUMIR UMA POSIÇÃO
DE PRINCÍPIO, MAS MESMO ASSIM TROPEÇAR

21 de Dezembro de 2003

A MAIORIA das pessoas que são objecto dos artigos de jornal que julgam ser injustos ou imprecisos tem poucas possibilidades de recurso.

Podem escrever uma carta ao editor e, se tiverem uma sorte extraordinária, esta irá cair surpreendentemente do enorme monte de palha (o *Times* recebe anualmente mais de 300 000 cartas e mensagens de *e-mail*) e será publicada. Podem pedir a introdução de uma correcção, a qual, mesmo se for concedida, provavelmente não será vista nem de perto nem de longe por tantas pessoas quantas as que leram a notícia original. Se tiverem muito dinheiro e muito tempo disponível, podem também contratar um advogado.

Alguns queixosos possuem, não só a vontade, como os recursos para encetar uma guerra prolongada. De acordo com a minha experiência, os mais determinados são as empresas que se regem pela ideia expressa por uma consultora sedeada em Washington: "Há uma cultura de ataque que permeia actualmente o mundo da economia". Combatem o fogo com o fogo, lançando vagas de advogados, de especialistas de relações públicas, de comandos de "gestão de crises". Por vezes, combatem cinzas com fogo. Em 1997, a IBM deixou de fazer anúncios na *Fortune* depois de a revista ter publicado o que qualquer leitor desinteressado teria considerado ser um perfil sem nada de extraordinário de Louis Gerstner, o presidente-executivo da empresa. A IBM só voltou a gastar os seus milhões de dólares de publicidade na revista após Gerstner se ter reformado, em 2002.

Deixo à consideração dos accionistas da IBM determinar se esta medida serviu, ainda que remotamente, os seus interesses. Todavia, embora a táctica desta empresa possa não ter sido bonita, foi perfeitamente justa. A companhia não dispunha de uma revista de negócios importante em que pudesse apresentar a sua defesa. O mesmo se passa com a Purdue Pharma, a companhia de medicamentos que produz o OxyContin e que há muito se sente perseguida pelo *Times*.

Tempos atrás, a 9 de Fevereiro de 2001, o *Times* publicou um artigo intitulado "Os Analgésicos para o Cancro São uma Nova Ameaça de Consumo Abusivo". Nos treze meses seguintes, o nome do co-autor Barry Meier apareceu a encimar mais treze notícias que relatavam em pormenor o tremendo abuso do analgésico como droga de lazer, as suas utilizações médicas saudáveis, a disputa entre as agências federais sobre o seu impacto e as estratégias de comercialização utilizadas pela Purdue Pharma. A companhia objectou ao que ainda hoje considera ter sido um "relato sensacionalista e enviesado" dos seus actos por parte de Meier. Em Dezembro de 2001, funcionários da companhia visitaram o *Times* para defender a sua posição junto da chefia de redacção, que, segundo um advogado da Purdue Pharma me contou, "nos despejou". Os editores do *Times* consideram que respeitaram devidamente os seus visitantes e Meier continuou a escrever sobre o medicamento e a companhia até pouco depois de ter começado a trabalhar num livro sobre o OxyContin, na Primavera de 2002.

Não estou em condições de ajuizar em definitivo a justeza das acusações da Pardue Pharma. Todavia, após ter lido o que Meier produziu e os contra-argumentos detalhados da companhia, para além de ter falado com as autoridades para onde ambas as partes me remeteram, creio que as reportagens de Meier eram, em geral, rigorosas e equilibradas, embora o modo como algumas das suas peças foram utilizadas – localização, cabeçalho, frequência, etc. – pareça, algumas vezes, ser obra de um *terrier* particularmente feroz que tivesse ferrado os dentes no tornozelo de alguém. No ano e meio que se seguiu a Meier ter abandonado a história para escrever o seu livro, o *Times* publicou mais dois artigos e um breve item sobre a Pardue Pharma e o seu controverso medicamento. Foi então que apareceu Rush Limbaugh.

O anúncio de Limbaugh, neste Outono, de que iria tirar uma licença para tratar a sua dependência dos analgésicos deu ao *Times* a oportunidade para publicar uma notícia. Deu também a Meier, cujo livro fora publicado apenas algumas semanas antes, uma razão para regressar a um assunto sobre o qual era, reconhecidamente, o especialista do jornal. Ciente das sensibilidades envolvidas, em 16 de Outubro pediu ao chefe de redacção adjunto Allan Siegal que o autorizasse, tal como escreveu numa mensagem por *e-mail* subsequente, "a continuar a escrever ocasionalmente sobre assuntos relacionados com analgésicos narcóticos à luz da publicação recente do meu livro."

"A minha preocupação", prosseguia ele, "era que os críticos do *Times*, incluindo o fabricante do medicamento que constitui o cerne do meu livro, pudessem afirmar publicamente que eu estava a usar o *Times* como base para o promover."

Siegal deu licença a Meier para prosseguir uma história destinada à secção de ciência do *Times*, que saía à quinta-feira, que não era um relato noticioso, mas uma reflexão sobre analgésicos e dependência, relacionada com Limbaugh. "Prometeu-me que a peça que projectava apenas dizia respeito marginalmente ao OxyContin", disse-me Siegal. Meier foi fiel à sua promessa. O artigo que acabou por aparecer em 25 de Novembro não mencionava o OxyContin, nem a Pardue Pharma senão no 11.º parágrafo. Howard Udell, o mais importante funcionário jurídico da Purdue Pharma, reconheceu que, embora tivesse algumas objecções de pormenor a fazer, pensou que era "a peça mais criteriosa que Barry escrevera".

Mas regressando ao momento em que Meier começou por abordar a Purdue Pharma para comentar o artigo, Udell exigiu que o *Times* retirasse o jornalista da história, afirmando que a publicação recente do livro de Meier criava um conflito de interesses. Dado que Meier estava fora, num *talk show* em digressão para promover o livro, argumentou Udell, tinha interesse monetário em que nas páginas do jornal aparecessem histórias sobre o assunto do seu livro. Siegal defendeu a posição do jornal numa carta endereçada a Udell: "Os compromissos actuais do Sr. Meier não se centram nem se dirigem principalmente à sua companhia nem aos seus produtos." Udell não se tranquilizou com esta carta. Na sua resposta, argumentou que se parece haver um conflito de interesses, então há conflito, pois, salientava ele, a orientação publicada pelo próprio *Times* afirma que "os elementos do jornal nunca devem dar a impressão de que podem vir a beneficiar financeiramente com o resultado dos acontecimentos noticiados".

Se quem é matéria de notícias tenta afastar um jornalista de uma história, surge um desafio à própria essência da auto--imagem de um jornal: a sua integridade. A menos que os editores reconheçam que há parcialidade ou conflito, tendem a responder do modo que o leitor ou eu responderíamos, digamos, a um insulto a um membro da nossa família. Enchem-se de indignação. Tentam ao mesmo tempo apoiar o atingido, que amam. Se abrissem a guarda, a humilhação poderia magoar mais do que a própria acusação.

O exemplo clássico deste sistema de resposta imunitária deu-se em 1963, quando o presidente Kennedy pediu a Arthur Ochs Sulzberger, que acabara de ser nomeado editor do jornal, para mandar regressar do Vietname o jornalista David Halberstam. (O que é interessante é que Robert Dallek, no seu papel de historiador, escreve na sua recente biografia de Kennedy que os "relatos irrefutáveis das falhas da aliança entre os Estados Unidos e o Vietname do Sul na guerra", enviados por Halberstam, implicaram que "era necessário um maior envolvimento americano.") Os editores do *Times* estavam a planear enviar Halberstam para outra tarefa, o que fazia parte da rotação normal dos jornalistas com missões difíceis. Todavia, a intervenção de Kennedy fez com que Sulzberger e o chefe da delegação de Washington, James Reston, a contrariassem: se querem tanto que ele se vá embora, disseram eles, de facto, à Casa Branca, somos obrigados a mantê-lo lá.

Esta foi a defesa adequada de um princípio central num caso que era, evidentemente, de enorme importância. No caso do OxyContin, os editores do *Times* encontraram-se a defender instintivamente o mesmo princípio, mas talvez fazendo sofrer com isso a credibilidade do jornal. Ainda que o artigo de Meier Limbaugh mencionasse o seu livro (e assim não foi), ainda que tivesse aparecido na altura em que Limbaugh era matéria noticiosa (decorreram mais de cinco semanas até ser publicado), ainda que a peça jornalística tivesse entrado em sensacionalismos ou empolado o assunto em causa (o que nem de perto aconteceu), é quase certo que Meier não teria beneficiado monetariamente com isso. A relação funcional entre o seu artigo e o seu livro era mais frágil do que a página que agora empunham. (A crítica positiva ao livro de Meier que apareceu no jornal na última quarta-feira foi infinitamente mais valiosa, mas o tema complicado da crítica de livros realizada pelos jornalistas do *Times* terá de ser objecto de outro artigo.)

Eis outra série de "ainda que": ainda que Berry Meier não fosse ver dólares a afluir com abundância do que escrevera sobre o OxyContin, e ainda que fosse o jornalista do *Times* que mais sabia sobre a medicação analgésica à base de *oxycodone*, e ainda que a exigência de Udell fosse interpretada como um esforço dissimulado de intimidar o jornal para alterar a cobertura que era feita, apesar de tudo isto, não parecia haver a menor aparência de conflito.

Um jornal não deveria retirar um jornalista de uma cobertura jornalística que estava a decorrer e por causa de queixas dos que eram alvos dela, se não verificasse que eram válidas. Mas um jornal também não deveria defender automaticamente este princípio quando não fosse relevante nem decisivo para a missão. Há ano e meio que Meier não fazia reportagens sobre a Purdue Pharma ou o OxyContin e o jornal e os seus leitores poderiam ter ficado satisfeitos no caso do artigo sobre Limbaugh ter sido escrito por um dos jornalistas que estivesse na altura de serviço. A reputação do jornal poderia certamente ter sido engrandecida, afastando até a menor sugestão de conflito de interesses. O chefe de redacção adjunto Siegal reconhece que ao conceder a Meier luz verde para continuar as reportagens – que Meier, com razão, procurou obter, de acordo com as próprias regras e processos do *Times* – foi "provavelmente um erro".

Não se tratou do caso de um presidente acreditar que um jornal iria abandonar uma reportagem de importância crucial. Todavia, as células T do *Times* não notaram a diferença. Quando interroguei algumas pessoas do jornal acerca deste episódio, alguns pensaram que, independentemente das razões de queixa que a Purdue Pharma pudesse ter, a sua preocupação em relação com a reportagem que teve Limbaugh como pretexto era, como um deles disse, "transformar o montículo de uma toupeira numa montanha".

O problema quando se publica um jornal com a importância do *Times*, repleto, dia após dia, de artigos individuais, é que muitos parecerão montículos de toupeira. Porém, quando estamos no outro lado do telescópio, quando somos o objecto do artigo – ainda que sejamos uma grande empresa farmacêutica –, cada um deles parece-se com o Everest. Os jornalistas e os editores necessitam de incluir os leitores do jornal algures no meio e proporcionar-lhes uma perspectiva desimpedida e não conflitual de ambos.

<hr />

Na reacção a este artigo inclui-se a primeira afirmação (de muitas que haveriam de chegar) do tema que Alex Jones glosou no artigo do *Boston Globe* sobre a minha nomeação: que tudo o que eu escrevi a criticar o meu jornal "será enormemente amplificado pelos inimigos do *Times*". Em Slate.com, alguém que escreveu a objectar fortemente a grande parte da reportagem de Barry Meier afirmou que a minha coluna "interviera com parcialidade em relação ao OxyContin" e insinuava que eu estava convencido de que Meier era culpado. Slate introduziu imediatamente uma longa correcção quando lhe chamaram a atenção, não só para este erro, mas para outros também.

Com a minha coluna, houve pelo menos uma forma em que prestei um mau serviço a Meier. Passados quinze dias, cheguei à conclusão de que o meu mundo deveria ter começado em 1 de Dezembro de 2003: decidi, por isso, que não poderia abordar na imprensa, *online* ou por *e-mail* o que quer que tivesse sido publicado no jornal anteriormente ao meu primeiro dia em funções. De contrário, ter-me-ia perdido nos túneis sem fim dos agravos que emergiram nas reacções dos leitores à minha primeira coluna publicada. O artigo sobre Limbaugh que Meier lançara ganhou por seis dias à minha data inaugural. Não era muito, mas uns pequenos pontos são pontos em qualquer caso.

O meu exemplo favorito entre as queixas que antecederam a minha chegada ao *Times* chegaria em breve numa carta de uma mulher de Chicago, que cerca de três anos antes levantara umas objecções fúteis a um artigo de "Votos" sobre o novo casamento do seu ex-marido. O artigo original afirmava que os recém-casados se tinham encontrado após o marido e a minha leitora se terem separado. De facto, disse ela, eles tinham tido um longo caso de adultério. Ela sofrera uma verdadeira afronta, mas se o jornal publicasse uma correcção neste particular mais de dois anos depois dos acontecimentos o facto seria de atribuir certamente às forças do oculto. A mulher acabou por ser sossegada por um adequado pedido de desculpas oficial apresentado por Al Siegal.

Falando de Siegal. Esta coluna conseguiu provocar um dos seus raros comentários acerca do meu trabalho: eu não incluíra a sua inicial do meio. Era um delito menor, talvez, mas nenhum de nós possui algo mais valioso do que o nome. Quanto a Louis Gerstner e o artigo há muito aparecido na *Fortune* que o inflamara: o que aparentemente o tinha posto tão zangado fora a insinuação de que não tinha maneiras no campo de golfe.

A CITAÇÃO, TODA A CITAÇÃO
E NADA MAIS DO QUE A CITAÇÃO

4 de Janeiro de 2004

A PRIMEIRA grande saraivada da primeira época do primeiro provedor do leitor começou no domingo dia 21 de Dezembro. O título principal da primeira página do *Times* rezava assim: "Há um Forte Apoio à Proibição do Casamento entre Homossexuais". Ao ler o artigo ao pequeno-almoço, perguntava-me por que razão uma mera sondagem de opinião – do próprio *Times*, comparticipada pela CBS – era considerada notícia (pelo menos uma outra realizada mais ou menos pela mesma altura tivera resultados substancialmente diferentes). No entanto, durante as duas semanas seguintes, enchentes cada vez maiores de *e-mails* motivados pelo artigo levaram-me a perceber que a minha atenção se deveria dedicar a outra coisa.

A maioria dos remetentes pensava que os 55% de inquiridos que se tinham pronunciado a favor de uma emenda constitucional contra o casamento entre pessoas do mesmo sexo não constituíam um "forte apoio". Muitos outros, chamados a rebate pela Gay and Lesbian Alliance Against Defamation (GLAAD), objectaram à formulação das perguntas da sondagem e à desproporção de respondentes a favor e contra a emenda que o artigo citava (três contra um). Para além disso, segundo se lia na queixa publicada no *site* da GLAAD, "a reportagem era sensacionalista e não representava adequadamente os resultados da sondagem, ao não formular nela perguntas básicas que teriam permitido aos inquiridos ponderar todo o leque de problemas que estavam em jogo."

Estas objecções são ponderosas, mas todas elas podem ser contra-argumentadas. Uma divisão 55/40 (os restantes não tinham opinião) seria uma vitória esmagadora em qualquer eleição realizada a ocidente da China. Estou convencido de que não pode haver perguntas numa sondagem sobre assunto tão melindroso que possam ser verdadeiramente imparciais. Quanto à parcialidade das entrevistas aos inquiridos, quando o homem morde o cão fala-se com o cão. O que neste caso constituía notícia era o apoio crescente à emenda proposta, em comparação com sondagens anteriores.

Estou ainda perplexo por uma sondagem conduzida pelo *Times* ser matéria para uma primeira página. Sem uma explicação pormenorizada da metodologia, como pode o leitor descobrir por que razão esta sondagem merece maior confiança do que as conduzidas por entidades noticiosas concorrentes? E não constituiria um artigo de genuíno jornalismo pelo menos referir outras sondagens que tiveram resultados diversos? O *Times* não é o único com este costume, é claro, mas quando uma entidade noticiosa apregoa as suas próprias sondagens, ao mesmo tempo que passa em claro sondagens reputadas conduzidas por outras, lanço a mão à carteira para verificar se ainda permanece no seu lugar. Isto não é noticiar. Isto parece-se muito com autopromoção.

Contudo, a minha maior preocupação relativamente à peça jornalística, no que sou acompanhado por um elevado número dos meus correspondentes (tanto apoiantes como opositores à emenda), é com um tema problemático do jornalismo: a maneira correcta de fazer citações. Neste caso, o problema não residia na alteração das palavras, mas na sua ausência. Passados sete parágrafos do artigo, a jornalista Katharine Q. Seelye, que partilhava a autoria com Janet Elder (uma das editoras que supervisou a sondagem do Times), citava um comentário que o Presidente Bush fizera alguns dias antes: "apoiarei uma emenda constitucional que honre o casamento entre o homem e a mulher; tomem nota disso."

Na verdade, no entanto, o presidente fizera preceder a sua afirmação a Diane Sawyer, numa entrevista à *ABC News*, de uma condição importante: "Se necessário", disse ele, "apoiarei [...]". Não acredito que o presidente tenha proferido estas palavras com ligeireza. Suponho que foram introduzidas com premeditação, análise e mesmo calculadamente. As fortes reacções que despertaram tanto nos partidários como nos adversários da emenda indicam como é frágil a posição intermédia que o presidente estava a defender. "Se necessário" poderia sugerir que o presidente não apoiaria uma emenda constitucional se a decisão recente do tribunal do Massachusetts fosse anulada pelos legisladores, ou se o Supremo Tribunal fosse envolvido, ou, quem sabe, talvez não se na próxima época televisiva o "Olhar do Homossexual" abandonasse o alinhamento do canal Bravo. Politicamente, poder-se-ia pensar razoavelmente que, na verdade, a parte necessária na afirmação do presidente era "se necessário".

A sua supressão no artigo de Seelye e Elder não foi, como vários dos meus correspondentes insistiram, "politicamente motivada", "falta de ética" ou uma "manipulação evidente dos factos". Foi apenas um erro. Quando foi referido pela primeira vez no *Times* por Elisabeth Bumiller, correspondente na Casa Branca, em 17 de Dezembro, o comentário do presidente apareceu em duas frases separadas: a novidade ("Apoiarei") seguida imediatamente pelo esclarecimento ("Mas o Sr. Bush disse que apoiaria uma emenda apenas 'se necessário' para preservar o casamento tradicional"). O editor de Washington, Rick Berke, pediu a Seelye para voltar a incluir os dados da sondagem (já tinham mais de uma semana) junto da referência ao comentário recente do presidente. Após ter pesquisado na base de dados do *Times*, Seelye disse-me por *e-mail*: "Retirei a citação directamente da reportagem de Elisabeth Bumiller, a qual, sem que disso tivesse conhecimento, tinha sido abreviada." Ninguém se apercebera disso no processo de revisão e abreviada permaneceu.

Nos meses que precederam o início do meu novo trabalho, houve dois casos em que os colunistas do *Times* truncaram ou suprimiram citações, tornando alguns leitores apoplécticos. Tento ficar à margem dos acontecimentos que se passaram antes de ter aqui iniciado as minhas funções, excepto na medida em que se relacionarem com reportagens que prosseguem ainda. Por isso, deixo os novos desenvolvimentos desses incidentes aos críticos, aos polemistas e aos familiares dos colunistas. No entanto, decidir quando se deve iniciar e acabar uma citação é algo que todos os autores enfrentam em quase todas as notícias e para tal não há regras fixas a seguir. Até mesmo as orientações detalhadas do *Times* sobre esta matéria não se ocupam disso. De harmonia com as "Linhas de Orientação para Defesa da Nossa Integridade", do jornal, "Os leitores devem poder presumir que todas as palavras entre as aspas foram as que o orador ou o autor disseram". [@] "O *Times* não 'limpa' citações." (Devo ser rigoroso aqui: as orientações continuam por mais oito frases, mas nenhuma diz respeito ao início ou ao termo das citações. Acreditem em mim.)

Sejam colhidas numa conferência de imprensa ou numa conversa de bar, as citações não são apenas relatadas, são escolhidas. Os assuntos são longamente apresentados. Os jornalistas retiram algumas frases particularmente reveladoras, sumarentas ou apenas interessantes, as rotativas giram e mais tarde o sujeito grita: "Retiradas do contexto!" Mas exceptuando os casos em que o jornal publica transcrições textuais, todas as citações são feitas fora do contexto. O contexto é a conversa ou a conferência de imprensa reais em que as palavras foram proferidas. As páginas impressas de um jornal apenas as podem reproduzir de uma forma muito grosseira.

A tarefa de fazer citações é eminentemente artificial. Escolher é editar. Pergunte-se a qualquer crítico que vê as suas palavras apropriadas de modo indevido num anúncio. Os jornalistas e os editores dos periódicos podem ser mais conscienciosos do que os departamentos de publicidade dos estúdios cinematográficos (e não chapam com um ponto de exclamação no fim de cada frase), mas a caça às palavras a colocar entre as duas ocorrências das aspas pode ser uma relíquia tão essencial quanto o editor das notícias da cidade, de aspecto duro, com uma sombra esverdeada nas sobrancelhas e um Lucky Strike a pender dos lábios, ladrando à tremente cria de jornalista: "volte lá e traga-me uma citação!" "Uma citação valiosa? Uma citação reveladora? Uma citação por si mesma?" "Não interessa, traga-me uma qualquer." Quando Joe DiMaggio era um jovem jogador e um jornalista lhe pediu uma citação, não sabia do que é que este estava a falar. "Pensei que fosse uma bebida não alcoólica", disse depois DiMaggio.

Os defensores da caça às citações dizem que são necessárias para obter um efeito de verosimilhança (ainda que o processo de escolha seja arbitrário), para dar vida (se assim acontece, trata-se de um comentário infeliz sobre a capacidade do jornalista tornar a cena vívida) e, fundamentalmente, para transmitir um sentido de equilíbrio. Mas mesmo esta última motivação deixa-nos frequentemente a ouvir gracejos que não seriam dignos de um recreio de escola primária, sobretudo durante as campanhas eleitorais. Precisamente na semana passada, uma porta-voz de Howard Dean respondeu o seguinte a um jornalista do *Times* que lhe pedia uma reacção à crítica de John Kerry: "Aquilo a que assistimos é a um político de carreira a tentar salvar a sua carreira política." O que vou dizer não se destina a fazer uma crítica destrutiva à porta-voz, cuja réplica não era mais adequada do que as que foram dadas pelos seus contrapartes dos campos dos outros candidatos, porém, se aquilo era tudo o que tinha a dizer para esclarecer os leitores do *Times*, bem poderia ter dito: "E a tua mãe também." Não seria suficiente – e talvez elevasse um centímetro ou dois o nível da discurso público – que o jornalista tivesse escrito "Uma porta-voz de Dean desvalorizou como política a acusação do senador Kerry"?

Receio muito, no entanto, que os jornalistas só deixem de procurar citações quando os cães deixarem de perseguir os automóveis. Entretanto, podemos apenas esperar que as citações sejam feitas com rigor e imparcialidade. (Será isto um tiro de aviso aos colunistas, aos editorialistas e ao provedor do leitor? Podem crer que sim.) Parece que o *Times* se porta muito bem na rectificação das citações mal feitas. No início de Dezembro, quando expressão "n'é", de Sylvester Croom, treinador de râguebi do Estado do Mississipi, foi branqueada como inglês padrão [@], surgiu de imediato uma correcção. O mesmo se passou com a expressão omitida "se necessário", posta novamente na boca do presidente três dias após o seu infeliz desaparecimento.

Porém, os dois casos revelam ser diferentes. Para além de ter sido citada incorrectamente, as palavras do treinador Croom podem ter perdido neste processo algum do seu sabor; ao presidente Bush foi sonegada uma parte essencial do que pretendia dizer. A subeditora do noticiário nacional, Alison Mitchell, disse-me o seguinte: "fizemos uma correcção e julgamos que foi suficiente". No entanto, talvez seja necessária uma nova categoria de correcções destinada a erros que distorcem o sentido e diferente das correcções devidas por erros que confundem os factos. Há diferença entre escrever mal St. Catherines, Ontário (não é "St. Catherine's", como vieram a saber os leitores da coluna de correcções na manhã do dia de Natal) e transcrever erradamente as palavras do presidente. A julgar pelo correio dos leitores que me sobrecarregou nos dias posteriores a 21 de Dezembro, é em parte a má vontade mesquinha em reconhecer a importância relativa de um erro que leva alguns leitores a pensar que passos inocentes como não incluir "se necessário" são más condutas voluntárias. Pode ser que todas as citações sejam iguais, mas as citações mal feitas não.

Julgo que Katharine Seelye não estava muito satisfeita com este artigo, e no caso de se ter sentido absolvida quando a definição de "necessário" do presidente se revelou extremamente acomodatícia, tinha toda a razão para isso. Dois meses mais tarde, o presidente declarou que era necessária uma emenda constitucional e as palavras omitidas perderam qualquer sentido que porventura pudessem ter tido. No entanto, mantenho o aspecto central da questão: todas as citações constituem uma escolha, e como a maior parte do jornalismo tenta ser interessante, para além de rigoroso, a maioria dos jornalistas poder-se-á apoiar no comentário mais importante que uma fonte lhes está a fazer, quando procura ganhar tempo, diminuir o alcance da questão ou reconsiderá-la, como sucede, por vezes, de forma embaraçosa, à generalidade das pessoas civilizadas.

A reacção mais forte que chegou até mim proveio de Janet Elder. O que sabia eu de sondagens que me habilitasse a poder criticar a que fora realizada pelo *Times*? Por que motivo não lhe fora concedida a oportunidade de responder? Ao deixar cair um comentário marginal num artigo sobre outro assunto, não procedera como nos que eram escritos pela maioria dos *ombudsmen*. Por que razão o fizera eu? Elder teve mais tarde um forte apoio de Bill Keller, que disse numa entrevista que os meus comentários sobre a questão da sondagem estavam "mal informados". (No entanto, Keller mudou a orientação do jornal, solicitando que fosse incluída uma caixa que explicasse a metodologia de cada sondagem, não só no primeiro dia em que os seus resultados fossem impressos, mas em todos os artigos subsequentes que, como sucedera no de Seelye e Elder, se reportassem a sondagens anteriormente divulgadas.)

Se eu estava, de facto, mal informado, foi Ruch Meislin, que chefiara a sondagem realizada pelo jornal, quem, mais tarde, cumpriria a preceito a tarefa de me informar. Meislin acentuou que uma sondagem do *Times* era como um artigo do *Times*, ou seja, era preparada e interpretada pelo pessoal do jornal e de acordo com os padrões que este seguia. O *Times* cobria os acontecimentos políticos noticiosos sem se referir à forma como outros o teriam feito, e as atitudes públicas, segundo a perspectiva do *Times*, eram certamente matéria noticiosa.

É uma observação pertinente. No entanto, a autoridade dos próprios números não deixa de ser grande. Pode ser que não estejam acima de qualquer suspeita (vd. "Atordoado pelos Números quando afinal a Soma Está mal Feita", na p. 257), mas tendem a ganhar um halo de autoridade. Se o *Times* pretende prosseguir com a sua própria versão – os seus próprios números – não há nada a opor, mas reconhecer que há números diferentes (ou semelhantes!) colhidos por outras entidades noticiosas reputadas propiciaria aos leitores uma compreensão mais profunda do que está em causa. Mais ou menos na altura em que a sondagem do *Times* estava em curso, uma outra sobre o mesmo assunto, realizada pelo Annenberg Public Policy Center e com a sua pergunta elaborada de forma algo diferente, teve por resultado respostas que representavam uma proporção quase inversa (40% a favor da emenda e 51% contra).

Finalmente, deverá porventura uma sondagem orientar um jornal? Bem, quando não há, na verdade, nada a noticiar – uma circunstância muito frequente dos jornais aos domingos e segundas-feiras –, pode-se ficar paralisado. Mas se se insistir em publicar notícias de facto confeccionadas pelo próprio, os editores de domingo podem encarregar-se delas, chamando a atenção para algo que faça parte da inatacável série de artigos de David Barstow e Lowell Bergman sobre a segurança no local de trabalho, apresentada numa chamada pouco importante da primeira página. Estas são as notícias verdadeiramente importantes.

O DR. DEAN DEITA-SE NA MARQUESA

18 de Janeiro de 2004

JODI WILGOREN tem sido desde o último Verão a principal correspondente do *Times* no avião de campanha de Howard Dean. Ela foi das primeiras jornalistas do país a reconhecer a força impulsionadora do movimento de Dean, quando em Julho escreveu um artigo de primeira página adornado com frases que descreviam como o candidato efectuara a sua "súbita saída da obscuridade em direcção ao clube dos adversários mais proeminentes" e a sua "vaga surpreendente" na corrida à obtenção de fundos. Dizia um dos subtítulos: "Em defesa daquilo em que acredita". As pessoas da campanha de Dean pensam que Jodi é uma excelente jornalista. Nunca me encontrei com ela, mas como seu fiel leitor, também assim penso.

No entanto, a julgar pelos *e-mails* que recebo e pela minha deambulação pela *internet* (que incluiu uma paragem num blogue intitulado "The Wilgoren Watch"), tem um grande número de detractores. Não se trata de partidários de Richard Gephardt, zangados com o que julgavam ser a obsessão do *Times* com as dificuldades do seu candidato em obter fundos. Não se trata de partidários de Dennis Kucinich, que acreditam que o *Times* "é há muitos meses e praticamente desde o início um forte apoiante do Dr. Dean. Segundo penso, não haverá muitos que discordem desta avaliação", como David Swanson, secretário de imprensa do congressista, disse ao meu assistente Arthur Bovino. Não, Wilgoren parece ter-se transformado no alvo dos ataques dos apoiantes de Dean.

Quase sempre que surge no jornal uma notícia sobre Dean a minha caixa de correio recebidos fica cheia com protestos dos seus fãs. (Sempre que não surge uma notícia que forneça uma síntese da divulgação de uma nova política por parte do campo de Dean acontece quase o mesmo.) Atacam os editores, Wilgoren, a correspondente da política nacional Adam Nagourney e outros jornalistas do Times por deturparem, ridicularizarem ou tentarem sabotar Howard Dean. Objectam sobretudo à análise microscópica do *Times* ao seu candidato, enquanto, como muitos dizem, os danos provocados por George W. Bush permanecem por analisar.

Pergunta um leitor: "O *Times* está a retomar os seus ataques continuados a Clinton ao utilizar o candidato democrata favorito" como alvo? Outro chama a um jornalista experimentado "operacional republicano". Um terceiro anulou a sua assinatura do jornal, devido a uma análise que considerou um "esforço para derrubar Howard Dean". Alguns queixam-se de que o *Times* está indevidamente obcecado com a personalidade de Dean, ou em esquadrinhar injustamente o seu passado, ou – queixa comum a todas as campanhas, ao que parece – demasiado interessado em fazer prognósticos sobre a corrida eleitoral, ao mesmo tempo que ignora importantes posições políticas.

Deixei de prestar atenção durante alguns dias aos disparos de artilharia que iam chegando antes de telefonar na semana passada para a sede de campanha de Dean. O porta-voz desta, Jay Carson, compreensivelmente, não quis comentar a qualidade da cobertura feita pelo *Times*, mas tinha algo a dizer sobre o significado do fogo de barragem dos *e-mails*: a cruzada (o termo é meu, não dele, e pretende ser um elogio) de Dean é "a maior campanha popular da história contemporânea", afirmou ele, continuando: "Estas pessoas escrevem cartas, fazem telefonemas, dão dinheiro. É, na verdade, um compromisso fortemente assumido."

Respondo eu. Estas queixas por parte de partidários de Dean atingiram-me com um tal impacto que me fizeram recordar o corolário de Bennet, uma afirmação do chefe da delegação do *Times* em Jerusalém, James Bennet: "Não é por toda a gente estar furiosa connosco que estamos necessariamente a fazer o que é correcto." (É uma frase que a maioria dos jornalistas – que jogam ainda com mais agressividade quando jogam à defesa do que quando estão ao ataque – deveriam inscrever nos ecrãs dos seus computadores.) A semana que passou levou-me a reler a cobertura da campanha dos Democratas efectuada pelo *Times* desde o dia 1 de Dezembro.

O jornal tem cometido erros. A descrição de Wilgoren da maneira como Dean ouviu Al Gore a anunciar o seu apoio (em 10 de Dezembro) foi inadequada num artigo noticioso: "O Dr. Dean afivelou afectadamente o seu afectado sorriso de marca". Isto é estilo de colunista. O visual utilizado para ilustrar um artigo sobre o temperamento de Dean (em 3 de Janeiro) era ainda mais problemático. Era a capa de um número recente da *National Review* com o rosto de um inflamado Dean a encimar um cabeçalho que dizia: "Por Favor, Escolham este Homem como Candidato". A legenda fazia notar que a *National Review* é um "jornal conservador", mas não há escapatória para o facto de este não ser um exemplo do temperamento de Dean, mas o que uma publicação assumidamente partidária pensa do temperamento de Dean.

Alguns títulos, compreensivelmente, são um toque a reunir das tropas. O belo artigo de David Halbfinger de 4 de Janeiro, pormenorizando a mecânica potencial de um colapso de Dean (para quem é fã das disputas eleitorais, era irresistível, para quem é fã de Dean, era provavelmente alarmante), apareceu com o título "Sim, Howard Dean Pode ser Derrubado. Dizemos como". Halbfinger, proferindo uma frase que é uma versão de um mantra de todos os jornalistas, diz que "Há muito que deixei de me preocupar com os títulos, porque não tenho o controlo deles." A editora de "A Semana em Revista", Katy Roberts, que se preocupa com eles, admite que "o título, ao tentar demasiado ser engraçado (com o sentido de 'e como'), pode ter adulterado a história."

Nas páginas de notícias de 9 de Janeiro, o cabeçalho de um artigo dedicado sobretudo aos que no Iowa votam Dean dizia o seguinte: "Ergue-se entre os Democratas uma Onda de Mudanças de Opinião". A julgar pelo que o artigo continha, a "onda" era formada por quatro habitantes do Iowa, que eram citados, e um número indeterminado das "dúzias" doutros com quem os autores falaram.

Pensei que o quadro apresentado pela primeira página conferia um cariz peculiar e inapropriado ao que se passara. A chefe de redacção, Jill Abramson, defende vigorosamente a inclusão do título "Os Auditores do Vermont Consideraram Censurável o Envolvimento de um Conselheiro de Dean num Contrato em 1992" (6 de Janeiro), num artigo assinado por Rick Lyman, porque "era um exemplo revelador de como Dean geria a concessão de um lucrativo contrato estadual a uma empresa ligada a um aliado político íntimo". Eu penso que era um exemplo de como os jornais tendem a empolar os seus próprios furos jornalísticos.

Jill Abramson diz que a reportagem era igualmente relevante devido à forma como "Dean e os Democratas estão também a atacar a Administração Bush por causa do seu secretismo". Todavia, uma história tão antiga e relacionada tão vagamente com a actuação de Dean não precisava de ter tal proeminência. A página 1 é um megafone. Se o mesmo artigo tivesse sido colocado nas páginas interiores e com uma extensão não tão impressionante, teria tido uma expressão que lhe era mais adequada. O editor executivo, Bill Keller, partia do princípio de que a história era importante, mas não deixou de me dizer: "Concedo que possamos tê-la exagerado".

Isto foi o que encontrei passadas sete semanas de intensa cobertura jornalística: uma frase, uma fotografia, dois títulos e uma história exagerada. Estou certo de que deixei escapar outras frases questionáveis, mas não o suficiente para poderem configurar um padrão de comportamento ou denunciarem um projecto partidário. É verdade que muitos apoiantes sérios de Dean terão dissecado cuidadosamente muitos outros artigos a fim de mostrar que existe uma tendência contrária a Dean. Todavia, a tendência que detectam faz invariavelmente parte da história que analisamos. Um artigo que pormenoriza o que os opositores de Dean julgam ser as suas fraquezas é considerado notícia legítima. Tudo o que "depende do próprio" ou "depende dos outros" e se possa incluir num tal artigo será incapaz de eliminar a aura negativa que este necessariamente emite. Cada um dos artigos pode ser duro com um candidato, mas não constitui notícia. O que importa é o que o jornal for realizando ao longo do tempo, acompanhando a extensa e laboriosa campanha.

Tenho um conselho a dar aos apoiantes de Dean que possam estar zangados (incluindo os que objectaram à utilização do termo "deaníacos" pelo jornalista Todd Purdum, em 11 de Janeiro, embora muitos dos próprios apoiantes de Dean o usem, como se pode ver em www.deaniacs.org). Pensem num político de quem não gostem – pode ser um dos democratas que Dean combate – e em qualquer artigo sobre o Dean substituam o nome do vosso homem pelo daquele. Se ainda pensarem que é injusto, pode ser que o seja. Mas sem fazerem esse teste não estarão perante "um insulto à nossa democracia", como um dos meus correspondentes classificou a cobertura da campanha efectuada pelo jornal, mas perante jornalismo.

Penso que Jay Carson tem razão: os activistas de base que o Dr. Dean inspirou deveriam imperativamente telefonar, escrever cartas e insistir sem descanso junto dos provedores dos leitores. Porém, devem reconhecer que o escrutínio rigoroso a que o seu candidato está sujeito é um sinal de boa sorte, sendo a consequência directa de estar na frente. Pelas minhas contas (fi-las rapidamente, pelo que peço que não me prendam se me escaparem dois ou três), desde 1 de Dezembro até à passada sexta-feira, o *Times* publicou 59 artigos e editoriais importantes sobre Dean; Wesley Clark pode ter sido objecto do jornal 30 vezes. Nenhum outro candidato beneficiou (ou sofreu) de mais de 20 presenças no jornal. Carol Moseley Braun teve apenas três oportunidades e duas delas foram sobre a sua decisão de abandonar a corrida.

Memorando para os apoiantes de Dean: se pensam que é duro quando o *Times* vos mantém sob observação, preparem-se para se agarrarem às cadeiras se ele ganhar a nomeação.

O artigo seguinte foi publicado com o título "Nota do Provedor", mas com a minha assinatura, no domingo seguinte, 25 de Janeiro:

Os leitores da página do Provedor do Leitor recordar-se-ão que em 4 de Janeiro palrei muito acerca das citações que são truncadas de tal maneira que se tornam enganadoras. Os jornalistas, disse eu, são obrigados a ser extremamente cuidadosos com as palavras daqueles sobre quem escrevem.

No entanto, ao fazer uma citação na minha página do último domingo cometi um erro a que se poderia aplicar o dito "Bem prega frei Tomás…" Uma falta de cuidado levou--me a deixar a falsa impressão de que o jornalista David Halbfinger discordava do título do editor que encabeçava o artigo que escrevera para "A Semana em Revista" ("Sim, Howard Dean Pode ser Derrubado. Dizemos como", de 4 de Janeiro). "Há muito que deixei de me preocupar com os títulos, porque não tenho o controlo deles." Esta foi a minha citação do que ele dissera. Todavia, não mencionei o facto de que Halbfinger acrescentara na mesma frase: "o título, na minha opinião, era apropriadamente irónico". Para tornar as coisas ainda piores, Halbfinger usara na verdade as palavras "controlo sobre eles", e não "controlo deles".

Penso que poderia tentar explicar como consegui transcrever mal uma citação de uma mensagem de *e-mail* que estava mesmo à minha frente ou tentar penetrar no raciocínio que me pode ter levado a encurtar o comentário de Halbfinger. Acontece, porém, que uma coisa é explicar e outra justificar.

O erro foi apenas meu, e muito embaraçoso. As minhas desculpas a David Halbfinger e aos leitores.

Até à próxima semana.

***

Pouco depois de ter começado a trabalhar no artigo de Howard Dean, comecei a ouvir várias pessoas da delegação de Washington a murmurar sobre as questões que eu vinha abordando. Como continuaria a fazer durante a minha permanência nesta função, enviara um certo número de *e-mails*, questionando jornalistas e editores sobre vários aspectos da cobertura da campanha. Um desses *e-mails* foi enviado a R. W. Apple Jr., o famoso correspondente do *Times* (Apple já era famoso devido a décadas de reportagens políticas muito antes de se ter tornado famoso como escritor de temas culinários devido ao montante das suas notas de despesa).

Apple fora junto de um dos editores da delegação expor o ponto de vista de que eu estava a fazer perguntas que, se não eram inapropriadas, seriam certamente, segundo os seus padrões, "mal informadas" (expressão que ameaçava tornar-se num coro). Apple nunca me levantou qualquer problema directamente e por diversas vezes ajudou-me muito ao longo do exercício do cargo. Contudo, não será perguntar uma maneira de ficar *bem* informado?

Mais difícil foi a questão levantada pela subeditora do noticiário nacional, Alison Mitchell, que estava a dirigir o final da cobertura da campanha em Nova Iorque. Mitchell ficara perturbada por eu ter chamado Jay Carson, da campanha de Dean, para saber qual era a sua reacção à cobertura feita por Wilgoren. Ao fazê-lo, disse ela, eu, para além de possivelmente ter influenciado a relação entre jornalista e objecto da notícia, intrometera-me nela sem ter sido convidado a tal por nenhuma das partes. Alison estava absolutamente certa: os juízes devem avaliar as provas e não ir à procura delas. Nunca mais o fiz.

Maureen Dowd teve a sua própria intervenção nesta história: escrevendo depois, nessa mesma semana, na página de artigos de opinião do *Times* e utilizando o que caracterizei como "estilo de colunista", zombava de George W. Bush por "afivelar afectadamente o seu afectado sorriso de marca". *Touché.*

TODAS AS NOTÍCIAS SÃO NOTÍCIA?
OU APENAS AS NOSSAS?

1 de Fevereiro de 2004

ESTA SEMANA está na altura para algumas heresias jornalistas. Gostaria de sugerir que os jornais com aspirações grandiosas – como aquele que têm nas mãos – aprendem a ser generosos com os seus rivais e com isso proporcionam um valor acrescentado aos seus leitores.

Há muito que é política do *Times* mencionar explicitamente os furos jornalísticos que pertencem a outras organizações noticiosas: "Tal e tal foi noticiado em primeira-mão no número de domingo do *The Daily Bugle.*" Há mais tempo ainda que faz parte do código genético do jornal meramente repetir o furo jornalístico dos outros. "O que podemos nós acrescentar?" é o refrão dos editores. Por vezes – muitas vezes –, é coisa que funciona. Outras, todavia, o esforço de acrescentar algo torna-se para o leitor um acto que diminui.

77

Nas últimas semanas, três notícias começadas noutros espaços foram diminuídas ou negligenciadas pelo *Times*. (É claro que entre as grandes organizações noticiosas esta atitude do "não foi fabricado aqui" é tanto um exclusivo do *Times* quanto o uso das aspas.) Nestes casos, o esforço para manter num nível elevado aquilo a que aqui se chama "metabolismo concorrencial" não prestou um bom serviço aos leitores.

No passado mês de Outubro, *The Blade*, de Toledo, Ohio, publicou uma série de artigos que revelava que "alguns membros de um pelotão de soldados americanos conhecido como Força do Tigre massacraram um número indeterminado de civis vietnamitas ao longo de seis meses do ano de 1967". Os artigos foram o resultado de dez meses de investigação realizada em dois continentes e sete Estados.

Quando se iniciou a série de artigos do *Blade*, a Associated Press distribuiu um despacho que sintetizava os seus resultados. Muitos jornais aproveitaram o relato da Associated Press e alguns deles, incluindo o *International Herald Tribune*, propriedade do *Times*, publicaram-no na primeira página. Na sala de redacção do *Times*, Roger Cohen, que era então editor da secção internacional, pensou que era um relato importante, mas, recorda ele, estava "voltado para o Iraque" e "não lhe deu a atenção que merecia". O editor nacional, Jim Roberts, tentou extrair algo que o jornal pudesse chamar seu, mas os jornalistas que se sabiam movimentar no Pentágono tinham outros compromissos. Os editores pensaram que ir na esteira do que dizia a Associated Press não era fazer justiça àquela notícia.

No *New Yorker* de 10 Novembro, Seymour Hersh, que quando era um jovem jornalista despoletou a história sobre o massacre de My Lai, elogiou os artigos do *Blade*, chamando ao mesmo tempo a atenção para o facto de as quatro maiores redes e a maioria dos grandes jornais os terem ignorado completamente. O artigo de Hersh levou o editor executivo do

Times, Bill Keller, a ordenar que se fizesse uma peça extensa sobre as descobertas do *Blade*. O artigo de John Kifner "Reportagem sobre a Campanha Brutal no Vietname Desperta Memórias", que procurava abordar a série do *Blade* numa perspectiva histórica, foi finalmente publicado em 8 de Dezembro: era uma reportagem sobre outra que tinha dois meses e que abordava acontecimentos que tiveram lugar há 37 anos. O administrador e editor chefe do *Blade*, John Robinson Block, pensou que a análise tardia do *Times*, que estava imbuída daquela grande dose de cepticismo que uma reapreciação quase sempre traz consigo, fora um insulto ao seu jornal e aos seus jornalistas.

Keller disse-me que se o seu próprio pessoal tivesse apresentado a série de artigos do *Blade* tê-la-ia publicado na primeira página. No entanto, em parte por ser doutro jornal, acabou por ser minimizada, adiada e, aos olhos de alguns, desvalorizada.

Um grande número de leitores escreveu-me no início deste mês sobre o erro do *Times* não ter publicado na primeira página as revelações bombásticas do ex-secretário do Tesouro Paul O'Neill sobre os primeiros dias da administração Bush. A maioria insinuava (e muitos insistiram) que a importância da notícia fora reduzida por razões políticas.

Há diversas explicações mais práticas que poderiam ser invocadas pelos defensores do *Times*. Podiam dizer que as migalhas de notícias que foram cuidadosamente deixadas cair, alimentando a história, se destinavam a fazer com que o livro que continha as revelações de O'Neill entrasse na lista dos mais vendidos. Poderiam chamar a atenção para o facto de O'Neill em pessoa não estar disponível para o *Times*. A sua primeira entrevista foi garantida em exclusivo pelo programa "60 Minutes" e a sua primeira entrevista escrita fora prometida à revista *Time*. Mas seria ainda mais convincente dizer que os editores do *Times* tinham muito pouca coisa entre mãos para incluir no seu primeiro artigo, destinado a sábado, dia 10 de Janeiro, e o que tinham era frustrantemente manipulador: ao promover a sua entrevista com O'Neill a ser difundida na noite de domingo, a CBS, na sexta-feira e no sábado, dera alguns bombons aos jornais, mas apenas os suficientes para convencer os leitores a ver o programa "60 Minutes", e não que pensassem que já sabiam o que se iria dizer.

A notícia com 10 parágrafos proveniente da Associated Press e que o *Times* publicou a 10 de Janeiro pode não ter sido premiada, mas citava um ex-membro do governo a retratar o presidente que o nomeara como um "cego num gabinete cheio de surdos". É claro que, pelo menos para mim, isto merece um destaque de primeira página. Mas se não foi nela publicada porque a CBS garantira o exclusivo da notícia, após o *Times* ter tido acesso ao livro e ao próprio O'Neill, não foi primeira página, porque... bem, porque as notícias já não eram notícia. Por isso, o registo histórico que o jornal de referência concedeu às revelações explosivas e memoráveis sobre um presidente em funções, feitas por um dos funcionários que nomeara, foi relegado para as páginas A11, A22 e A13.

A mais importante notícia não-fabricada-aqui das últimas semanas e que cristalizou o assunto em mim foi publicada pelo *Washington Post*, em 7 de Janeiro. "O Arsenal do Iraque Existia apenas no Papel", de Barton Gellman, era uma peça de reportagem tão surpreendente que levou Bill Keller a dizer a *The New Yorker Observer* que ela "provocou uma boa indigestão, seguida de admiração, a todos os que rivalizam com [Gellman]". Numa conversa que decorreu no seu gabinete na semana passada, Keller desenvolveu a sua ideia: o artigo de Gellman, disse ele, era "suculento, subtil e profundamente jornalístico". Perguntei-lhe por que motivo, se era tão bom, não merecera outro por parte do *Times*, que retomasse os seus aspectos mais relevantes, até porque a própria reportagem do jornal sobre os programas de armamento iraquianos, no último Inverno, continuava a sofrer um vendaval de críticas. Keller respondeu que tentar fazer uma súmula do trabalho de Gellman destinada aos leitores do *Times* corria o risco de ser uma simplificação abusiva e que as subtilezas que faziam a força desta peça não se poderiam manter nessa forma abreviada. O artigo de Gellman, acrescentou, "era fácil de elogiar, mas difícil de retomar".

Ora, como o ex-chefe de redacção do *Times*, Gene Roberts, disse uma vez para explicar a dificuldade de retomar as grandes notícias doutros jornais, "não se pode roubar um elefante". As verificações e reportagens que o *Times* necessitaria de repetir a fim de publicar a sua própria versão da história do *Blade* sobre o Vietname necessitariam de várias semanas. Encontrar as fontes iraquianas de Gellman poderia levar anos. Ultrapassar a fortaleza de exclusividade que fora erguida pela CBS e Simon & Schuster à volta de Paul O'Neill iria requerer um arrombador de cofres.

Todavia, não é verdade que o *Times* e todos os outros jornais do planeta não publiquem habitualmente materiais que não foram eles a recolher. Quando um procurador de uma comarca anuncia um processo, o *Times* não parte do princípio de que vai precisar de várias semanas para entrevistar as testemunhas, verificar as alegações ou então examinar cuidadosamente as acusações feitas pelo procurador. Quando um político faz um discurso, há tanta coisa que se aceita ser como parece que um crítico poderia argumentar (e nos meus *e-mails* muitos e muitos o fazem) que o jornal lhe está a angariar apoios. Tendo lido durante muitos anos as palavras de Barton Gellman, por que motivo não poderão os editores do *Times* ter nelas tanta confiança como nas de John Kerry, Dick Cheney ou do procurador da comarca de Santa Bárbara? Eles – os editores – podem ler o *Washington Post*, mas quantos leitores o fazem?

Não há dúvida de que o fervor competitivo que impulsiona uma entidade produtora de notícias produz muitos benefícios, tal como faria numa emprèsa de sabões que lutasse por uma fatia do mercado ou num grupo de investigadores que tentasse ultrapassar os outros na descoberta de um medicamento. Conheço as razões por que a concorrência é necessária para inspirar as tropas. Também sei que a Dior nunca ostentou etiquetas da Gautier. Porém, talvez a insistência do *Times* em imprimir a sua própria marca em tudo o que toca acabe por fazer minorar o que faz chegar ao leitor. Se a finalidade do jornalismo é informar os leitores e criar um registo histórico, os editores não deveriam contar-nos tudo o que pensam ser importante, independentemente do lugar onde o encontraram?

Tenho tentado confinar-me a um único tema em cada um dos meus artigos quinzenais, mas como esta intenção pode ser mais o produto da vaidade do que da necessidade, vou aqui quebrar a tradição. A reportagem sobre a escravatura sexual na capa da revista do *Times* do último domingo, intitulada "As Meninas da Porta ao Lado", pelo colaborador Peter Landesman, provocou uma grande controvérsia e os artigos dos seus detractores e defensores apresentaram os seus pontos de vista com grande força. Podem consultar o *site* www.slate.com/Landesman [@] para um ataque em forma dirigido ao artigo pelo editor do *Slate*, Jack Shafer, e para uma defesa em todo o terreno pelo editor da revista do *Times*, Gerald Marzorati. Os que não puderem consultá-lo, encontram um *link* para a reportagem original em nytimes.com/weelinreview [@].

Richard Pérez-Peña, um jornalista do departamento de notícias da área metropolitana, que em breve se tornaria num dos meus "treinadores pessoais" mais intelectualmente estimulantes, disse que a minha observação sobre os jornais repetirem as declarações dos procuradores de justiça sem se questionar era "sofística". Se enfraqueceu o meu argumento, vou retomá-lo. O que pretendo mostrar é simples e está no centro do que penso serem os aspectos mais idiotas da actividade noticiosa: a crença fanática nos furos jornalísticos e o desprezo associado pelos furos dos outros. Nenhuma destas características tem algo a ver com a informação ao público.

A propósito, o artigo do *Blade* sobre a Força do Tigre ganhou o Prémio Pulitzer de 2004 de reportagem de investigação.

PASSARAM 11 SEMANAS.
SABEM ONDE ESTÁ O VOSSO *OMBUDSMAN*?

15 de Fevereiro de 2004

Nos DOIS MESES e meio que passaram desde que iniciei esta função a minha mãe não foi a única pessoa que me perguntou como é que tem decorrido. Muitos, muitos leitores, escreveram ou telefonaram para dar conta do seu agrado, do seu desapontamento, da sua convicção de que sou um "tapa vergonhas" da direcção do *Times*, da sua preocupação com a possibilidade de a direcção não me estar a apoiar. Alguns pretendem saber por que razão não respondi às suas mensagens e outros perguntam quando irei despedir um ou outro dos colunistas do jornal.

Estas e muitas outras questões fizeram-me pensar que preciso de me submeter a uma entrevista sobre o modo como esta aventura – tanto para o *Times* como para mim – está a decorrer. Não me seria fácil encontrar um jornalista do *Times* que me fizesse as perguntas, por isso virei-me para o que estava mais disponível: eu.

P. Diga-me então, Dan. Como o estão a receber no *Times*?

R. Ainda bem que me pergunta isso. Tem sido, ao mesmo tempo, melhor e pior do que eu esperava. Melhor porque muitas pessoas pensaram que o *Times* não deveria estar menos sujeito a uma análise do que aqueles que o jornal analisa todos os dias. O seu acolhimento tem sido generoso e animador. O que tem sido pior do que eu esperava é a hostilidade aberta de alguns que não querem que aqui esteja.

P. Essa hostilidade é contra si ou contra a função que exerce?

R. Contra ambos. Um dos jornalistas atormentou-me de todas as maneiras, dizendo como era ofensivo todos eles terem de suportar uma segunda avaliação púbica, como os torna vulneráveis a outros ataques, como a presença vigilante de um *ombudsman* pode impedir um jornalismo agressivo. Quando retorqui que "penso que as vossas reclamações não me são dirigidas, mas sim a este cargo", o jornalista sibilou: "O senhor aceitou-o!"

Houve outros que se queixaram de que, sendo um ex-colaborador e editor de revistas, não sabia nada de jornais; não pertencendo ao *Times*, não entendia como o jornal era diferente de outras instituições mediáticas, ou, como um chapado idiota, não sabia nada de nada. Pode ser que tenham razão, mas serão todos estes defeitos que me tornam capaz de apresentar as estúpidas questões que ninguém de dentro alguma vez apresentaria.

Depois há as pessoas que têm uma posição intermédia, que dizem que estou a desempenhar bem o cargo e a tomar posições correctas, excepto naqueles assuntos em que eles mesmos estão envolvidos. Tudo bem. Nesse aspecto são exactamente como muitas pessoas a que o *Times* dedica as suas páginas.

P. E quanto aos chefes?

R. Por enquanto, todos os que estão na direcção do jornal tiveram uma atitude correcta. Alguns deles criticaram-me em aspectos específicos (o editor executivo, Bill Keller, disse ao *Washington Post* que um dos meus artigos estava "mal informado"), mas isso constitui prerrogativa deles. Enquanto dispuser de acesso irrestrito a este espaço e ao *New York Times* na *internet* (nytimes.com), bem como do direito de dizer o que bem entender no correio electrónico e nas entrevistas, não tenho motivos de queixa.

P. Como tem sido a sua relação com os leitores?

R. Recebi deles mais de 11 000 mensagens de *e-mail*. A maioria queixa-se do *Times* e muitas delas são pertinentes. Outra fonte consiste em pessoas que não lêem o *Times*, mas me escrevem por terem sido arregimentadas por alguma organização com base na *internet*.

Por exemplo, a directora da escrita de cartas nacional (é este o título!) do Comité para o Rigor no Noticiário sobre o Médio Oriente na América (CAMERA) divulga alertas sobre artigos condenáveis ao "Camera E-Mail Team" que incluem o meu endereço. Outros grupos, como o Gay and Lesbian Alliance Against Defamation, juntam o meu nome e endereço ao texto de uma reclamação e tudo o que os seus representados têm de fazer é carregar no "enviar".

Quando respondo ao correio que me submerge por causa disso, faço-o apenas no jornal electrónico que abri recentemente em nytimes.com/danielokrent.

Todas as mensagens demasiado irritadas, com linguagem abusiva ou acusações intemperantes vão para a gaveta reservada às solicitações dos multimilionários da Nigéria. Aliás, cheguei à conclusão de que responder a alguém que me escreve a partir de convicções ideológicas inabaláveis é, em geral, um exercício fútil para ambos.

P. Por que razão não tem sido receptivo a queixas sobre a cobertura do *Times*, no ano passado, às armas iraquianas de destruição maciça?

R. Verifiquei logo de início que interessar-me por artigos que tivessem sido publicados antes de ter iniciado funções, em 1 de Dezembro, me faria desaparecer num túnel sem fim. A cada dia que passa o correio electrónico traz-me algo de novo a que me dedicar. Se tivesse de olhar para trás, nunca me seria possível acabar, por exemplo, a análise que estou a fazer ao artigo sobre a escravatura sexual que apareceu em 25 de Janeiro na revista do *Times*.

P. Tem algum conselho a dar aos leitores?

R. É preferível que se sirvam dos *e-mails*, e não do telefone. Escrevam de forma sintética. Vejam antes se não tratei do assunto no meu jornal electrónico. Não se incomodem a testar a minha independência, tentando que ouse investigar o pacto secreto que a família Sulzberger fez com a Comissão Trilateral e Pete Rose para tomar conta dos Grammy.

Por outro lado, tenham atenção aos telefonemas que receberam que afirmem provir deste serviço. Em Dezembro, uma pessoa que fora investigada pelo *Times* contratou uma detective privada para se fazer passar por minha representante. Esta telefonou a diversas pessoas que um jornalista do *Times* entrevistara, afirmando que havia um problema com o trabalho do jornalista e dizendo a estas fontes que pretendia verificar as perguntas que ele fizera. Se algo semelhante ocorrer convosco, peçam para lhes poder ligar. Se o número que vos derem não começar com (212) 556- não o façam. Em vez disso, enviem-me de imediato um *e-mail*.

Um último pequeno conselho: não me tratem por "o senhor", como em "Por que motivo o senhor [ou "o seu pessoal"] colocaram isto e aquilo na primeira página?" Eu não sou o *Times*. Eu sou um colaborador independente contratado. Não assisto às reuniões editoriais, não me envolvo em discussões sobre pessoal e não procedo à revisão do que quer que seja antes de ser publicado – nem o deveria fazer. É para isso que os jornais têm editores.

P. Por falar em editores, quando vai abordar a evidente parcialidade destes a favor de Bush, contra os republicanos, financiada pelo Likud e de ódio a Israel?

R. Não vai ser já. Estou a fazer uma leitura cuidadosa, tomo as minhas notas e alguns leitores ofereceram-se gentilmente para se manterem a par daquilo que pensam ser a parcialidade. Vou aguardar até ter amadurecido este assunto com o tempo e chegar depois às minhas conclusões.

P. O que se passa com a página editorial e os artigos dos colunistas? Nunca se debruça sobre eles.

R. É como deve ser, em geral. É provável que a maior parte dos correspondentes que se me vem queixar das opiniões expressas em editoriais ou no espaço concedido aos colunistas habituais receba a seguinte resposta: "Os autores dos editoriais e os colunistas são livres de expressar todas as opiniões que quiserem, e os leitores são livres de discordar delas."

Contudo, há temas relacionados com esses a que acabei por prestar atenção. Um deles é se (ou como) as posições editoriais do *Times* determinam as notícias que são objecto de cobertura jornalística. Outra é se os colunistas devem ser livres – como são agora – de decidir se devem publicar ou não, e quando, as correcções dos seus erros. Há um crítico particularmente determinado que insiste em perguntar "se podemos dizer que há opiniões injustas". (Uma pequena mensagem por *e-mail* que recebi nesta semana acusava um dos colunistas de ter "atravessado a fronteira entre o partidarismo aceitável, ou pelo menos normal, e um jornalismo verdadeiramente irresponsável".) Todas estas questões são provocadoras e espero alguma vez poder responder-lhes, dando prioridade à correcção. Será certamente nos dois próximos meses.

P. Um dos seus críticos afirmou que escreve como "um infiltrado reformado", ao passo que muitos dos seus leitores prefeririam que atacasse os transgressores com chicotes a estalar e grandes cães. Porque é, digamos assim, bem-educado?

R. Porque estou interessado em conversar, não em argumentar. O objectivo da minha coluna, do meu jornal electrónico, das minhas mensagens por *e-mail* aos leitores e da minha própria presença aqui é abrir uma janela. Gritar não adianta, discutir talvez, mas a transparência resulta sempre.

P. Tem algumas palavras finais que queira acrescentar?

R. Sim, mas não devem ser minhas. Por tal razão, a partir do próximo domingo este espaço será periodicamente concedido a cartas dos leitores sobre temas que abordo nas minhas colunas. As que têm mais possibilidades de ser publicadas serão as cartas breves, moderadas e que expressem posições que sejam diferentes das minhas ou as critiquem. Alguém tem de ser o *ombudsman* do *ombudsman*.

É claro que sei que a auto-entrevista é um truque barato, mas os truques tornam-se baratos porque são fáceis. Acontece que os primeiros meses foram tão intensos que eu necessitava de uma pausa. Os truques também enfurecem muito as pessoas, como se pôde verificar mais tarde pelas fulminações de Bob Somerby, do DailyHowler.com, o editor de um blogue que não podia suportar a minha posição política (embora julgue que ele, na verdade, ignorava qual fosse), quase tudo o que me dizia respeito e a minha actuação como provedor do leitor. Apresentarei um *link* mais à frente, quando dei origem a uma das suas respostas mais irritadas.

Por vezes, entreguei inadvertidamente algumas armas de arremesso aos meus detractores e deixei que me batessem com força. Foi quando defendi nesta página as virtudes de levantar questões estúpidas que dei a um grupo de pessoas do *Times* um instrumento que haveria de ser usado repetidamente. "Bem, devo concordar que ele levanta questões estúpidas", ou "Porque não confessará ele como são estúpidas as suas questões?" Citações semelhantes a estas são-me devolvidas por jornalistas doutros jornais que têm escrito sobre a experiência do *Times* com um provedor dos leitores. Talvez utilizem sempre a mesma fonte (sei que Jonathan Landman, um chefe de redacção cujo nome figura sempre no cabeçalho e tem o mérito de dizer sempre às claras aquilo que pensa, foi um deles).

Por isso, permitam-me que diga o mesmo de uma maneira diferente: nada aprendemos se partirmos de posições consabidas ou se presumirmos que já conhecemos uma coisa antes de a termos investigado.

Quanto a alguns leitores pensarem que estava a ser rebaixado pela direcção quando Bill Keller me criticou em público (nomeadamente com a afirmação de estar "mal informado", ao fazer os meus comentários sobre a reportagem do *Times* sobre a sua própria maneira de fazer reportagem), agradeci a sua preocupação, mas não tinha fundamento. Não havia melhor forma de tornar clara a minha independência do que reconhecer o direito de Keller (ou Landman ou quem quer que fosse) me criticar onde o pretendesse fazer, desde que eu continuasse a ter quinzenalmente o controlo sobre uma parte substancial da secção "A Semana em Revista" das manhãs de domingo.

A investigadora privada que se apresentou como minha representante estava a trabalhar para o multimilionário russo do petróleo Mikhail Khodorkovsky, que estava preso. Não mencionei o seu nome na versão publicada, porque o jornalista Timothy L. O'Brien estava ainda a trabalhar no seu artigo. Tentei nunca tecer comentários sobre artigos não publicados, porque penso que não seria adequado da minha parte influenciar o trabalho que estava em curso. Abro uma excepção neste caso, porque receio verdadeiramente que outros tentem fazer o mesmo que a agente de Khodorkovsky. Abri mais tarde outra excepção (vd. "Não há

Negócio como o Negócio dos Prémios Tony", na p. 125), porque o que o *Times* estava em vias de fazer era o que eu fizera durante anos (e porque eu queria escrever sobre os Prémios Tony).

Lee Green, do CAMERA, escreveu a dizer que o seu cargo era de "directora do grupo nacional de escrita de cartas", e não "directora da escrita de cartas nacional".

O QUE SABE E COMO O SABE?

29 de Fevereiro de 2004

No INÍCIO do artigo mais controverso publicado no *Times* nos últimos meses, o seu autor, Peter Landesman, descreveu uma casa em Plainfield, Nova Jérsia, que albergou uma rede de escravatura sexual.

"Quando estava em frente da casa, num dia ventoso de Outubro", escreveu ele na revista do *Times*, em 25 de Janeiro, "podia ouvir os gritos das crianças no pátio de uma escola primária, situada ao virar da esquina. As bandeiras americanas flutuavam nos pórticos e janelas. A vizinhança é como a de qualquer cidadezinha frondosa e mediana."

Visitei Plainfield na semana passada e posso garantir aos leitores que todos os pormenores da descrição feita por Landesman são rigorosos. Também posso assegurar-vos que o são todos os pormenores da minha própria descrição:

"Quando parei o meu carro em frente da casa num invernoso dia de Fevereiro, o som mais barulhento vinha do tráfego atroador. Do outro lado da rua ficavam duas perfumarias. Virtualmente na porta seguinte, uma loja da Friendly Check-Cashing fazia o seu errático negócio. Afastado alguns metros ficava a sede da Faith Tabernacle Church e logo atrás a carcaça enferrujada de uma enorme fábrica da Mack Truck, já com 90 anos, uma instalação negra e satânica que ficaria bem em qualquer cidade industrial agonizante."

Nem todos os jornalistas abordam qualquer facto a partir do mesmo ponto de vista.

O ataque ao artigo "As Meninas da Porta ao Lado" e às suas afirmações de haver escravatura sexual generalizada nos Estados Unidos começou passadas apenas algumas horas sobre a sua publicação, sobretudo na *internet*, com termos como "alarmista", "pouco convincente" e "mal fundamentado". Pouco depois, recebi a primeira de várias mensagens de jornalistas do *Times*, que expressavam pontos de vista semelhantes, indo o seu tom desde o estudado cepticismo até ao ultraje que dificilmente se conseguia conter.

De pessoas do *Times*? Não fiquem surpreendidos. A antipatia que muitos dos jornalistas e editores deste jornal diário votam à revista do *Times* vem de há décadas. Os padrões seguidos na revista são insuficientes, dizem muitos. Numa reunião com várias dezenas de membros do pessoal do departamento de notícias da área metropolitana a que assisti recentemente, disse um dos jornalistas: "Nenhum dos presentes teria escrito esta reportagem."

Os defensores da revista argumentaram que, na verdade, os padrões dela são mais estritos do que os que vigoram no jornal diário. Os jornalistas do jornal aspiram a ter a corroboração de factos incertos confiando em mais do que uma fonte. As revistas, dizem os do outro lado, procedem do mesmo modo, só

93

que não o põem em letra de imprensa. Também submetem as suas histórias à análise de revisores, que verificam cada facto. As pessoas da revista dizem que muitas das histórias que surgem no jornal não são suficientemente bem escritas nem suficientemente dramáticas para prender o leitor. As pessoas que escrevem no jornal, dizem os que escrevem nas revistas, não se distinguem a contar histórias, mas a adorná-las.

Ambos os lados são melhor a atacar do que a defender. É impossível ler o *Times* num dia normal sem que haja corroborações a crédito de... – como dizê-lo? – pessoas que pediram que não lhe atribuíssem as palavras que proferiram. "Algumas fontes dizem", "alguns analistas dizem" e todas as suas variantes igualmente vãs dão uma ideia de corroboração, mas não constituem prova. A nova orientação do *Times* sobre as fontes anónimas, anunciada na semana passada e disponível em www.nytco.com/sources, pode mitigar este procedimento, mas pensar que um jornal moderno possa estar livre de citações anónimas é como imaginar o Árctico sem gelo.

Nas revistas, a verificação dos factos pode dar um contributo para corrigir pormenores, mas é insusceptível de definir claramente o indefinível. A fonte pode fazer, por vezes, uma alegação; por exemplo, ter visto algumas mulheres a andar em Cottonwood Canyon, na Califórnia, de saltos altos. (Uma nota do editor dedicada a este e outros temas relacionados com o artigo de Landesman apareceu no *Times* em 15 de Fevereiro. [@]) Tudo o que alguém encarregado de rever os factos pode fazer é chamar a fonte e perguntar-lhe: "Viu mulheres a atravessar Cottonwood Canyon de saltos altos?" Ora, nem o "sim" mais firme se aproxima do que se pode considerar uma prova. Frequentemente, o que é verificado não é o facto em si, mas o facto de alguém ter dito que era um facto.

Os jornalistas dos diários envolvem-se numa dialéctica quotidiana, tentando que uma afirmação controversa seja seguida por outra, proferida pela parte contrária, que a contrabalance. Os que escrevem nas revistas, acreditando no privilégio da narrativa, abster-se-ão de perspectivas contrárias até ao fim de cada um dos seus artigos, ou até, muitas vezes, abster-se-ão totalmente de as publicar. Escrever numa revista, diz Gerald Marzorati, editor da revista de domingo, "encoraja a ter um ponto de vista e opinião autoral". Escrever nos jornais não. (Excepto, é claro, quando tal acontece.)

Para Landesman, a abordagem dialéctica seria muitíssimo difícil: não é fácil encontrar pessoas que defendam a escravatura sexual. No entanto, há sempre quem duvide e sei que Landesman falou com várias dessas pessoas. Numa reportagem feita por um jornal, teriam sido citados ou parafraseados, mesmo se permanecessem não identificados. Numa reportagem de revista, dizem os profissionais, é muitas vezes suficiente que o autor assimile pontos de vista contrários e depois faça o seu juízo. Persuadido pela sua própria reportagem e tendo sido capaz de convencer os editores do seu rigor, Landesman pôs em ordem todas as provas que pôde encontrar para defender o que se tornou uma peça de jornalismo de causa.

Todavia, Landesman e os editores conduziram a causa até um ponto errado. Na posse de uma história horrorosa, não permitiram que ela falasse por si mesma. Não usarei a palavra "exagerar", que sugere uma mentira que aqui não existe. O verbo que prefiro aqui é "bradar", o que a revista fez a duas vozes, uma descritiva e outra retórica.

O excesso da descrição começa na frase da capa, "Escravas Sexuais na Rua Principal", com a conotação de que isso se pode passar em qualquer cidade. A fotografia de capa apresenta uma mulher nova parcialmente oculta, que mais tarde ficamos a saber ter 19 anos de idade, mas cujo vestuário (meias pelo joelho, *kilt* e pulóver) sugere que se trata de alguém muito mais novo. No interior, as grandes letras acima do título dizem que nos Estados Unidos "talvez dezenas de milhares" de jovens "estão presas e são oferecidas para sexo forçado". Mas cautela sempre com os "talvez", a palavra mais perigosa do jornalismo: na maior parte das vezes é um sinónimo de "Quem sabe?"

O número algo mais preciso de 30 000 a 50 000, avançado no próprio texto e apresentado pelo presidente da maior organização anti-escravatura da América, ilustra os problemas retóricos do artigo. Se o material que se apresenta é suficientemente forte – e acredito que o de Landesman o era – não é preciso sublinhar, escrever com maiúsculas ou quantificar, sobretudo quando não é possível calcular um número que tenha um rigor suficiente para se lhe atribuir significado.

Se o material é suficientemente forte, não é preciso mencionar processos que podem estar relacionados com a entrada ilegal de mulheres para se prostituírem voluntária ou temporariamente, mas não com o que se pode chamar escravatura. Não é preciso incluir referências superficiais a outras formas de horror sexual que nada têm a ver com escravatura. Não é preciso apoiar-se no testemunho de uma jovem sob pseudónimo, "Andrea", para fazer a descrição mais dramática, detalhada e pungente de todo o artigo. Li a transcrição da entrevista de Landesman a Andrea e apesar de algumas contradições internas, é impossível não acreditar nela nas suas linhas gerais e em muitos dos seus pormenores. Todavia, apresentar excertos sem qualquer esclarecimento ou sem uma explicação convincente de como é que as memórias pormenorizadas de Andrea acerca de acontecimentos que se passaram há muitos anos podem ser dignos de crédito apenas mina a sua credibilidade. A questão não é se Landesman acredita em Andrea, o que importa é se consegue levar todos os outros a acreditar.

Quando li o artigo de Landesman pela primeira vez julguei-o crédulo. Tendo-o analisado mais de perto e tendo efectuado eu mesmo algumas reportagens, estou convencido de que o adjectivo adequado será "inflamado". À medida que aprofunda a sua reportagem, a degradação e o horror que encontrou levou-o a reagir com paixão, o que dificilmente será um insulto, mas na actividade jornalística é muitas vezes um ponto fraco. Landesman incluiu na sua história figuras, factos e circunstâncias que pensou irem fortalecer o caso que apresentara. Pelo contrário, levaram alguns leitores a ser cépticos e alguns cépticos a ser críticos.

Nas semanas que se seguiram à publicação do artigo de Landesman, as autoridades do México e dos Estados Unidos deduziram acusações contra o que a Associated Press descreveu como "uma rede de base familiar que enganou raparigas e mulheres, conduzindo-as à escravatura sexual no México e em Nova Iorque", uma operação com sede na cidade de Tenancingo e descrita pormenorizadamente no artigo de Landesman. Em Janeiro último, oficiais federais destruíram o que se suspeitava ser uma rede de escravatura sexual em Queens. Alguns dias mais tarde, as autoridades de Los Angeles desmantelaram outra que operava a partir de um motel do outro lado da rua onde se situa a Disneylândia.

A estrada que vai de West Front Street até Anaheim é longa e cada quilómetro da sua extensão proporciona um campo de batalha da guerra contínua entre os jornalistas que escrevem nas revistas e nos jornais. Um jornalista apresenta um conjunto de factos e um segundo apresenta outro. Ambos procedem a escolhas que moldam o espaço de um artigo. Cada um deles assenta numa técnica de descrição diferente e em regimes de prova que são igualmente diferentes. Fundamentando-me na minha análise dos materiais carreados por Landesman, em conversas com autoridades policiais e nas próprias provas internas, as suas escolhas parecem suficientemente justificadas. Todavia, não se pode dizer que eram totalmente justificadas.

Então desfaz-se Landesman porque não se acredita nas suas fontes ou porque não se consegue encontrar uma forma de saber como conseguiu ele as provas que possui para poder fazer algumas das suas afirmações? Ou, pelo contrário, aceitam-se como verdadeiras as coisas horrendas que ele descreve e foi-se por ele convencido de que a escravidão sexual é um problema genuíno? Situo-me neste último caso, mas desejaria que tanto Landsman como os seus editores tivessem sido mais circunspectos ao fundamentar a notícia.

(**7 de Março de 2004**) Correcção: o artigo do provedor dos leitores publicado no último domingo e que abordou uma reportagem recente da revista do *Times* sobre a escravatura sexual equivocou-se na identificação dos oficiais da polícia que desmantelaram uma rede suspeita de operar a partir de um motel perto da Disneylândia. Eles eram de Anheim, e não de Los Angeles.

Tendo eu passado a maior parte da minha carreira em revistas, debato há muito tempo com diversos colegas as virtudes da verificação dos factos. Apesar de apreciar quem o faz e de os que são bons muitas vezes me terem salvo a cabeça, penso que demasiada fé na verificação dos factos pode conduzir à preguiça dos jornalistas e à credulidade dos editores. "Há F árvores na Rússia", afirma uma velha piada jornalística (dita pela primeira vez, segundo creio, por Otto Friedrich, da *Time*), tendo "F" no calão jornalístico o significado de "futuras" e sendo esta expressão outra maneira de dizer "o revisor pode verificar isto?" A própria ideia de que o número de árvores pudesse ter relevância sugere que alguns editores acreditam que números precisos são susceptíveis de dar a um artigo uma aura de autoridade científica (mas dificilmente torná-la real).

Por outro lado, qualquer falha nos procedimentos de verificação dos factos pode conduzir a acusações deletérias para um jornal ou uma revista. Depois de a *Newsweek* ter publicado em Maio de 2005, na sua secção "Periscópio", um item que afirmava que militares americanos estacionados em Guantánamo atiraram uma cópia do Alcorão para sanita, os editores da revista reconheceram que os itens do "Periscópio" não eram verificados de forma tão aprofundada como o resto. No entanto, em lugar nenhum desta secção os seus leitores encontrarão um aviso a dizer qualquer coisa como "Os itens desta página não são verificados com tanto profundidade quanto o resto da revista" ou "Os itens desta página podem não ser tão rigorosos como o resto da revista."

Este meu artigo continha um aparte gratuito que gostaria de retirar: o parentético "Excepto, é claro, quando tal acontece", que se seguia à afirmação de que escrever nos jornais não encoraja a ter "ponto de vista e opinião autoral". A minha intenção era exceptuar os editoriais, os artigos assinados e a crítica da arte. Contudo, ao refugiar-me numa reviravolta assertiva, em lugar de uma explicação sóbria, enfraqueci a minha descrição das diferenças entre escrever para os jornais e para as revistas.

MANTER O REGISTO EXACTO
– MAS QUEM PODE ENCONTRAR O REGISTO?

14 de Março de 2004

No fim de Janeiro, o coronel Pete Mansoor, um comandante de brigada do Exército em Bagdade, enviou uma mensagem por *e-mail* a cerca de 50 amigos e familiares. Um deles reenviou-ma com algumas palavras perturbadoras inseridas na indicação do assunto: "O *N. Y. Times* Noticia Falsamente que os Americanos Mataram Iraquianos – é a minha versão."

A história afrontosa fora publicada no *Times* em 13 de Janeiro com o título "Militares Disparam sobre Família que Viajava de Automóvel, Matando Dois, Segundo Afirmam Testemunhas." A mensagem do coronel, enviada alguns dias depois, afirmava que tais testemunhas estavam erradas: as vítimas tinham sido mortas por estilhaços provenientes de uma bomba terrorista. Terminava com um conselho aos seus amigos e familiares: "Embora possam ler as duas versões da história neste *e-mail*, o povo americano apenas conhece a história original tal como saiu no *Times*, que nunca fez publicar uma retratação, nem um esclarecimento. Que os leitores se acautelem."

Na verdade, o *Times* não só publicou um esclarecimento no dia seguinte ao aparecimento da primeira notícia, mas fê-lo com um título à largura de umas imponentes cinco colunas. Todavia, tal como o coronel Mansoor, o leitor nunca daria por ele, a não ser que andasse à sua procura, devido a um estranho passo de dança jornalística conhecido dos mais antigos como "pirueta".

Tal como na semana passada um proeminente editor disse aos seus leitores, "ao fazer todos os dias do ano um jornal inteiramente renovado e que tem mais de 100 000 palavras quando é dado por concluído, é inevitável que cometamos erros."

Leonard Downie Jr., editor executivo do *Washington Post*, escreveu essas palavras, mas podia estar a falar também em nome da concorrência. O jornalista Edward Wong, autor da notícia que irritou o coronel Mansoor, fez tudo o que podia para que a reportagem saísse sem erros: interrogou todas as possíveis testemunhas e autoridades, tentou entrevistar os sobreviventes num hospital próximo, atribuiu as afirmações americanas a indivíduos identificados pelo nome.

Porém, nem 24 horas se tinham passado já as autoridades americanas informavam Wong que uma investigação concluía que dois civis tinham sido mortos por estilhaços de bomba. Wong fez seguir imediatamente uma actualização para a edição *online* do *Times* e deu notícia dos detalhes clarificadores no jornal do dia seguinte, com um título a cinco colunas. O problema era que o título dizia "Helicóptero do Exército Abatido a Ocidente de Bagdade num Vespeiro de Sentimentos Anti- -Americanos" e o esclarecimento aparecia, quase de forma marginal, no 17.º parágrafo de uma reportagem que, para além disso, estava bastante alheada da mortal explosão ocorrida na Rua da Palestina.

Os editores que decidiram tratar desta forma o esclarecimento podem não conhecer o termo, mas este constitui um clássico exemplo da "pirueta". A única definição que consegui encontrar desta técnica antiga, da autoria do professor de jornalismo Melvin Mencher, descreve uma pirueta como "uma história que tenta corrigir outra anterior sem indicar que esta estava errada e sem assumir responsabilidade pelo erro." Uma definição menos benevolente poderia ser a de que trata de "uma maneira de um jornal cobrir as suas vergonhas sem nunca admitir que estiveram à vista."

Sucedeu o mesmo em 7 de Fevereiro, na primeira página da secção da área metropolitana, numa reportagem sobre um incidente num jogo de basquetebol realizado numa escola privada. (Na verdade, acontece com muita frequência, mas estas duas reportagens constituem exemplos particularmente evidentes). A notícia pode ter escapado à atenção dos que não estão a par das comportamentos peculiares das elites de Manhattan, mas para os que estão mais relacionados com os ritos desta zona não havia modo de tal ter sucedido. Um pai enfurecido, que assistia a um desafio entre as escolas de Trinity e de Dalton, acusou alguns estudantes da primeira de terem gritado imprecações anti-semitas a um jogador de Dalton.

A reportagem que o *Times* fez do assunto não foi particularmente feliz. A jornalista Jane Gross e o subeditor da educação, Jack Kadden, consideraram que as alusões de um funcionário de Trinity a uma investigação disciplinar em curso eram uma confirmação dos factos. Segundo me disseram os editores, foi o tipo de reportagem que num dia de maior afluxo de notícias poderia não ter sido publicada no jornal. No entanto, numa sexta-feira à tarde, correndo a notícia de que uma estação de televisão local estava a preparar-se para divulgar a história, nem sequer a indisponibilidade de testemunhas que a corroborassem poderia abrandar este comboio já em andamento. Tanto o artigo como o seu título – "Insultos Anti-semitas Perturbam Jogo em Escola Privada de Prestígio" – nem sequer sugeriam que poderia haver opiniões divergentes sobre o que acontecera. Quando perguntei à editora de educação, Suzanne Daley, por que motivo não adiaram a reportagem por um dia mais ou menos, enquanto Jane Gross procurava uma confirmação mais palpável do que a referência ambígua do funcionário de Trinity, ela respondeu: "Porque somos um jornal."

Assim, poder-se-ia dizer, como o *Times* é um jornal, a correcção do erro transformou-se em pirueta. Uma semana depois de ter surgido o artigo de Jane Cross, o jornal publicou uma reportagem de Tamar Lewin que apresentava uma articulação de pormenores que não existia ou não fora explorada na primeira peça: o facto de um dos estudantes de Trinity que foram acusados ser ele mesmo judeu, que os "insultos" pareciam ser o tipo de aparte inofensivo, dado ser dita por jovens, que se espera ouvir num filme de Adam Sandler e que alguns pais dos alunos de Trinity acusaram o pai que despoletara a primeira reportagem de se ter envolvido numa "altercação física" com os estudantes daquela escola. Contudo, em nenhuma passagem do segundo artigo se reconhecia que algo faltara no primeiro, nem, aliás, que este fora publicado.

No último mês, quando pude informar o coronel Mansoor de que os esforços de Edward Wong permitiram apresentar um esclarecimento no jornal, por mais obscura que tenha sido a sua forma, ele agradeceu-me. Da mesma forma, sei que alguns dos pais dos alunos de Trinity se sentiram de alguma forma serenados pela reportagem seguinte de Lewin. Porém, se encontrarem o artigo de Wong ou o de Gross em algum ficheiro da *internet*, nenhum deles inclui um *link* para a "pirueta", não há em nenhum deles a indicação de "Correcção em Anexo", que os editores da versão electrónica do *Times* costumam juntar à versão digital de uma notícia, após ter sido publicada uma correcção formal. Em ambos os casos o registo dos factos foi corrigido, mas não onde se desviou, nem, desde logo, com o reconhecimento de que o *Times* teve responsabilidade na divergência acontecida.

Há formas de corrigir este procedimento. Quer na *internet* quer nos arquivos, há que relacionar a segunda versão de uma notícia com a primeira. No artigo impresso, há que inserir as palavras "tal como foi noticiado ontem no *Times*" quando a relação entre ambas as versões for clara. Quando for o caso, a inserção de "equivocadamente" ou "erradamente" entre "foi" e "noticiado" também não seria completamente descabida. O jornal que reconhece os seus erros manterá por mais tempo a confiança dos seus leitores do que os que fingem que tal nunca lhes acontece.

Passo agora a incomodar os piores hábitos de certos críticos contrários ao *Times* e que estão emboscados na *internet*. No último domingo, apareceu um item em FreeRepublic.com intitulado "*FReeper* Convoca para a Acção! Ajudem a que o *N. Y. Times* corrija a reportagem escandalosa e inventada sobre a Publicidade a Bush." (*) Assinado por "Doug from Upland", exortava os leitores do auto-intitulado "Premier Conservative News Forum" a telefonar a Richard W. Stevenson, correspondente em Washington, e a exigir-lhe a "correcção do registo". A suposta ofensa de Stevenson, escrita também por Jim Rutenberg, fora publicada em 5 de Março e falava das reacções

---

(*) Um *FReeper* é um membro do fórum republicano *Free Republic*. Cf. http://www.freerepublic.com/home.htm. (*N.T.*)

negativas à publicidade republicana que invocava os aconteci-mentos do 11 de Setembro. O telefone de Stevenson era repro-duzido no item em grandes letras negras.

Em breve o telefone de Stevenson passou a tocar como um despertador e o seu *voice-mail* ficou cheio, segundo me disse por *e-mail*, com "mensagens que negavam o meu profissiona-lismo e o meu patriotismo". Segundo dizia, apenas uma das pessoas se incomodou a deixar o nome e o número de telefone. Se todos o tivessem feito, Stevenson poderia ter-lhes telefo-nado também e esclarecido que nem ele nem Rutenberg haviam escrito o que "Doug from Upland" lhes atribuíra. Um jornal australiano publicara uma notícia que incluía detalhes retirados de vários serviços noticiosos, mas continha os nomes dos jornalistas do *Times*. O material que provocou aquele *posting* e as chamadas telefónicas nunca fora publicado no *Times*. Tendo sido informado de como as coisas se passaram, Doug substituiu a sua anterior exortação por um pedido de desculpas a Stevenson.

Já passei por diversas leviandades semelhantes a esta, ini-ciadas em múltiplos quadrantes ideológicos espalhados pela *internet*. Todas terminaram com a mesma lição: é legítimo bater no *Times*. No entanto, é sempre útil que seja lido antes.

<hr>

A editora de educação, Suzanne Daley, levantou uma forte objecção à parte deste artigo sobre a não-história das Escolas de Trinity e Dalton, julgando sobretudo que a citação das suas palavras "Porque somos um jornal" foi injustamente retirada do contexto da nossa longa conversa. Pedi-lhe que escrevesse e publicasse depois uma carta em que explicasse o seu ponto de vista (*posting* 29 do meu jornal na *internet* [@]). Jane Gross levantou uma questão diferente, de que me ocupo no fim do meu próximo artigo.

Duas pessoas do jornal perguntaram-me por que razão referi eu pelo nome o subeditor de Suzanne Daley, Jack Kadden. Com o decorrer dos meses fui além do que era exigido para entrevistar, e citar, muitos editores e para mencionar os seus nomes em contextos tanto positivos como negativos. Isto sucedeu porque, para o leitor, o autor – o que assina – é o único interveniente conhecido e, portanto, o único responsável. De facto, os autores das peças jornalísticas apenas fornecem as colheitas e até cozinham as refeições, mas os editores é que as colocam sobre a mesa. A coluna de "Correcções" do *Times* reconhece que assim é: quando uma correcção diz "devido a um erro de edição" fica-se a saber que o erro não é de quem escreveu. Quando não se diz nada sobre o *pedigree* do erro, censure-se o autor.

Pouco depois deste artigo ter surgido, Al Siegal anunciou uma mudança de orientação: a versão inicial de uma reportagem que acabasse por ser retomada seria assinalada na base de dados electrónica com a nota "artigo rectificador em anexo". Assim, os leitores da peça inicial de Jan Gross ficariam alertados para a peça posterior de Tamar Lewin e, por esta via, para toda a reportagem. Foi uma bela e nobre ideia, mas, na verdade, acabou por não funcionar assim tão bem. Nem toda a reportagem subsequente é uma rectificação, nem toda a correcção deriva de uma reportagem mal feita e analisar o conteúdo de todos os artigos para verificar se se tratava de uma pirueta seria uma tarefa que absorveria um tempo imenso. A boa nova é que as bases de dados electrónicas não ocultam reportagens que numa busca aos microfilmes possam não ser descobertas: se se escrever "Trinity", "Dalton" e "anti-semita" na caixa de busca do *site* nytimes.com, encontra-se Gross, encontra-se Lewin… e encontra-se Okrent também.

OS PRIVILÉGIOS DA OPINIÃO
E AS OBRIGAÇÕES DE FACTO

28 de Março de 2004

PARECE uma questão simples: os autores das colunas de opinião devem estar sujeitos às mesmas directivas quanto a correcções que orientam o trabalho de todos os outros que escrevem no *Times*? Na verdade, é tão simples que deveríamos esperar que apenas uma resposta retórica.

Nas páginas noticiosas, a regra é sucinta: "Dado que a sua voz é poderosa e alcança longe", diz o livro de estilo do jornal, "o *Times* reconhece que há uma responsabilidade ética de corrigir todos os seus erros factuais, sejam grandes ou pequenos (mesmo se forem nomes mal escritos), prontamente e num lugar proeminente reservado no jornal para esse fim." Todavia, na página onde deambulam os sete colunistas de opinião do *Times* há muito que não vigora qualquer regra, ou, pelo menos, uma regra claramente explicada e publicamente adoptada. Quando no último Outono comecei a exercer esta função, disseram-me que o *Times* concedia o espaço reservado aos colunistas de opinião para que estes o pudessem utilizar como entendessem, sujeitos apenas aos limites da legalidade, da decência e da paciência do editor Arthur O. Sulzberger Jr. Os colunistas decidiam quando deviam publicar correcções e onde as situar nos seus artigos.

Porém, há alguns dias, a editora da página editorial, Gail Collins, entregou-me um memorando em resposta às minhas perguntas. (Podem lê-lo na íntegra em www.nytimes.com/ /danielokrent; vd. *posting* n.º 22 [@]). Sendo menos um regulamento formal do que uma explicação e uma justificação de uma prática, o documento delineia a posição de Collins e do seu patrão, Sulzberger, que tem a responsabilidade final pela contratação e o despedimento dos colunistas. Collins explica a razão pela qual se deve conceder liberdade de opinião aos colunistas, mas insiste que "lhes é obviamente exigido que sejam factualmente rigorosos. Se algum deles cometer um erro, espera-se que o corrija prontamente na sua coluna." As correcções, segundo esta nova regra, devem ser publicadas no fim do artigo seguinte "para que sejam vistas com maior probabilidade por todos os seus leitores e em toda a parte", uma referência ao facto de tais artigos serem publicados em muitos outros órgãos de comunicação social.

No entanto, quem deve dizer o que é factualmente rigoroso, ou se as palavras de alguém foram incorrectamente citadas, ou se os factos são utilizados, ou mal utilizados, tornando injusta a opinião do colunista, ou até, desde logo, se a justiça é um conceito pertinente em matéria de opinião? Podemos nós imaginar aqueles festivais televisivos de gritaria, no domingo de manhã, a adoptar um regulamento de correcções?

Nas palavras conscientemente cínicas de um editor reformado do *Times*, falando por todos aqueles tipos das notícias puras e duras que consideram que a maioria dos comentários é pretensiosa, "como é que se pode esperar que os colunistas sejam justos se, afinal, são eles que cozinham tudo aquilo?"

É claro que eles não cozinham (ou, pelos menos, os que são bons não o fazem). Não obstante, muitos usam formas que, de facto, divergem nitidamente da prática jornalística convencional. O colunista de opinião elege os factos que apresenta e os que retém; ele pode pintar as pessoas de quem gosta como modelos e as que detesta como biltres; os mais ignóbeis usam indirectas e insinuações malévolas, aninhadas ambas num envoltório de abundante sofística. Penso, por vezes, que as páginas de opinião deveriam conter um aviso: "O que se segue traduz apenas a opinião do autor, apoiada em dados que apenas eu decidi incluir. Conformem-se." A opinião é por essência injusta.

Os colunistas, por outro lado, atraem uma multidão que é radicalmente diversa da audiência que se dedica às páginas noticiosas. A julgar pelo meu correio electrónico, os colunistas mais alinhados que escrevem no *Times* arregimentam dois tipos de fanáticos fiéis: os que desejam ver fortalecidas as suas próprias opiniões e os que se deliciam com a excitação que acompanha a subida da pressão sanguínea. Paul Krugman, segundo escreve Nadia Koutzen, de Toms River, Nova Jérsia, "é mais lógico (para além de Bob Herbert) do que qualquer outro. Ele apresenta factos que são irrefutáveis." Paul Krugman, escreve Donald Luskin, de Palo Alto, Califórnia, cometeu "dúzias de erros importantes em matéria de facto, distorções, citações erradas e falsas e tudo isso dito com um ar de autoridade que a maioria dos colunistas nem sequer pensaria em adoptar."

Aos olhos de uma audiência mais vasta, Luskin é o Javert do Jean Valjean de Krugman (*). A partir de um posto de vigilância elevado na *National Review Online*, ataca regularmente a lógica de Krugman, a sua orientação política, as suas teorias económicas, o seu carácter e o seu rigor. (Se quiserem verificar o estrondo que pode sair do uso de uma citação por um colunista vão ver o *posting* n.º 23 do meu jornal na *internet*, onde encontrarão uma série de *links* que se relacionam com uma acusação recente a Krugman: conseguem saber quem tem razão?) Analogamente, David Corn, do semanário *The Nation*, tomou por alvo William Safire, acusando-o por num artigo recente, e "a coberto de jornalismo de opinião" estar "a distribuir desinformação". Por último, Maureen Dowd é fielmente acompanhada na *internet* por um exército vingador de detractores exaltados, que ficariam provavelmente desolados se alguma vez ela deixasse de escrever.

Quem quer que chame ao barulhento negócio de ataques a colunistas levado a cabo na *internet* uma indústria familiar poderia compará-la com maior rigor ao bazar de armas de Peshawar. A paz e a calma não aumentaram há algumas semanas quando os advogados do *Times* empunharam um camartelo legal contra uma coluna fantasiosa dedicada à correcção de artigos de opinião, publicada por Robert Cox, do *site* do *National Debate*, todavia, a paz e a calma raramente acompanham as discussões em matéria de opinião política numa época polarizada.

Este género de contencioso torna necessária uma política de correcções clara e publicamente assumida e não é fácil encontrar uma linha nitidamente demarcada em tais espaços conturbados. No mínimo, tudo o que, sem lugar a dúvidas,

---

(*) Javert e Jean Valjean são personagens de *Os Miseráveis*, de Victor Hugo. O primeiro é um rígido representante da lei que persegue incansavelmente o segundo. (*N.T.*)

carece de rigor deve ser corrigido: não há opinião privilegiada para defender que o Sol nasce a Ocidente. O mesmo acontece com o mau uso ou distorção evidentes de citações que são já do conhecimento público. Mas se Safire afirma que há uma prova evidente que relaciona a Al-Qaeda a Saddam Hussein, então até as observações mais agressivas de David Corn (onde se incluem muitas citações dos artigos noticiosos do *Times*) irão provar que não é assim. "Uma opinião pode manter-se obstinadamente no erro", como me disse Safire num *e-mail*, na semana passada, "mas nunca pode estar errada. Uma crença ou convicção, por mais ilógica, louca ou susceptível de provocar fúrias que seja, é uma ideia sujeita a discussões acaloradas, mas não é uma asserção susceptível de correcção editorial ou legal."

Safire perguntou-me com bom-humor (penso eu) a quem se deveria queixar se eu o citasse fora do contexto. Já tinha uma resposta pronta: "A ninguém, afinal eu sou um colunista."

Em geral, não gosto de fazer comparações entre jornais, mas penso que valia a pena saber o que os outros jornais fazem com os (ou aos) seus colunistas. No *Boston Globe* (propriedade da *New York Times Company*), a prática da editora da página editorial, Renee Loth, é quase idêntica à daqui. O mesmo acontece com a orientação de Paul Gigot, que preside às páginas de opinião no *Wall Street Journal* (que não é, indubitavelmente, propriedade do *Times*). O *Los Angeles Times* permite, na verdade, que o seu representante dos leitores participe nas decisões relativas às correcções por parte dos colunistas. (Não, obrigado, eu prefiro ficar de fora.) No *Washington Post*, se um colunista não quiser fazer uma correcção recomendada pelo editor da página editorial, Fred Hiatt, este mesmo a incluirá na página dos colunistas. Em todos estes jornais o juiz final é o editor da página editorial.

Daniel Patrick Moynihan, que seria um excelente editor da página editorial se conseguisse tolerar as reuniões, disse uma vez: "cada um tem direito à sua própria opinião, mas não aos seus próprios factos". A determinação de Gail Collins de que as correcções devem aparecer no final do artigo seguinte, e não desaparecer num assunto lateral, é em si mesma um progresso. No entanto, o que mais importa é a sua afirmação de responsabilidade. Os críticos poderão dizer que a expressão da sua orientação neste domínio é muito branda, mas quando lhe perguntei se era aplicada com flexibilidade, respondeu sem equívoco: "A minha obrigação é assegurar que não surjam erros factuais nas páginas editoriais que não sejam depois corrigidos."

Espero que nos próximos meses as correcções dos colunistas se tornem um pouco mais frequentes e muito mais directas do que no passado. No entanto, a medida final do sucesso de Collins e dos colunistas individuais não residirá nas correcções, mas na ausência de necessidade de as fazer. Wayne Wren, de Houston, alguém que se diz ser conservador e um "leitor ávido" da *National Review Online*, expressou com grande equanimidade num *e-mail* recente dirigido ao meu gabinete que "Se o Sr. Krugman vem cometendo erros delitérios na sua coluna de opinião, terão consequências desagradáveis para ele." O mesmo é válido para Brooks, Dowd, Friedman, Herbert, Kristof e Safire e, o que é sobremaneira importante, para o *New York Times*.

O meu artigo do dia 14 de Março pode ter levado alguns leitores a interrogarem-se por que razão Jane Gross não escreveu uma sequela que corrigisse a sua reportagem sobre um acidente alegadamente anti-semita num jogo de basquetebol realizado numa escola privada, artigo que eu critiquei. Os seus editores dizem que a tarefa – a "pirueta" – apenas foi atribuída a outro jornalista devido ao facto de Gross estar ausente numas férias há muito planeadas.

As origens deste artigo encontram-se enraizadas num acontecimento que teve lugar antes de eu ter chegado ao *Times*, quando Maureen Dowd citou um excerto de um discurso de George W. Bush, mas deixou fora um frase do meio que influenciava o seu sentido. Dowd repetiu a citação num artigo subsequente, mas desta vez incluiu a dita frase. Contudo, o que não fez foi explicar o que acontecera da primeira vez.

No dia em que iniciei as minhas funções de provedor dos leitores, os "dowdfóbicos" estavam à minha espera com cordas de enforcar nas mãos. Como o crime de Dowd foi cometido antes do meu tempo, não lhe dei seguimento. Mas o assunto – que era, essencialmente, que liberdade se deveria conceder a um colunista para distribuir as cartas de modo a defender um ponto de vista – era, sem dúvida, importante. Após o meu artigo ter sido publicado, um editor de topo já reformado (o mesmo que gracejara, dizendo dos colunistas que "afinal, são eles que cozinham tudo aquilo") confessou-se espantado por Collins ter dado início a uma política formal num domínio onde antes não existira nenhuma.

Por fim, tal como a política de esclarecimento por "pirueta", acabou por não funcionar. A maior parte dos erros de facto alegados pelos vários detractores dos colunistas é efectivamente constituída por divergências de interpretação, não por questões de verdade ou falsidade susceptíveis de ser provadas. Quem haveria de dizer que os representantes de Saddam não se encontraram com a Al-Qaeda? Ainda que nenhuma comissão governamental de que haja conhecimento e que tenha procedido a investigações rigorosas tenha encontrado provas de um tal encontro, ninguém poderia provar que ele não ocorreu. Ora, quando temos o propósito de corrigir um articulista, a prova é a única coisa que importa. Em obediência a todos os padrões razoáveis, uma reportagem noticiosa que fizesse a mesma afirmação estaria incompleta se, pelo menos, não mencionasse a perspectiva contrária de outros. Porém, se se pretende ter colunistas, vai ser preciso deixá--los assumir posições chocantes.

No entanto, a regra de Moynihan deveria ser aplicada e o que eu (um veterano do mundo da edição de revistas, que vive dos comentários) fui incapaz de realizar, conseguiu-o o meu sucessor (um tipo das notícias importantes, durante muitos anos, que foi o Al Siegal do *Wall Street Journal*) no espaço de algumas semanas após ter assumido a função de provedor dos leitores. Barney Calame convenceu Gail Collins de que as correcções não deveriam ficar enterradas no texto de um artigo do autor, mas deveriam ter o seu próprio espaço regular nas páginas de opinião, sendo claramente da responsabilidade dos editores. Vanglorio--me da minha assistência, mas foi Barney quem marcou o golo.

O que me perturbou mais enquanto me ocupava do artigo do colunista? Descobrir que o admirável *web site* factcheck.org, patrocinado pelo Annenberg Public Policy Center, da Universidade da Pensilvânia, utiliza a citação de Moynihan como divisa, mas que a escreve assim: "Cada um tem direito às *suas* próprias opiniões, mas não aos *seus* próprios factos." (Itálicos meus.) Isto requer alguma confirmação. Brooks Jackson do Annenberg Center garante-me que esta versão da citação é retirada da capa do programa do funeral de Moynihan. No entanto, penso ser muito improvável que Moynihan usasse alguma vez esta redundância, gramaticalmente pouco aceitável.

No entanto, e se, de facto, ele a usou? Bem, não tenho de acreditar se não quiser.

O JURADO, O JORNAL E UMA NECESSIDADE DUVIDOSA DE CONHECER

11 de Abril de 2004

SABE-SE QUE aconteceu algo estranho no jornalismo quando, num artigo de primeira página do *Times*, uma mulher de 79 anos se sentiu obrigada a dizer ao mundo que em todos os Natais dá uma gratificação ao porteiro do seu apartamento. É particularmente estranho, porque, como nota o autor do artigo, esta generosidade "contradiz as notícias anteriores", notícias que apareceram em primeiro lugar no próprio *Times*.

Não, não vou dar início a outro discurso retórico sobre a pirueta, a técnica que permite a jornal autocorrigir-se sem nunca ter reconhecido que errou. Mas a cobertura total (e talvez distanciada) da implosão do julgamento da empresa Tyco proporciona uma oportunidade de ver o jornal a fazer o que é correcto, depois a fazer o que está mal e, finalmente, a provocar (em mim, pelo menos) uma reavaliação de um quarto de século de actividade jornalística.

A aventura começou na sexta-feira, 26 de Maio, após o jurado n.º 4 deste longo, árduo e, por fim, inútil julgamento ter ou não ter feito um rápido sinal de "O.K." em direcção à mesa da defesa. (Os jornalistas do *Times* que o testemunharam julgam tê-lo visto fazê-lo.) Quando os jornalistas e os editores trabalhavam no caso nessa tarde e nessa noite, instalou-se uma divergência sobre se se deveria ou não identificar o jurado. Uma facção argumentou que foi a própria mulher que se transformou em notícia como o seu comportamento, a outra, incluindo o jornalista Jonathan D. Glater (um ex-advogado), opinou, como disse mais tarde, que "a notícia era o sinal, não quem era a mulher."

Até terminar o processo, argumentaram Glater e outros, o nome dela não devia ser publicado. O editor de economia, Lawrence Ingrassia, que estava a dirigir pessoalmente a cobertura do julgamento, ouviu a chefe de redacção, Jill Abramson, e o nome do jurado não foi divulgado. Os leitores do jornal do dia seguinte ficaram a saber apenas alguns pormenores sem importância sobre a protagonista anónima: era uma ex-professora do ensino secundário que se tinha licenciado em direito quase com 60 anos e que exercera a sua actividade numa empresa durante uma curta temporada. Os melhores argumentos dos dois diários sedeados em Nova Iorque que publicaram o nome do jurado nem remotamente me convenceram de que algum leitor em toda a Terra terá beneficiado com isso.

Talvez a excepção se possa encontrar num empregado do edifício, cuja mão não foi untada. Este homem entrou para o arquivo permanente do *New York Times* na segunda-feira, 29 de Março, com algumas frases chocantes no fim de um artigo intitulado "A Intenção Criminosa Parece Ser a Dúvida

Principal do Jurado". O jurado, souberam os leitores, "vive no Upper East Side de Manhattan e na sexta-feira as pessoas que vivem no seu prédio de apartamentos falaram dela como sendo pouco comunicativa. Um dos empregados do edifício de apartamentos disse que ela raramente fala ao pessoal, excepto para dar ordens e, ao contrário doutros moradores, nunca lhe dera qualquer gratificação pelo Natal ou, tanto quanto sabia, ao porteiro." Outra das frases afirmava que "Um antigo amigo da família disse que o jurado n.º 4 era muito inteligente, mas que depois de ter tomado uma resolução não iria modificar a sua opinião."

Aqui chegado, o leitor ficou realmente a saber alguma coisa, ou, na verdade, várias coisas. Em primeiro lugar, que esta mulher, cujo nome acabara de ser publicado por dois jornais de grande tiragem, era distante, vulgar e teimosa. (Ingrassia diz que se arrepende de ter publicado o comentário sobre a gratificação de Natal.) Em segundo lugar, que o *Times* está disposto a publicar comentários negativos feitos por indivíduos não identificados sobre alguém que não tem oportunidade para responder. Por fim, em terceiro lugar, que o jornal sabe esquecer a piedade quando lhe convém. Sim, o *Times* não divulgou o nome do jurado até o julgamento se concluir, mas após ter sido revelado noutro jornal, o seu nome paira sobre as suas reportagens como o sorriso do gato Cheshire. O *Times* não vive no vazio, mas neste caso fingiu que sim.

Escreveu o leitor J. Allison Crockett, de Brooklin: "Antevejo agora milhões de nova-iorquinos a correr para a recepção dos seus edifícios para gratificar exageradamente o seu pessoal para que no futuro, se forem jurados, o *Times* não possa difamar o seu carácter."

A estranha conclusão deste julgamento desafortunado levou-me a distanciar-me da sabedoria convencional da actividade noticiosa. No que eu presentemente divirjo de quase todos os jornalistas e editores com quem discuti o assunto (incluindo Glater) é na minha crença recém-adquirida de que mesmo depois de um julgamento ter terminado, o papel de cada jurado nas deliberações – os argumentos apresentados, o comportamento manifestado, as opções de voto – deve continuar confidencial, se ele assim o desejar.

A maior parte daqueles com quem falei ficaram espantados ao saber que assumia esta posição, tão contrária ela é à prática geralmente aceite. (Lembrem-se do seguinte: nada excita mais um jornalista do que uma porta fechada.) Alguns deles ficaram também surpreendidos ao saber que noticiar as deliberações do júri é, na verdade, um fenómeno muito recente e dificilmente se poderá considerar um dos fundamentos do jornalismo mais consistente. Em 1978, um tribunal federal de recurso confirmou o direito dos jornalistas a entrevistar os jurados após a conclusão dos julgamentos. Porém, foi apenas em 1982, quando Steven Brill, do *American Lawyer*, entrevistou e escreveu sobre os jurados num caso importante de difamação, que este estilo de jornalismo começou a ser prática corrente. Tornou-se depois convencional, devido aos julgamentos de William Kennedy Smith, Leona Helmsley e O. J. Simpson, entre outros, por serem pessoas com suficiente visibilidade e os seus alegados crimes serem tão suculentos que possibilitavam que cada jurado tivesse a sua própria corte de jornalistas.

Após o julgamento inconclusivo do banqueiro de investimentos Frank P. Quattronne no ano passado, o *Times* publicou os nomes de três dos jurados que votaram a favor da absolvição. Dois deles aceitaram falar aos jornalistas, o outro não, aparentemente, mas o seu nome foi publicado. Após o caso da Tyco, o *Times* divulgou sempre os nomes dos jurados, mas permitiu que um deles comentasse anonimamente o comportamento do jurado n.º 4 durante as deliberações.

Não se obteve qualquer benefício em cada um destes casos, mas pensemos no seu custo potencial: em casos de valor para a imprensa, irão alguns jurados abster-se de expor os seus argumentos com receio da censura ou hostilidade públicas? Evitarão eles as posições que julgariam dever tomar por recearem que venham a ser conhecidas, como por exemplo, ao obstarem à condenação de um réu com má reputação? Para protegerem a sua privacidade, irão alguns tentar sempre não pertencer aos júris? Talvez o saibamos em breve: o novo julgamento de Quattrone inicia-se na terça-feira.

Os argumentos a favor da divulgação estão bem estabelecidos: os intervenientes públicos na vida pública devem ser responsabilizados, razão por que, por exemplo, os jornais tentam noticiar as reuniões do governo ou as audições legislativas à porta fechada. Só um jornalismo agressivo pode pôr a claro acções potencialmente impróprias que possam ocorrer na sala do júri. Desde o início da república que os veredictos do júri alcançaram credibilidade porque os vizinhos de cada um dos seus elementos sabiam que decisão tomara. Publicar os seus nomes torna verosímil a notícia.

Cada um destes argumentos pode parecer familiar, mas nenhum é convincente: os jurados, ao contrário dos políticos, são participantes involuntários na vida pública. Basta que apenas um jurado faça queixa ao juiz para que o mau comportamento numa sala de júri seja objecto de análise. Os primórdios da república não tiveram de suportar as notícias da televisão e da rádio, os tablóides de supermercado, nem os entrevistadores polemistas dos *talk shows* matinais. Pode-se tornar bastante real uma notícia descrevendo a higiene pessoal de alguém, mas, convencionalmente, isso não faz parte do reportório noticioso.

Faço meu o comentário de Jonathan Glater sobre o jurado n.º 4: a notícia era o sinal que ela fez (ou não fez), não quem ela era. As suas acções são relevantes, a sua identidade não. O mesmo se passa, creio eu, com as deliberações do júri. Após o julgamento, os jornais podem noticiar o nome de um jurado em particular e as suas respectivas acções, mas não é correcto relacionar ambos sem a autorização do próprio. Aliás, se bem pesarmos, essa relação também quase não tem razão de ser.

Outro aspecto peculiar da cobertura do *Times* relacionada com o júri do julgamento da Tyco foi-me dado a ver pelo leitor Carl Cohen, de Ann Arbor, no Michigan. Após ter sido declarado que o julgamento era anulado, o jornal publicou um quadro que identificava cada jurado pelo nome, a ocupação e a raça. "Que importância terá se se trata de um gestor negro de uma cadeia de empresas do ramo alimentar ou de um gestor branco de uma cadeia empresas do ramo alimentar?" perguntou Cohen, ao mesmo tempo que chamava a atenção para o facto de a raça não ter tido o menor papel no julgamento. "Um ex-empregado negro da Lehman Brothers ou um ex-empregado branco da Lehman Brothers? Identificar alguém em função do emprego é sensato e útil. Identificar alguém pela raça é, penso eu, inapropriado e deslocado."

Nada há a acrescentar.

<hr>

Orgulho-me deste artigo. Não levanto objecções a que os jornalistas entrevistem os jurados e, na verdade, ficaria desapontado se um jornalista que trabalhasse para mim e estivesse a fazer a cobertura de um julgamento importante deixasse de o fazer (depois de o julgamento terminado, é claro). O que extravasa da sua missão é a publicação do nome de um jurado e dos seus pontos de vista, *sem o seu consentimento*. Se estas matérias forem julgadas de interesse público, então também podemos ter transmissões televisivas ao vivo das deliberações dos júris.

Marcia Chambers, uma ex-correspondente do *Times* que agora presta serviço na Yale Law School, objectou à minha afirmação de que entrevistar os jurados se tornou prática comum a partir de 1982. Numa carta publicada em 2 de Maio de 2004, diz que era prática comum quando chegou ao *Times* em 1973.

JORNAL DE REFERÊNCIA?
DE MODO NENHUM, NÃO HÁ RAZÃO PARA TAL, NÃO OBRIGADO

※

25 de Abril de 2004

O MEU COMPANHEIRO de cela Arthur Bovino, que tem nas pontas dos dedos dados que fariam chorar um estaticista, calcula que em cinco meses decorridos desde que abriu o gabinete de provedor dos leitores já recebemos 589 mensagens que contêm a frase "jornal de referência".

Muitos leitores evocam "Todas as Notícias que São Adequadas para Publicação" (196 invocações até agora) e "A Senhora Cinzenta da 43rd Street" (*) (80). No entanto, nunca consegui perceber se "Todas as Notícias" é um comentário às próprias notícias ou ao jornal que as contém e "Senhora Cinzenta", embora seja geograficamente rigoroso, é impróprio e um lugar

---

(*) Referência ao *New York Times*. (*N.T.*)

comum. "Jornal de referência" é mais fácil de entender: trata--se de um cumprimento utilizado como um arma de arremesso. "Se isto é considerado notícia pelo nosso jornal nacional de referência", escreveu Jeff Kreines, de Coosada, no Alabama, "não surpreende que este país esteja nesta confusão." John E. O'Beirne, de Yorktown Heights, em Nova Iorque, escreveu a manifestar a sua preferência por um dos concorrentes do *Times*, que consegue ficar "muito mais perto da verdade do que o autoproclamado 'jornal de referência'".

A julgar tanto pelo progresso do jornalismo actual (sim, tem-se registado algum, pelo menos no domínio do autoconhecimento) como por uma investigação não científica que realizei há pouco tempo, penso que não haveria muita gente a querer trabalhar para um jornal de referência, o que o *Times* de certa forma foi. Haveria ainda menos, segundo creio, a querer lê-lo, como se me tornou evidente em algumas horas de tempo livre da semana passada, ao tentar manter-me acordado a ler uma edição de sábado do *Times* de há 40 anos atrás.

Por 10 cêntimos, eis o que um leitor poderia ficar a saber com o *Times* de 25 de Abril de 1964: o comissário assistente do Departamento de Reclamações demitiu-se para integrar a equipa do senador Carl Hayden; nas Nações Unidas, o Comité Especial para o Colonialismo ouviu uma declaração de um "peticionário de Malta". O presidente da Argélia voou para Moscovo mais ou menos ao mesmo tempo que o presidente da Alemanha Ocidental deu início a uma viagem de boa vontade pela América do Sul, tendo "o seu avião da Lufthansa aterrado no novo aeroporto internacional de Lima após um voo sem interrupção desde Miami, onde passou a noite." (Em separado, um despacho da *United Press International* dizia – apenas – "O avião do presidente Johnson aterrou no aeroporto nacional de Washington às 10 horas e 30 minutos da noite.")

Observadores do Congresso receberam um calendário das audições da Câmara dos Representantes e do Senado. Um título no início de uma página revelava que cinco casas em Center Island e Mill Neck seriam incluídas num circuito patrocinado pelo Smith College Club, de Long Island. Estava previsto que o Women's Press Club tivesse um encontro nessa tarde no Slater Hilton. A minha preferida: os dirigentes de basebol do Houston deram um aumento de 1000 dólares ao lançador Ken Johnson.

Ora, isto é apenas escavar à superfície onde se incluem uma colecção entediante de anúncios, calendários, directorias e transcrições: a nomeação de dois vice-presidentes de uma companhia de peças de automóvel, a lista dos processos de falência que são julgados em cada dia nos tribunais locais, uma lista (com o título, o autor, o editor e o preço) de todos os livros publicados nesse dia, os obituários de 24 luminárias quase insignificantes, uma lista dos 35 nomes de todos os navios que zarparam do porto de Nova Iorque desde quarta-feira e outra dos 35 que aportaram.

É claro que há muito trabalho maravilhosamente bem feito no *Times* desta época. No dia 25 de Abril havia reportagens sobre temas mais interessantes assinadas por três jovens jornalistas chamados David Halberstam, J. Anthony Lukas e Gay Talese. Todavia, em muitos aspectos o jornal-de-referência *Times* tinha tanto de estenografia como de notícias, tanto de comunicados virtualmente repetidos (sob a forma de transcrições fiéis de porta-vozes vulgares) como de jornalismo provocador. O jornalista de esquerda britânico Robert Fisk disse no final do ano passado que o *Times* deveria chamar-se antes "Os Funcionários Americanos Dizem". Há 40 anos isso não teria sido tão tendencioso.

"Jornal de referência" é uma expressão que não foi inventada pelos editores. Segundo a arquivista do *Times*, Lora Korbut, a frase apareceu pela primeira vez em 1927, quando o jornal patrocinou um concurso de ensaios para promover o seu índice anual. Pedia-se aos participantes que reflectissem sobre o título do concurso "O Valor do Índice e dos Ficheiros do *New York Times* enquanto Jornal de Referência". (O que provavelmente não atraiu tantos participantes como "O Aprendiz".) O que de algum modo começou como promoção de um serviço de índice em breve se tornou parte do próprio jornal, talvez porque a meticulosa apresentação dos actos de governação fosse há muito uma das formas do *Times* se promover numa cidade com oito jornais.

"Há muito tempo", segundo Bill Borders, um editor superior que está no *Times* há 43 anos, "o *Times* sentia-se habitualmente na obrigação de imprimir muitas coisas que tínhamos consciência de que não seriam lidas por muitos – os nomes dos novos membros do governo do Peru, por exemplo – apenas para que ficassem registadas. Felizmente esses dias já passaram."

A julgar pelas respostas que obtive dos 50 elementos da redacção do *Times* a quem levantei a questão "Pensa que o *Times* é o jornal de referência?", Borders não é o único a estar assim agradecido. Mas se vários agradeceram a inspiração sugerida pela elevação da frase, houve apenas dois que a acolheram no seu sentido literal. Com muito poucas excepções, quanto mais tempo se esteve ou quanto mais alto se chegou nesta organização, menor é a probabilidade de acreditar em que o *Times* é, ou deveria ser, o jornal de referência. O colunista da área metropolitana Clyde Haberman disse-me que durante os seus 27 anos no *Times* "nunca ouvi ninguém do jornal referir-se a ele nesses termos". O jornalista Richard Pérez-Peña, um veterano de 11 anos, disse por seu lado: "penso que nunca ouvi os meus colegas usar essa expressão, a não ser raramente e de maneira quase trocista e irónica."

Julgo que tal se fica a dever ao facto de reconhecerem, não só a impossibilidade de exercerem esse papel, mas também ao efeito mortal que poderia ter no jornal. Katherine Bouton, subeditora da revista de domingo do jornal, disse que "Sabemos agora que as nossas notícias resultam de uma escolha. Exceptuando o material fonte e não trabalhado, não existe nada que seja 'de referência', não é verdade?" A jornalista Stephanie Strom fez notar que "não somos, certamente, o jornal de referência dos líderes das comunidades afro-americanas e hispânicas". Ou, poderíamos acrescentar, da comunidade judaica ortodoxa, ou da comunidade de Staten Island, ou da comunidade adepta do jogo lacrosse, ou muitas outras.

Eis outra forma de dizer a mesma coisa: num mundo heterogéneo, qual é o registo que um jornal está em condições de preservar? Que grupo de indivíduos, por mais talentosos ou dedicados que sejam, se podem arrogar um papel tão divino? Se confiarmos no *Times* como única fonte noticiosa, estamos a acreditar acriticamente nas concepções, atitudes e interesses das pessoas que o fazem todos os dias. O jornal não pode ser dono da última palavra, e pretender que o seja é prestar um mau serviço tanto aos que o fazem como aos que o lêem. Não pretendo desrespeitar o *Times*, mas qual será o cidadão consciente que se pode dar ao luxo de confiar apenas numa fonte noticiosa? E não poderão todos os leitores conscientes contextualizar o que os seus próprios jornais (ou estações de televisão, ou animadores da rádio, ou *web logs*) lhes contam?

Parece muito mais adequada outra frase, usada muitas vezes para nimbar o jornalismo de todos os dias com uma auréola sagrada, quando, na verdade, se trata de algo a recusar: ser "o primeiro esboço da história". Um primeiro esboço é inevitavelmente algo imperfeito, por vezes embaraçoso e necessita quase sempre de ser melhorado. O segundo esboço, que é crucial, consiste numa correcção dos seus erros por parte do jornal, no reconhecimento das omissões e, quando o que está em causa é suficientemente relevante, a explicação dos enganos. Mesmo assim, as gerações futuras serão prejudicadas se os seus historiadores pensarem que há apenas uma fonte para que se possam virar quando quiserem compreender o passado.

Ninguém que eu tenha interrogado tinha para o *Times* uma ambição plausível mais rigorosa do que o chefe de redacção John Geddes: "Penso que não pode haver um 'jornal de referência'. A expressão implica que haja um cronista dos acontecimentos que seja omnisciente, um árbitro que capte perfeitamente o significado e a importância de cada dia das nossas vidas. Eu não trabalho num lugar assim. Eu trabalho num jornal que existe num mundo em que há limites de tempo, de recursos e de conhecimento. O que é extraordinário no jornal é que ter consciência dos limites diários à nossa ambição não nos impede de tentar ultrapassá-los."

É pela forma da aspiração e a medida em que é realizada que o *Times* deve ser responsabilizado. Os leitores que esperam mais irão merecer o que tiverem. Peçam um jornal de referência e acabarão por ter nas mãos um catálogo, um soporífero ou um apologista. Na verdade, talvez os três em conjunto.

<hr />

Falhei de certa forma neste artigo. Ainda penso que passou de moda o sentido original de "jornal de referência" e nenhum de nós quer ler um jornal como os antigos, um "quem-é-o-novo--ministro-das-finanças-peruano" em versão *Times*. No entanto, aquilo que "jornal de referência" passou a significar para muitas pessoas é "o jornal que recolheu todos os factos e os noticia com rigor."

Enquanto escrevo estou também a trabalhar num livro sobre os Estados Unidos nos anos 20 do século passado, consultando versões microfilmadas de vários jornais americanos e surpreendendo-me a pensar que algo é factualmente rigoroso se apareceu no *Times*. Se isso é o que faz um "jornal de referência", sou totalmente a favor.

NÃO HÁ NEGÓCIO COMO O NEGÓCIO DOS PRÉMIOS TONY

9 de Maio de 2004

A MENOS QUE eu encontre por aqui inesperadamente um pano de limpeza nas próximas 48 horas, os leitores do *Times* acordarão na terça-feira a ler um artigo proeminente a anunciar quais são os nomeados de um prémio artisticamente insignificante, manifestamente comercial, vergonhosamente discriminatório e culturalmente corrosivo.

Permitam-me que me expresse doutro modo: a menos que os editores do *Times* tenham ultrapassado várias décadas da sua própria inércia, os leitores de terça-feira encontrarão no jornal uma reportagem proeminente que serve os interesses pecuniários de três empresas privadas e cujos chefes alcançaram o direito de se reunir no que Damon Runyon chamou uma vez "a sala do riso". Esta foi a expressão de Runyon para designar a sala insonorizada onde imaginava que os proprietários do Club "21" se reuniam para fixar os preços da ementa do dia. A versão actual seria a do lugar sagrado onde os homens que dirigem a Shubert Organization, a Nederlander Organization e os Jujameyn Theaters se reúnem para brindar ao *Times* e ao generoso apoio concedido aos seus esforços.

São estas as três instituições que controlam a Broadway e, por sua vez, juntamente com os patrocinadores das produções itinerantes dos espectáculos da Broadway, controlam o Prémios Tony. Os Tonys não são os Óscares (ou os Grammys, ou os Pulitzers) do teatro. Pode ser difícil defender a cobertura jornalística de algo tão politizado, comercializado e excessivamente publicitado como os Óscares, mas pelo menos a Academia das Artes e Ciências Cinematográficas não limita as candidaturas aos filmes exibidos nas salas de uma determinada dimensão e localizadas numa determinada vizinhança.

A extensa definição da elegibilidade nas regras dos Prémios Tony podem ser resumidas simplesmente da seguinte forma: um espectáculo pode candidatar-se se for apresentado num teatro com mais de 500 lugares, situado a norte da Rua 40, a sul da Rua 60, a oeste da 6.ª Avenida e leste da 10.ª. Exclua-se o Vivian Beaumont Theater, no Lincoln Center, e pode-se mudar a fronteira norte para a Rua 54 e a oeste cerca de 30 metros depois da 9.ª Avenida.

Uma definição ainda mais simples é esta: os prémios são uma promoção imobiliária, restringidos como estão aos espectáculos levados à cena nas 31 salas que são propriedade ou controladas pelos Shuberts, os Netherlanders e os Jujameyn, a que se juntam nove que lá figuram por acaso da geografia ou afinidade com a ideia do Grande Musical (Clear Channel Entertainment, o produtor dominante das *tournées* teatrais nacionais, é proprietária do Ford Center; a Disney é proprietária do New Amsterdam).

Tal como os teatros, os próprios votantes são em larga medida controlados pelas Três Grandes e as companhias operadoras itinerantes. Rocco Landesman, presidente da Jujameyn, disse-me que cerca de metade dos votantes estão relacionados com os produtores itinerantes. Uma vez que o único musical deste ano que talvez faça uma *tournée* é o *Wicked*, se perder o Tony prometo comer a jaqueta preta promocional da companhia que distribui o "O Médico e o Monstro".

Se perguntarmos às pessoas que prémios constituem um reconhecimento dos resultados do teatro vivo, poucos citarão um que não seja os Tonys. Mas se uma peça ou um musical não aparecerem num dos teatros Tony, não irão ser considerados. Não figurará nenhuma das salas afastadas, ou muito afastadas, das salas da Broadway, apesar de só uma delas não ter estreado vencedores dos Prémios Pulitzer para teatro na última década (a excepção foi um teatro não comercial da Florida), e também não entrará a Academia Musical de Brooklyn, que na maior parte dos anos apresenta o teatro mais estimulante de Nova Iorque. Pode-se juntar Anton Chekhov com George Gershwin num musical encenado por George Abbott, mas se a cortina subir numa sala da Rua 37, então adeus.

A menos que a sala seja propriedade de Shubert, Nederlander ou Jujameyn. Dado o seu domínio total sobre a actividade da Broadway, têm sido alvo de ataques para mudar as fronteiras.

***

Sendo assim, como é que um jornal que se orgulha da independência da sua linha editorial e do seu compromisso com as notícias que se devem publicar trata este cambalacho?

Com trombetas. O pontapé de saída de terça-feira irá fazer sair uma parada de menções na secção "Fim-de-semana", provavelmente na coluna dos nomes escritos em negrito, possivelmente na "Agenda das Artes". Se este ano for igual a vários outros que o antecederam, tudo culminará numa orgia palpitante de celebração dos Tonys, apresentada numa festa levada a efeito pelos editores da secção "Arte e Lazer", provavelmente no domingo antes do anúncio dos vencedores. No ano passado, esta secção dedicou 18 artigos individuais, totalizando mais de 20 000 palavras e quilómetros de fotografias, a tudo o que era Tony.

Quando perguntei ao editor da cultura, Steven Erlanger, o que justificava tanto barulho, disse-me que os Tonys são notícia, porque a própria Broadway é importante para o *Times* e os seus leitores. "Faz parte da nossa obrigação", acrescentou. "Isso não significa que não devemos ser mais cépticos quanto a eles, mas os Tonys interessam." O *Times* tem publicado artigos críticos sobre os prémios cinematográficos Globos de Ouro, que são extremamente duvidosos, acentuou ele, mas o jornal continua a fazer a sua cobertura.

Muito bem. Só que sobre os Globos escreve-se um artigo ou dois por ano, e não a procissão triunfal de referências aos Tonys que avança pelas páginas do *Times*. Esta atitude pode ser boa para o relatório financeiro periódico da Times Company (os anúncios que envolvem todos estes artigos são extremamente suculentos), mas são desprezíveis para aqueles leitores do jornal que se interessam pelo teatro americano. O culto prestado aos Tonys significa que obras excelentes (mas de orçamentos comparativamente reduzidos), produzidos em pequenos teatros, muitas vezes não têm a atenção que merecem. Os produtores exteriores à Broadway que pensam que um espectáculo pode ganhar um Tony e toda a publicidade que daí resulta fazem com que as pequenas peças sejam apresentadas em casas maiores, que são inadequadas. (Ficaremos a saber em breve se o pequeno musical "Caroline, or Change" pode sobreviver à sua recente transferência para a Broadway). As produtoras de teatro não comerciais, que manifestamente existem para realizar um trabalho inovador, procuram, pelo contrário, obter um Tony, adquirindo os teatros que são elegíveis, onde os custos muito mais elevados podem apenas cercear o espírito que as deveria animar.

O *Times* tem interesse no teatro da Broadway apenas devido à proximidade. Há 29 teatros elegíveis num raio de cinco quarteirões a partir da cadeira onde estou sentado (instalem um palco e a própria sala de redacção o poderia ser – e até não seria mau teatro). O interesse financeiro do jornal é inquestionável: embora possa obter números directamente do *Times*, Nancy Coyne, da Serino Coyne, a maior empresa de publicidade ao teatro da cidade, calcula que este sector despende anualmente entre 30 a 40 milhões em espaço publicitário no jornal. Podem apostar que a maior parte desta soma não vem dos teatros com 199 lugares que se encontram na baixa da cidade.

Contudo, duvido que haja um editor ou um jornalista no Edifício Times que pense que as considerações de publicidade devem ditar a cobertura noticiosa. Julgo também que não iria encontrar alguém que argumentasse, por exemplo, que se os Óscares estivessem, na prática, limitados a filmes produzidos pelos três maiores estúdios, mesmo assim mereceriam ser seriamente noticiados. Erlanger diz que, embora secções especiais como as dedicadas aos Tonys existam em parte por considerações de ordem publicitária, pertence ao seu trabalho e dos seus colegas assegurar que o conteúdo editorial que as acompanha esteja de acordo com os padrões do *Times*. Ele pensa, portanto, que fazem assim um bom trabalho. Talvez seja verdade, mas manter durante tanto tempo aberta sobre os Tonys a cortina do teatro, enquanto muitas peças estimulantes de fora, ou muito de fora, da Broadway são empurradas para a parte de trás do cenário é um insulto às próprias ambições do *Times*.

Como já devem ter adivinhado, sou um daqueles leitores do *Times* que se interessam pelo teatro vivo. Tal como muitos, muitos outros, confio no *Times*, não só para o noticiário mundial, nacional e local, mas pela atenção que dedica aos meus interesses especiais. É uma das coisas que distinguem este jornal. O *Times* não tem só uma especialidade, mas, no seu melhor, aspira à excelência numa série de especialidades. Em algumas é dominante. Todos os que integram a actividade teatral vos dirão que nela a voz do *Times* é a única que conta.

Presentemente o *Times* está em vias de efectuar uma renovação há muito planeada, aparentemente dispendiosa e inquestionavelmente mais do que necessária do seu noticiário cultural, estando programada a sua concretização no próximo Outono. Se os seus arquitectos aspiram realmente a uma excelente cobertura da actividade teatral, irão fazer marcha-atrás, nomeando um crítico teatral para a edição de domingo para enriquecer a discussão (nomeação, devo frisar, apoiada pelo crítico teatral proeminente Ben Brantley). Durante décadas e até 1996, o crítico diário do jornal fazia a análise que surgia publicada na manhã seguinte à estreia de cada espectáculo, após o que um crítico habitual de domingo poderia retomar o mesmo espectáculo na publicação seguinte de "Artes & Lazer". Era uma versão da atenção estereofónica concedida a livros importantes pelos críticos diários e pela "Crítica de Livros" ao domingo, uma perspectiva equilibrada que só pode ser útil aos leitores.

Dado que em matéria de teatro o *Times* fala tão alto, amplificar esta voz com a nomeação de um crítico para o domingo merecia uma ovação de pé. Entretanto, desperdiçar tal voz – bem como a sua reputação e integridade – numa fraude como os Prémios Tony não merece outra coisa senão assobios.

Bem, a jaqueta de "O Médico e o Monstro", num aparte enfatuado, não foi de muito bom gosto. (Mais abaixo, no parágrafo n.º 5, há mais sobre a minha referência ao *Wicked*.) Este artigo não foi nem de perto nem de longe tão importante como muitos outros, mas penso que não houve mais nenhum que me desse tanto prazer. Em parte, isso aconteceu porque veio do coração. Há muito que estava irritado com a insuportável devoção do *Times* aos Tonys e, como tinha uma tribuna para apresentar a minha argumentação, era um tema que não pretendia passar em claro. Todavia, houve também muitas outras razões de gratificação:

1. A resposta que obtive foi enorme. Tive reacções de centenas de pessoas da comunidade teatral de Nova Iorque e outras tantas do seu público, que sentiram que alguém dissera aquilo que há muito tempo pensavam, mas que se sentiam impotentes para dizer. (Elas ajudaram-me a ultrapassar quaisquer dúvidas que alimentasse sobre o propósito de abordar um tema a que nenhum leitor se referira.)

2. Provocou algumas mudanças. O artigo que saiu na terça-feira de manhã incluía um parágrafo que explicava cuidadosamente o objectivo limitado dos Tonys e a sua ligação com os proprietários dos teatros. Artigos posteriores que saíram nesse mesmo mês e na edição de 2005 também o fizeram. Gosto de pensar que se transformou numa parte institucionalizada da cobertura dos Tonys.

3. Bill Keller enviou-me uma mensagem por *e-mail*: "[...] Mas o que é que o senhor REALMENTE pensa? Para falar com franqueza, foi uma sova que nós merecíamos e que me revelou algumas coisas que eu desconhecia. [...] Penso que, de facto, vai assistir a algumas mudanças." Não é que eu dependa de mensagens concordantes da parte de Bill Keller, mas tenho de confessar que me deixou muito bem disposto durante o meu café matinal.

4. Os que discordaram de mim fizeram-no de modos diversos e interessantes (vd., em particular, a resposta de Rocco Landesman, proprietário de um teatro, publicada em 23 de Maio e reimpressa imediatamente a seguir a estas notas): fui espancado por toda a gente da *Variety*, insultado por um dos donos da cadeia Shubert (disse a um amigo comum que eu não sabia nada, *nada*, de teatro) e tornei--me o objecto de piadas bastante boas quando *Wicked* perdeu para o musical de marionetas "Avenue Q".

5. De facto, num jantar de despedida quando deixei o *Times* um pouco mais de um ano depois, Gail Collins agradeceu-me por duas coisas: ter ajudado a introduzir uma política de correcções destinada aos colunistas de opinião e de ter feito com que "Avenue Q" tivesse ganho o Tony. Não sei se a minha coluna envergonhou realmente os votantes, levando-os a passar ao lado de *Wicked*, mas quando os produtores de "Avenue Q" decidiram renunciar a uma *tournée* nacional e montar uma versão permanente do seu espectáculo em Las Vegas, um dos votantes nos Tony provenientes doutra cidade contou a Michael Riedel, do *New York Post*, que "Se tivesse sabido que não iriam fazer uma *tournée* com a peça, não teria votado nela."

E AGORA UM BREVE INTERVALO...

23 de Maio de 2004

A MINHA COLUNA regular não aparece hoje, porque estou empenhado num projecto complexo e especial e necessito de mais uma semana para o completar. Permitam-me, por isso, que solicite a vossa indulgência.

Entretanto, penso que vale a pena dar conta da reacção ao meu artigo de 9 de Maio sobre os Prémios Tony. A resposta foi surpreendentemente intensa e compreensivelmente diversa.

A maioria das pessoas cujo cheque de vencimento vem da Broadway mostrou-se adversa em relação a ele. A maioria dos que estão longe, ou muito longe, do mundo da Broadway, bem como muitos dos frequentadores e críticos de teatro adoraram-no. Grande número de pessoas sem ligações a qualquer dos lados, não só não se interessaram pelo assunto, mas também me censuraram com severidade (é uma forma benévola

de o dizer) por me ter preocupado com semelhante triviali-
dade quando o mundo está a arder.

Este último grupo não estará interessado no que vem a
seguir. Todavia, para os que o estão, digo que estou a virar os
holofotes para o presidente dos Jujameyn Theaters, um dos
três maiores grupos proprietários de teatros da Broadway.

Ao Provedor do Leitor:

A sua polémica de 9 de Maio "Não há Negócio como
o Negócio dos Prémios Tony" é pedante e demasiado
excitada. Peço-lhe o favor de se recordar que os Tonys
significam mais do que o "reconhecimento de excelência" no teatro pela nossa comunidade. Eles são também
um entretenimento e um jogo.

Uma vez por ano, os produtores competem publicamente entre si, normalmente os artistas sérios ficam
mais humanos devido à sua vaidade e começam a com-
portar-se como todos os outros, e o *New York Times*
ganha uma mina em publicidade. Os frequentadores
do teatro acompanham as nomeações e o processo de
atribuição dos prémios tão avidamente como os fãs
do futebol americano seguem as eliminatórias e a
Supertaça.

Os Tonys homenageiam a Broadway, que possui uma
geografia que se pode considerar mais ou menos intermédia entre a baixa e a alta da cidade, mas, acima de
tudo, está conotada com uma certa escala. "Broadway"
significa que a orquestra terá uma determinada dimensão, a produção valores de um determinado nível e o
talento para representar, que por vezes inclui algumas
estrelas de renome, será digno de nota. Para além disso,
as salas têm de ter capacidade suficiente para que se

possa pagar tudo isto. A capacidade mínima elegível para os Tonys é de 500 lugares.

Quanto à sua observação de que o *Times* olha para os Tonys de maneira acrítica, o que posso eu dizer? O senhor é que é o provedor dos leitores, o senhor lê o jornal. Quase todos os anos nos queixamos amargamente daquela agitação que acontece no meio da edição dedicada aos Tonys num artigo escrito pelo principal crítico de teatro e dedicado à época miserável a que se assistiu na Broadway. Mas basta de falar dos Tonys. Cheguei a dizer que a sua defesa de um crítico de teatro ao domingo tinha lucidez, era racional e lógica e absolutamente convincente?

ROCCO LANDESMAN
17 de Maio de 2004

Ainda mais uma coisa: no meu artigo sobre os Tonys escrevi que o New Amsterdam Theater era propriedade da Walt Disney Company. De facto pertence à cidade e ao Estado de Nova Iorque. A Disney tem-no arrendado por 99 anos. Até à próxima semana.

No ano que ainda me faltava no meu cargo, nunca mais escrevi sobre um tema que não tivesse sido sugerido pelos leitores. Desfrutara da minha oportunidade de me divertir. Na verdade, após a pausa seguinte abordei o assunto que provocou mais queixas, maior indignação e mais decepção do que qualquer outro.

ARMAS DE DESTRUIÇÃO MACIÇA?
OU DISTRACÇÃO MACIÇA?

30 de Maio de 2004

DESDE QUE este gabinete iniciou o seu funcionamento em Dezembro último, sempre pensei que não poderia escrever sobre o que fora publicado no jornal antes da minha chegada. Assim que entrasse no passado, julgava eu, provavelmente nunca mais conseguiria regressar ao presente.

No início deste mês, no entanto, convencido de que o meu território incluía tanto o que não aparece no jornal como o que aparece, comecei a ponderar uma questão que vem do passado e pesa muito no presente. Por que razão o *Times* não voltou a abordar a sua própria cobertura das armas iraquianas de destruição maciça? Para qualquer pessoa que tivesse lido o jornal entre Setembro de 2002 e Junho de 2003, a impressão de que Saddam Hussein possuía, ou estava a comprar, um arsenal assustador de armas de destruição maciça parecia inequívoca

– excepto, é claro, que parece estar equivocada. Na terça-feira 18 de Maio, disse ao editor executivo, Bill Keller, que hoje sairia um artigo sobre a responsabilidade do *Times* em abordar o assunto. Respondeu-me que se estava já a realizar uma auditoria interna. Por isso, continuámos de forma independente e não discutimos mais a questão. Os resultados da auto-análise do *Times* surgiram no jornal na última quarta-feira e pode ser vista na *internet* [@].

Penso que a questão foi bem analisada, pelo menos na sua maior parte. (Na verdade, questiono a sua colocação. Tal como um dos leitores perguntou, "A sua coluna deste domingo irá debruçar-se sobre os motivos que levaram o *NYT* a enterrar a nota dos seus editores – cheia de desculpas por se enterrarem notícias na página A10 – na página A10?")

Algumas das notícias do *Times* nos meses que antecederam a invasão do Iraque foram crédulas. Muito do seu conteúdo foi enfatizado com apresentações generosas na primeira página e títulos de suster a respiração. Vários bons artigos de David Johnston, James Risen e outros, que forneciam uma perspectiva própria e contestavam informações fornecidas pelas notícias erradas, eram apresentados em voz baixa, como se de uma canção de embalar se tratasse. Um destes artigos, aliás particularmente notável, foi escrito por Risen e intitulava-se "A CIA Contribui para Aumentar a Pressão Exercida sobre a Preparação dos Relatórios sobre o Iraque". Ficou pronto vários dias antes da invasão e foi misteriosamente retido durante uma semana. Só surgiu três dias após a guerra ter sido iniciada e mesmo então foi enterrado na página B10.

O jornalismo manco do *Times* continuou nas semanas que se seguiram ao começo da guerra, quando os autores dos artigos se devem ter libertado das fontes governamentais encapotadas que se tinham insinuado com as suas agendas na cobertura jornalística que fora realizada antes da guerra. Utilizo a palavra "jornalismo" em vez de "reportagem" porque os repórteres não introduzem notícias no jornal. Os editores atribuem tarefas, aceitam artigos para publicação, fazem-nos passar por várias mãos com tarefas de revisão, calendarizam-nos e determinam onde irão ser publicados. Os editores também estão obrigados a atribuir peças jornalísticas que retomam as anteriores quando os factos ficam atolados nas areias movediças de alguma perspectiva particular.

A aparente pouca solidez do artigo "Armas Proibidas Guardadas até à Véspera da Guerra, Segundo o que um Cientista Iraquiano Terá Afirmado", de Judith Miller (21 de Abril de 2003), não era menos evidente que a a sua proeminente apresentação na primeira página. A subsequente série de artigos sobre o mesmo assunto, quando Judith ia integrada na unidade militar que procurava armas de destruição maciça, constituiu um minuete de asserções surpreendentes, a que se seguiram mitigadas contradições. Mas atribuir a responsabilidade apenas a Judith Miller é impreciso e injusto: em 4 de Maio, os editores deram o título "Especialistas dos EUA Encontram Material Radioactivo no Iraque" a um seu artigo, embora ela tenha escrito logo no início dele que era muito improvável que a descoberta estivesse relacionada com armamento.

O erro não foi individual, mas sim institucional.

Quando digo que os editores analisaram bem a questão na sua nota desta semana, "pelo menos na sua maior parte", esta restrição fica a dever-se à explicação inadequada que eles deram dos imperativos e práticas jornalísticos que conduziram o *Times* a este caminho tortuoso. Ora, as razões foram várias.

A ÂNSIA POR FUROS JORNALÍSTICOS. Mesmo nos tempos mais calmos, as pessoas dos jornais vivem obcecadas por serem as primeiras. É quando uma notícia tão momentosa como esta se perspectiva, é quando a prudência e a dúvida não poderiam ser mais necessárias, que elas podem, pelo contrário, desaparecer numa inundação de adrenalina. Um antigo jornalista do *Times* disse-me recentemente que houve uma época de um passado não muito distante em que os editores lembravam a máxima "Não sejam os primeiros, sejam rigorosos". Pouco depois sofreu uma mutação para "Sejam os primeiros e sejam rigorosos". A simplificação seguinte tornava-se óbvia. A guerra requer um padrão de prudência mais elevado, e não um que seja mais permissivo. No entanto, na cobertura que o *Times* fez da questão das armas de destruição maciça os leitores encontraram algumas reportagens de cortar a respiração, baseadas em "revelações" não fundamentadas, que, em muitos casos, eram afirmações produzidas ao abrigo do anonimato por pessoas com interesses que eram conhecidos. Os jornalistas do *Times* revelaram em primeira mão muitas histórias antes e depois da guerra, mas quando as próprias histórias se revelaram sem consistência, em muitos casos os leitores nunca ficaram a sabê-lo. Algumas continuam a ser consideradas até hoje como furos jornalísticos. Isto não constitui elogio.

SÍNDROME DA PRIMEIRA PÁGINA. Há poucas coisas que sejam mais nefastas à filosofia da sala de redacção do que uma notícia em que se possa dizer "por um lado isto, por outro lado aquilo", com o seu equilíbrio elegantemente delicado (e muitas vezes soporífico). Há poucas coisas que se desejem com maior avidez do que um artigo assinado na primeira página. Pode-se "escrever na primeira página", diz a máxima da sala de redacção, se se fizer ecoar numa peça jornalística o som das trombetas. Ora, se murmurar é para os fracos e gritar para os tablóides, já é eficaz uma afirmação aterradora, não obstante poder ser uma desinformação táctica de uma fonte com interesses na matéria.

"Informação Obtida Leva os EUA a Relacionar a Morte de um Enviado com uma Célula Iraquiana da Al-Qaeda", um artigo de Patrick E. Tyler (6 de Fevereiro de 2003), dizia tudo menos que havia um relacionamento directo entre a Al-Qaeda e Saddam Hussein – relacionamento que ainda necessita ser definitivamente estabelecido, passados mais de 15 meses. Outras reportagens impeliram o Pentágono a fazer afirmações tão agressivas que quase se poderia ver dragonas a germinar nos ombros dos editores.

JORNALISMO DE TOCA E FOGE. Quanto mais surpreendente for uma notícia mais frequentemente se deve voltar a ela. Se um desertor como Adnan Ihsan Saeed al-Haideri é saudado por funcionários dos serviços secretos por fornecer "informações valiosíssimas" sobre laboratórios químicos e biológicos no Iraque ("Desertores Dão Alicerce às Acusações dos Estados Unidos Contra o Iraque, Segundo Afirmam Alguns Funcionários", artigo da autoria de Judith Miller, publicado em 24 de Janeiro de 2003), acontecimentos que não ocorreram deveriam ter obrigado o jornal a reexaminar estas afirmações e a responsabilizar publicamente esses funcionários se eles não foram bem sucedidos.

Nesta mesma notícia, funcionários a coberto do anonimato disseram temer que familiares de Hussein no Iraque "tivessem sido executados como mensagem a potenciais desertores."

E foram? Alguém lá voltou para perguntar? Houve alguma coisa no que Haideri disse que tivesse realmente valor? As notícias, tal como as plantas, morrem se não forem cuidadas. O mesmo acontece com a reputação dos jornais.

FONTES ENGANADORAS. Não há nada mais venenoso para o jornalismo responsável do que uma fonte anónima. Por vezes, nada é mais necessário também. Os assuntos importantes podem nunca chegar a ser letra de imprensa se tiverem de vir com um nome associado a cada pedaço de informação. Contudo, os jornais têm a obrigação de convencer os leitores das razões que os levam a julgar que as fontes que não identificam estão a dizer a verdade. A defesa automática dos editores, "Não estamos a confirmar o que ele diz, mas apenas a noticiá-lo", pode ser aplicada a palavras proferidas *on the record*, mas quando se trata de fontes anónimas é pior do que não fornecer qualquer defesa. Trata-se de uma licença concedida aos mentirosos.

O contrato entre um jornalista e uma fonte não nomeada – a oferta de uma informação em troca do anonimato – é com certeza vinculativo. Porém, acredito que uma fonte que se vem a verificar ter mentido quebrou o contrato e pode ser justamente nomeada. As vítimas da mentira são os leitores do jornal e o contrato com eles sobrepõe-se a todos os outros. (Vd. Chalabi, Ahmad *et al.*) Para além disso, quando o desenvolvimento do contacto com uma fonte conduz a uma via aberta para esta, a verdade é que fica em causa. Um jornalista que protege uma fonte não só da sua exposição pública, mas de notícias desfavoráveis por parte de colegas, fica severamente comprometido. Os jornalistas devem estar dispostos a ajudar a revelar os crimes cometidos pelas fontes. A informação não concede imunidade. Em certa medida, a queda em desgraça de Chalabi foi gerida pelo *Times* como se usasse um interruptor. Uma cobertura adequada deveria ter sido mais como um termóstato, fazendo leituras constantes e ajustando-se à realidade circundante. (Enquanto estou com as mãos na massa: os leitores nunca vieram a saber que a sobrinha de Chalabi foi contratada em Janeiro de 2003 para trabalhar na delegação koweitiana do *Times*. Permaneceu ali até Maio desse ano.)

EDIÇÃO OMITIDA. Howell Raines, que era editor executivo do jornal nessa altura, nega que os procedimentos habituais do *Times* não tivessem sido cumpridos nas semanas anteriores e posteriores ao início da guerra (As declarações de Raines sobre o assunto feitas ao *Los Angeles Times* podem ser lidas em [@].)

No entanto, a minha própria investigação (falei com aproximadamente duas dúzias de elementos do *Times*, tanto actuais como anteriores, cujo trabalho teve algo a ver com a cobertura das armas de destruição maciça) convenceu-me de que um sistema disfuncional permitiu a alguns jornalistas que operavam a partir de Washington e de Bagdade trabalharem sem obedecer às linhas de orientação habituais do gabinete de redacção.

Em alguns casos, os jornalistas que levantaram questões importantes sobre algumas notícias não foram ouvidos com atenção. Pior ainda, a alguns dos que possuíam um conhecimento apreciável do assunto em causa não foi dada a oportunidade de manifestar as suas reservas. É axiomático nas salas de redacção que a reportagem de qualquer jornalista, afixada num placar, pode ser questionada por quem quer seja dos seus colegas. Todavia, aceitar o cotejo com os outros é uma virtude cardeal. Quando se evita com conhecimento de causa que uma reportagem seja assim questionada, isso sugere que provavelmente há nela algo que deveria ser questionado.

Houve leitores que perguntaram por que razão o *Times* esperou tanto tempo para abordar os temas que foram objecto das afirmações dos editores na nota de quarta-feira. Julgo que Keller e os seus colaboradores chave possam ter tido relutância em abrir novas feridas quando a crosta das antigas ainda estava mole, mas penso também que as suas reticências tornaram as coisas piores. Deu a oportunidade aos críticos para formarem um coro poderoso, submeteu o pessoal objecto de críticas (incluindo Miller) a rumores sem fundamento e a acusações especiosas e perturbou e distraiu parte dele.

A nota dos editores terá servido a sua função aparente apenas se tiver lançado uma nova ronda de análises e de investigações. Não peço novos actos de contrição, nem que rasguem as vestes, mas sim uma série de artigos escritos de forma absolutamente clara, revelando em pormenor a informações erradas, as desinformações e as análises suspeitas que conduziram virtualmente a que todo o mundo acreditasse que Hussein tinha à sua disposição armas de destruição maciça. Ninguém pode negar que este foi um drama em que o *Times* desempenhou um papel. Na sexta-feira 21 de Maio, um artigo de primeira página de David E. Sanger ("Lugar de Honra Degenera em Guerra Política Declarada") caracterizou Chalabi com elegância como "um homem que, em almoços com políticos, sessões secretas com chefes da espionagem e conversas frequentes com jornalistas de Foggy Bottom, em Washington, a Mayfair, em Londres, trabalhou afanosamente para a queda de Hussein." As palavras "do *Times*, entre outras publicações" ficariam na perfeição depois da ocorrência de "jornalistas" naquela frase. O jornalismo rigoroso por que anseio e que o jornal deve, quer aos seus leitores, quer ao respeito próprio revelaria, não apenas a táctica dos que promoveram as notícias das armas de destruição maciça, mas como o próprio jornal *Times* foi utilizado para promover esta campanha.

Em 1920, Walter Lipmann e Charles Merz escreveram que o *Times* deixara escapar a verdadeira história da Revolução Bolchevique porque os nele escreviam e os editores "estavam nervosamente excitados com acontecimentos excitantes." Isso podia ter sido dito do *Times* e da guerra do Iraque. Acabou a excitação, agora é altura de começar a trabalhar.

Várias pessoas me disseram que este foi o artigo mais importante que escrevi ao longo de 18 meses. Não estou certo disso. O que foi importante, se algo o foi, desenvolveu-se durante o processo de o escrever. As muitas horas de entrevistas que fiz a pessoas do jornal (ou que nele estiveram antes) levaram a uma útil auto-análise do *Times*. O debate interno sobre o assunto foi promovido porque a gestão soube que eu estava a planear escrever algo sobre ele e Keller reconheceu que publicou a sua "Nota do seu Editor" nessa altura, porque não queria que as minhas palavras fossem as primeiras sobre o tema a ser publicadas no jornal. Acima de tudo, parece ter-se reconhecido, mesmo entre as pessoas que se opuseram à criação do lugar de provedor dos leitores, que publicar os comentários críticos de uma voz independente poderia fazer aumentar a confiança na leitura do *Times*.

Alguns leitores pretendiam saber por que razão não mencionei nomes, não identifiquei editores em particular como responsáveis pela mais deletérias das reportagens e da proeminência da sua colocação. Por mais que tentasse, não consegui obter pormenores. Ninguém que eu tivesse entrevistado, nem sequer os que tinham facas para espetar e um passado em que as tivessem brandido, puderam citar de forma conclusiva os responsáveis por cada uma das peças jornalísticas. Mas se os leitores considerarem que a ausência de nomes significa apenas "Howell Raines e os seus aliados" estaria equivocado. Sendo editor executivo nessa altura, Raines detinha a responsabilidade final, mas os erros institucionais necessitaram da cumplicidade, ou, pelo menos, da complacência, de muita gente, incluindo alguns dos mais sinceros detractores de Raines.

Internamente, a reacção a este meu artigo foi largamente positiva. Durante meses, diversos elementos do jornal – jornalistas, editores departamentais, chefes de gabinete, dois editores de topo – insistiram comigo para que abordasse o assunto. Muitos deles sentiam que a cobertura feita às armas de destruição maciça tinha trazido a desgraça ao jornal. Alguns disseram que as suas conversas com pessoas do exterior eram dominadas por acusações de que o *Times* fora cúmplice em fazer aceitar o plano de guerra de Bush pelo povo americano. Alguns reconheceram que pretendiam que eu "pendurasse Judy no estendal" (como disse um deles).

Não é meu encargo, nem meu desejo, defender Judy Miller. (A referência no artigo "a rumores sem fundamento e a acusações especiosas" a respeito de Miller era uma alusão a murmúrios ignóbeis sobre o alegado envolvimento sexual com os seus chefes ou as suas fontes. Era uma acusação odiosa sem qualquer prova. Falo dela agora apenas porque veio a público durante a tentativa de Miller evitar testemunhar perante o grande júri no caso fuga relativa a Valerie Plame) [8]. Todavia, nos meses que antecederam e se seguiram a ter escrito este artigo, fiquei surpreendido pelo número de pessoas que encontrava e queriam saber a razão por que Miller ainda trabalhava no jornal, dada a qualidade da reportagem sobre as armas de destruição maciça. Quando lhes perguntava o que pensavam estar em falta, poucos eram os que conseguiam responder com elementos precisos. Na verdade, poucos terão sido, creio eu, os que leram os artigos que motivaram os críticos de Miller (e do *Times*).

Quando este artigo foi publicado, Miller tornara-se o símbolo, não só dos erros do *Times*, mas da incapacidade de toda a imprensa americana de responsabilizar o governo pelas afirmações que fizera antes da guerra. Mesmo a cadeia Knight-Ridder, apontada por muitos como a única entidade mediática a ter percebido o alcance das afirmações do governo sobre as armas de destruição maciça, publicou alguns artigos tão crédulos como os

---

[8] Para os leitores que estavam a olhar para o lado no Verão e no Outono de 2005 ou para os que pegarem num exemplar deste livro em 2015 numa sessão de saldos, eis aqui uma versão resumida do caso de Valerie Plame: Judith Miller pertencia a um pequeno grupo de jornalistas que sabia que Plame, mulher do ex-embaixador (e mais tarde crítico de Bush) Joseph C. Wilson IV, era agente da CIA. Embora o *Times* nunca tivesse publicado esta informação, o promotor de justiça especial Patrick Fitzgerald, num esforço para saber quem proporcionara a fuga relativa à identidade secreta de Plame, intimou Miller como testemunha, que se recusou a revelar a sua fonte. Subsequentemente, Miller passou 85 dias na prisão por desrespeito ao tribunal e saiu após ter concordado em testemunhar, o que fez, como disse após ter sido libertada, com o acordo da sua fonte, I. Lewis "Scooter" Libby, assessor do vice-presidente.

que apareceram no *Times* e noutros locais. O que muitos esquecem é que quase todos – ou seja, os *media*, os democratas no Congresso e grande parte da comunidade internacional – acreditavam que Saddam Hussein possuía e seria capaz de usar armas de destruição maciça.

Então, por que motivo destacar Miller? Por que razão o seu nome se tornou no símbolo deste fracasso geral? Antes de mais, temos de reconhecer que ela publicou algumas reportagens muito más, entendeu mal muitas coisas e defendeu o que fizera durante demasiado tempo. Mas houve outras razões. Em primeiro lugar, Miller, de cotovelos erguidos e supercompetitiva, fez muitos inimigos ao longo da sua carreira, e não poucos entre os seus próprios colegas. Era um alvo fácil e poucos foram os que tiveram algum desejo de a apoiar.

O que é fundamental é que quando, no Outono de 2003, Michael Massing publicou em *The New York Review of Books* uma longa análise que dissecava a cobertura da questão das armas de destruição maciça feita pelo *Times* (grande parte da qual da autoria de Miller), ela respondeu com uma carta, para ser publicada, que destruiu as suas hipóteses. Dizia essencialmente que na sua profissão não lhe competia duvidar do que as suas fontes lhe diziam: "Escrevi sobre as informações que eram fornecidas por fontes governamentais e não governamentais."

A partir desse momento, quando a raiva contra a guerra, por causa da impotência da imprensa e dos políticos, se tornou clamorosa, as duas palavras "Judy Miller" tornaram-se numa espécie de consumação de toda uma série de fracassos que aconteceram muito para além dos erros muito reais que ela cometeu. Judy também não beneficiou muito com as suas subsequentes aventuras malogradas na televisão (vd. "Falar no Ar e Fora de Tempo: O Problema da TV", na p. 265) ou a sua atitude, mal pensada e finalmente autodestrutiva, de mártir da Primeira Emenda no caso da fuga relativa a Valerie Plame. Tornou-se muitíssimo mais fácil lançar o epíteto "Judy Miller" do que tentar deslindar os fracassos monumentais e intrincados dos serviços de informação relativos ao estrangeiro, a desatenção do Congresso, a complacência da imprensa e a indiferença do público que conduziu à guerra no Iraque.

Estranhamente, ou talvez não, a pessoa que pareceu ter ficado mais irritada com o meu artigo sobre as armas de destruição maciça foi Patrick Tyler, que considerou que a minha crítica numa frase ao seu artigo sobre a putativa relação entre Saddam Hussein e a Al-Qaeda foi um ataque injustificado à sua integridade e à sua capacidade como jornalista. A concluir uma troca de e-mails cada vez mais agressivos, Tyler escreveu: "Santo Deus, Dan. Pensei que você seria uma daquelas pessoas que, desde logo, aceitariam a existência de erros, uma vez que a sua função é fiscalizar o que fazemos em nome dos leitores, e, em segundo lugar, alguém que saberia reconhecer os meandros do jornalismo e saberia construir uma ponte entre nós e os leitores quando os ataques se sucedem de todos os lados e estamos atolados em falsidades. Estava equivocado."

Na penúltima linha da secção intitulada "A Ânsia por Furos Jornalísticos", pretendia dizer que algumas destas notícias continuam até hoje a ser exclusivas. Aliás, deveria ter dito que a segunda parte do título foi retirada da letra de uma canção escrita pelo meu amigo Dave Frishberg.

UM ELECTRICISTA
DA CIDADE UCRANIANA DE LUTSK

13 de Junho de 2004

SEI QUE SE TRATA de um título estranho, mas não fui eu que o imaginei. Retirei-o da identificação feita pelo jornalista Richard Berstein a um homem que de outro modo teria permanecido anónimo e ele entrevistou para um artigo publicado no *Times* em 25 de Abril. Isto não é uma crítica a Bernstein. Não conheço nenhum electricista de Lutsk, mas preferia ter de imaginar um deles do que alguém identificado como "analista", "especialista", "advogado envolvido no caso", "funcionário superior do Departamento de Estado", "estratega democrata" ou qualquer dos outros disfarces que podem tornar uma manhã com o *Times* em algo tão exasperante.

No último Inverno encontrei-me com Jason B. Williams, um estudante de jornalismo da Universidade de Nova Iorque que estava a escrever a sua tese de mestrado sobre fontes não identificadas no *Times* (retirei a ideia para o meu título do título da sua tese, retirado, por sua vez, de outra caracterização pelo *Times*: "Um Homem de Olhos Azuis com uma Barba Adejante") Lendo todas as notícias assinadas e publicadas na secção A, em Dezembro de 2003, Williams verificou que 40% dos artigos invocavam pelo menos uma fonte anónima, que, em média, o jornal introduzia diariamente em casa dos leitores 36 dessas fontes e que mais de metade destas pessoas eram caracterizados, pelo menos parcialmente, como "funcionários".

Depois de em Fevereiro o *Times* ter aprovado procedimentos diferentes sobre a utilização de fontes anónimas (é um documento fascinante; leiam-no em www.nytco.com/sources), pedi a Williams para realizar um estudo semelhante em Abril para me ajudar a saber se a nova orientação tinha tido algum efeito apreciável.

Por acaso, a parte mais importante da nova orientação envolve algo que não pode ser verificado independentemente: a exigência de que o nome de cada fonte anónima do jornalista deve ser conhecido de um editor de topo. A única excepção diz respeito a "assuntos legais ou de segurança nacional muito importantes em que as fontes enfrentariam consequências gravíssimas se fossem conhecidas". Apenas o director executivo, Bill Keller, pode autorizar excepções à regra. (Até agora, conforme Keller me disse noutro dia, ninguém lhe pediu para abrir uma tal excepção.) Allan M. Siegal, o editor dos padrões do jornal, diz que as suas frequentes verificações aleatórias detectaram "uma clara melhoria na identificação das fontes aos editores" desde que a nova orientação entrou em efeito em 1 de Março.

No entanto, Siegal disse também que "eu não me importo de dizer que os hábitos levam tempo a mudar", o que tomo como uma explicação de se continuar a pedir aos leitores o que nunca deveriam ter que fazer: aceitar por fé. Como a nova orientação afirma, o uso de fontes não identificadas exige que o jornal "se obrigue, não só a convencer o leitor de que merecem confiança, mas também a dizer qual é a motivação delas." Os números de Williams (que mostram uma ligeira subida das citações anónimas relativamente ao estudo de Dezembro) e a minha própria leitura do jornal mostram que esta obrigação não foi satisfeita. Em Abril, apenas 2% dos artigos que citavam fontes anónimas revelavam a razão por que a *Times* aceitara tal anonimato. Apenas 8% das fontes não identificadas eram apresentadas de forma significativamente informativa ("funcionário do Congresso" não o é, "funcionário do Congresso que trabalha para o líder da minoria" já o é.) Precisamente na última segunda-feira "A Ruptura entre a Disney e a Miramax Torna-se um pouco Maior", por Sharon Waxman e Laura M. Holson, baseava-se em informações fornecidas por "associados próximos", "amigos e executivos" que falaram com o responsável executivo da empresa Disney, Michael Eisner, "duas pessoas que estiveram presentes" numa reunião de estratégia da direcção da Disney, uma "pessoa que esteve presente" num jantar com Eisner, "um executivo superior da Disney", "especialistas de Hollywood" e "analistas".

Gostaria muito de saber que confiança os leitores terão neste tipos de fontes (e penso que quem me lê mo irá dizer). Pessoalmente, estou muito à-vontade com a notícia, porque nem a Disney nem a Miramax, que não sofrem de timidez, me telefonaram a dizer que era falsa. Porém, isso pouco adianta ao leitor que não goza do privilégio duvidoso de contactar todos os dias com os alvos irritados das notícias.

Pode ser que os electricistas de Lutsk sejam espectadores inocentes, mas a maioria das fontes anónimas não o é. Estas têm muitas motivações diferentes, mas duvido que alguma vez o jornal mencione a que deve ser mais comum: agir por interposta pessoa. Se o nome de alguém não estiver relacionado com algo que acabe por estar errado ou ser embaraçoso, não terá de minimizar os estragos.

Por outras palavras: bem-vindo a Washington, onde os "funcionários superiores do Departamento de Estado", os "assessores da Casa Branca" e outros espectros familiares podem dizer o que quiserem sem serem alguma vez responsabilizados por isso. O seu domínio estende-se também para fora do país. Na última terça-feira, em "Nove Elementos das Milícias Iraquianas Terão Aprovado um Acordo para se Dissolver", por Dexter Filkins, um das frases começava assim: "Dois funcionários americanos, que falaram a um grupo de jornalistas sob anonimato". O que se passou não foi uma conversa segredada numa rua secundária de Bagdade. Filkins disse-me que havia cerca de 40 pessoas na sala onde os funcionários falaram. Todos eles, é claro, sabiam muito bem quem eram os funcionários, e os seus editores também. Aliás, não há dúvida de que os colegas do governo dos ditos funcionários também o sabiam. Por outras palavras, todos sabiam... excepto os leitores do jornal.

Penso que nem Filkins nem os seus editores são culpados de colaborar nesta prática desonesta. Os jornalistas têm de aceitar as regras na obtenção das informações. De facto, os editores do *Times* tentaram pôr em causa esses "encontros de informação de bastidores" durante o governo de Clinton (os democratas gostam tanto deste jogo como os republicanos). Andrew Rosenthal, o editor em Washington nessa altura, deu instruções aos jornalistas para pedirem que tudo fosse dito abertamente. Quando este pedido era invariavelmente recusado, esperava-se que o jornalista perguntasse qual era a razão para isso. Em seguida, o guião pedia que o jornalista declarasse que, sendo assim, o *Times* não participaria em tal conversa. "Abandonei esta prática passado algum tempo", disse-me Rosenthal na semana passada, "porque os jornalistas dos outros órgãos de comunicação social ridicularizavam os nossos." Aliás, de nada adiantava.

Porém, o *Times* poderia doutras formas dar algum contributo aos leitores. Por um lado, não teria sido necessário esperar por mim para se lastimarem junto dos leitores do modo como a Washington oficial faz o seu cínico jogo. Pode ser que o jornal se tenha de conformar com as "regras", mas isso não significa que não se possa explicá-las aos leitores. As vítimas finais são estes, cidadãos que, supostamente, quer os jornalistas, quer os funcionários governamentais representam.

O jornal poderia certamente desenvolver um maior esforço para explicar as motivações das fontes. Por que razão toda esta gente misteriosa contou a Waxman e a Holson o que Eisner pensava? Seriam balões de ensaio ao seu serviço? Estavam alguns deles a piscar o olho à administração da Disney, alertando-a através do *Times* que Eisner poderia ser permeável a pressões durante uma negociação? Teria algum deles interesse pessoal no preço das acções da Disney?

O jornal poderia também ordenar aos seus jornalistas para reformular o contrato implícito com as fontes, ficando assente que "se me mentirem, não protegerei a vossa identidade." Depois de ter levantado esta questão no meu artigo de 30 de Maio, perguntaram-me se isto seria justo, uma vez que as fontes não tinham conhecimento da cláusula. Bem, explicitem-na como parte do acordo – qualquer acordo de anonimato – desde o início. E quem poderá dizer se um dado comentário é de facto mentira? Tal não deveria constituir problema: se começo por esperar que um jornalista irá proteger o meu nome, não será lógico que conte que ele irá também determinar quem o fará?

A reforma mais fácil de fazer seria tornar excepcionais a utilização de fontes não identificadas. Elas são necessárias, é claro, quando a notícia é a segurança nacional, são incontornáveis ao noticiar determinados temas de política externa (os diplomatas, sendo diplomáticos, quase nunca permitem que os seus nomes sejam utilizados), concedo até que saber o que a Disney e a Miramax andam a fazer justifica que se confie em fontes não identificadas.

Todavia, no jornal da passada terça-feira, foram apenas os testemunhos anónimos que permitiram que os leitores ficassem a saber que os senadores que estão a analisar a comunidade de informação pretendem aprofundar a questão; que não pode haver dois acontecimentos públicos em Washington que sejam planeados da mesma forma; que Barbra Streisand quer que os responsáveis dos hotéis mandem atapetar a sua casa de banho com pétalas de rosa; e que muitas pessoas do governo estão preocupados que os consultores políticos se transformem em lobistas.

Não sinto a terra a tremer.

Por último, vale a pena voltar a ponderar toda a natureza da autoridade e da responsabilidade da divulgação de notícias. Por outras palavras, para quê citar fontes anónimas? As suas palavras tornar-se-ão mais credíveis se forem envolvidas em aspas? Se Waxman e Holson tivessem escrito o artigo integralmente em seu próprio nome, evitando todas as citações sem suporte e as afirmações carecidas de significado e dizendo apenas o que pensassem ser verdadeiro, poderíamos responsabilizar alguém pela sua correcção: não as fontes duvidosas, mas os próprios autores. Não é assim que deve ser?

Continuem atentos: este assunto é complexo e pretendo aprofundá-lo mais no meu próximo artigo.

Este artigo pode ter acrescentado apenas mais uma palavra no debate exaltado sobre as fontes anónimas que está a decorrer nos meios jornalísticos, mas não tenho dúvidas de que este é de todos o que mais importa actualmente. O relatório de Dan Rather sobre o registo militar de George W. Bush, o caso da revelação do nome de Valerie Plame (e a prisão subsequente de Judith Miller, bem como o ulterior esbracejar do *Times*), a controvérsia sobre a reportagem do *Times* acerca do programa de escutas telefónicas da NSA, tudo isto resultou de fontes anónimas. Para além disso, tudo isto provocou discussões nas salas de redacção sobre a adequação desta prática.

Resumidamente, o meu ponto de vista é que, na actividade noticiosa, a utilização de uma fonte anónima tem de se submeter a dois testes: O que fiquei a saber é verdadeiramente importante? Não há outra forma – nenhuma forma *on the record* – de a fazer chegar aos meus leitores?

Vale igualmente a pena atender às palavras de David Rosenbaum. Ele, um jornalista veterano do *Times* que foi assassinado durante um assalto numa rua de Washington em Janeiro de 2006, era o ser humano mais correcto e generoso que possamos imaginar. Era também um jornalista incisivo e determinado, que conseguiu muitos furos jornalísticos durante a sua longa e brilhante carreira. Pouco depois da morte de Rosenbaum, o ex-editor do *Times*, Adam Clymer, disse ao *New York Observer* que aquele chegou à conclusão de que as "promessas de confidencialidade eram dadas com demasiada facilidade. Afirmou que era necessário proteger o porteiro da Câmara que denuncia a corrupção, mas não os mexericos da política."

A NOTÍCIA, A CRÍTICA E UM JOGO
NO ESTÁDIO NACIONAL

27 de Junho de 2004

Os COLUNISTAS de desporto sempre utilizaram a frase "atacar em todas frentes" como introdução de artigos que cobrem uma diversidade de assuntos. Ao contrário dos melhores deles, que falam de uma notícia diferente em cada frase, eu posso executar apenas três *swings*. Segundo me parece adequado, pretendia que fosse um deles de soco à direita, outro à esquerda e um directamente ao centro.

A quatro colunas da primeira página, o título de 17 de Junho "Painel não Encontra Ligação com a Al-Qaeda, mas Apresenta uma Conspiração mais Ampla em Relação com o 11 de Setembro" levou alguns leitores, incluindo o vice-presidente Dick Cheney, a acusar o *Times* de uma "vergonhosa" (termo de Cheney) distorção do relatório dos elementos que compunham a comissão do 11 de Setembro. Não aceito "vergonhosa", "mas "distorção" sim – em particular, o pecado frequente dos jornais de distorcerem ao sintetizar. O relatório da comissão estava particularmente preocupado com ataques em território dos Estados Unidos, mas o título não faz essa distinção. O título também se apoiava em duas das palavras cuja relativa brevidade as torna caras em todas as salas de redacção: o resoluto "não" e a imprecisa "ligação". Craig Whitney, o chefe de redacção adjunto, que superintende na primeira página, argumenta que "ligação" no título é "uma síntese correcta e estenográfica" da conclusão do relatório de que parecia não haver "uma relação de colaboração" entre a Al-Qaeda e o Iraque.

Esse é o problema com a estenografia. Se não se escreve com a nossa própria mão é muito difícil de ler. Os títulos levantam também duas questões difíceis. Quanto mais complexa é a notícia, mais provável é escolhermos um título que a simplifica demasiado. Por outro lado, quanto mais completa for a cobertura associada com o título, menos provável é os leitores encontrarem forma de lhe captar a essência. A secção noticiosa mais importante do dia 17 de Junho continha oito artigos diferentes sobre o relatório da comissão, num total de 12,7 metros de colunas, aproximadamente. Incapazes de percorrer todos os caminhos desta floresta e destes matagais de prosa, muitos leitores recorrem aos títulos para obterem uma síntese tão completa quanto possam assimilar.

Embora os títulos possam ser curtos, o seu impacto é grande. Distorção consciente. Não a detecto. Passo em falso? Certamente. Está em falta um pedido de desculpas, como o colunista da *internet* Bob Kohn, um dos críticos mais violentos (e muitas vezes mais incisivos) da direita, exigiu por *e-mail*? Não. Notícias bem feitas e apresentação cuidadosa é o que é preciso. Se os títulos fora de tom requeressem desculpas, a actividade jornalística tornar-se-ia em breve uma cacofonia de confissões.

A análise de Michiko Kakutani, a crítica literária mais importante do *Times*, ao livro *A Minha Vida*, de Bill Clinton, publicada no jornal do último domingo, foi brutal. Para qualquer escritor, esta seria uma crítica vinda do Inferno, uma crítica depois da qual qualquer carreira (e, por maioria de razão, o livro em causa) nunca recuperaria. É claro que Bill Clinton não é um autor qualquer e, por outro lado, as notícias iniciais indicam que *A Minha Vida* pode ser o livro de não ficção que registou a venda mais rápida em toda a história do Estados Unidos.

Que outra análise muito mais positiva ao livro, assinada pelo romancista Larry McMurtry, aparecerá na "Crítica de Livros" do próximo domingo diz mais de tal tipo de crítica do que de *A Minha Vida*. McMurtry e Kakutani não leram livros diferentes. São apenas pessoas diferentes, que aparentemente apenas concordam quanto às fraquezas ocasionais do livro. No entanto, a crítica de Kakutani apareceu em primeiro lugar, tendo sido publicada na primeira página, e contém um vocabulário crítico de invectivas que poderia tirar o fôlego até a alguém que odiasse Clinton.

Desnecessário será dizer que os apoiantes de Clinton ficaram desagradados. Alguns escreveram para dizer que a crítica foi outra emboscada da *vendetta* do *Times* contra Clinton, que teve o seu início quando "Whitewater" apenas se referia a um excelente local para fazer *ratting* deslizantes. Muitos se interrogaram por que razão se permitiu que Kakutani incluísse numa crítica os seus juízos, não só sobre o livro, mas também sobre a própria presidência de Clinton. Outros atacaram-na por não referir as críticas ao livro por parte do *Times*. Por fim, houve uns quantos que lhe censuraram a referência às "Mentiras sobre [...] propriedades" na frase com que conclui o seu artigo. Argumentam que a incapacidade da Resolution Trust Corporation e do Gabinete do Conselho Independente para acusar qualquer dos Clinton por alguma fraude relacionada com Whitewater prova que a referência a "mentiras" constitui uma calúnia.

Não concordo com a acusação de *vendetta*. Tal acusação insinua que as diferentes componentes deste jornal trabalham em sincronia, ao passo que os sete meses que passei nele me convenceram de que os seus vários departamentos são tão cuidadosamente coordenados como o tráfego de Manhattan durante uma trovoada. Também não parece que a própria Kakutani faça parte de qualquer tipo de campanha contra Bill Clinton, como demonstrou no ano passado na sua dissecação do ataque em todas as frentes efectuado por Nigel Hamilton em *Bill Clinton: Uma Jornada Americana*. Penso que em toda a minha vida nunca formularia uma regra que limitasse o que um crítico pudesse dizer numa sua análise e não consigo imaginar que alguém possa deixar de ter presente as suas opiniões sobre uma presidência quando lê as memórias do respectivo presidente.

As duas outras queixas relativas à crítica de Kakutani – não ter mencionado as demais críticas do *Times* e a referência às mentiras relativas a propriedades – seriam totalmente apropriadas a uma notícia. Todavia, os críticos existem para ter opiniões. Se não forem factualmente imprecisos, não publicarem difamações nem cometerem outras faltas importantes, são livres – devem ser livres – de dizerem o que quiserem. Tanto quanto sei, a Resolution Trust Corporation e o Gabinete do Conselho Independente nunca puderam concluir que algum dos Clinton não mentia. Os dois gabinetes verificaram que não cometeram delitos que justificassem ser processados nem praticaram quaisquer actos que os tornassem passíveis de penas civis. Felizmente, no sistema judiciário dos Estados Unidos, o limiar para considerar que há comportamento criminal ou responsabilidade civil é muito maior do que o da opinião do leitor, da minha ou de Michiko Kakutani.

No entanto, o limiar que esta crítica ao livro ultrapassou foi diferente: o carácter sagrado de uma primeira página enquanto zona livre de opinião. O director executivo, Bill Keller, disse-me que "a voz de um crítico brilhante era algo que podíamos acrescentar à cobertura de um assunto que era apenas nosso." Tanto quanto sei, a outra única ocasião em que o jornal publicou uma crítica a um livro na página A1 foi há quase um ano atrás e relativamente a Harry Potter. No entanto, Bill Clinton não é Harry Potter. O seu papel no debate político, que é cada vez mais intenso, continua a ser muito importante e, de alguma forma, pode até vir a ser decisivo. A primeira página é a sede própria das notícias e, muito provavelmente, das análises, mas se for também a sede das opiniões desabridas sobre figuras que ocupam a cena pública, então podemos dizer que o é também dos editoriais. A chefe de redacção, Jill Abramson, pensa que a crítica ao livro "tinha tanto interesse e valor noticioso como as notícias de primeira página que apresentam o seu conteúdo." Mas se as opiniões de Michiko Kakutani constituem notícia, seria igualmente lógico escrever uma reportagem acerca delas ou sobre as colunas particularmente influentes de William Safire ou Maureen Dowd. Contudo, isso seria, na minha opinião, um passo demasiado grande.

Perguntei a Keller e a Abramson se teriam publicado a crítica ao livro na primeira página se tivesse sido extravagante e desmesuradamente entusiasta, suspeitando, como de facto suspeito, de que o que quer que seja calorosamente agradável e positivo pode parecer quase uma promoção quando surge numa posição tão proeminente. Ambos disseram que o teriam feito.

Tenho a certeza de que acreditavam nisso. Eu não estou certo de o acreditar.

Agora dirigido ao centro. No meu artigo de 13 de Junho sobre as fontes anónimas concluí com uma exortação:

"Continuem atentos: este assunto é complexo e pretendo aprofundá-lo mais no meu próximo artigo."

"Complexo" fica aquém de uma boa descrição neste caso. Os leitores, os jornalistas, os entrevistados e um "conselheiro superior" que fala cronicamente de forma anónima, têm muito a dizer sobre o assunto e as graduações dos seus olhares sobre as coisas são calibrados com tanta precisão como um microscópio. Pretendo explorar estas complexidades posteriormente, mas, por agora, vou fixar-me naquele ponto sobre o qual há um acordo quase unânime: que os "encontros de informação de bastidores" com figuras do governo e políticas são uma afronta à integridade jornalística e um insulto à cidadania. Até o meu conselheiro superior (não neste governo, não particularmente activo na actual campanha, mas um mestre do passado em relação aos "encontros de informação") não gosta muito deles.

Por isso, deixem-me apresentar um desafio óbvio e imponente aos cinco maiores jornais americanos e à Associated Press. Os jornais são, por natureza, concorrentes e não cooperantes, mas a própria existência da Associated Press, de propriedade cooperativa, demonstra que uma acção concertada pode ser boa para o jornalismo. Por isso, podem os chefes de redacção do *USA Today*, do *Wall Street Journal*, do *New York Times*, do *Los Angeles Times*, do *Washington Post* e da Associated Press concordar não cobrir encontros de informação conjuntos conduzidos por funcionários governamentais e outras figuras políticas que recusam que se mencionem os seus nomes?

Se tiver resposta de algum deles, fá-lo-ei saber aos meus leitores.

Lado direito: os títulos, sobretudo das notícias complexas, sobretudo das que são escritas sob uma enorme pressão de tempo, são muito difíceis. Por isso, quando numa ocasião procurei defender o jornal, chamando a atenção para as suas dificuldades a um leitor da Califórnia que se queixara do título de uma notícia proveniente de Jerusalém, cometi o erro de frisar o meu ponto de vista com um desafio: conceda a si mesmo 10 minutos, disse eu ao leitor num *e-mail*, e veja se consegue fazer melhor em duas linhas de 27 a 30 caracteres cada uma. O indivíduo estava de volta passados quatro minutos com um título muito melhor, quer em termos de rigor quer de força, do que aquele que o *Times* publicara. Não foi desafio que eu voltasse a repetir.

Lado esquerdo: voltei a ler duas vezes a crítica de Kakutani a Clinton – uma vez para uma correcção (assinalada na minha coluna de 11 de Junho, que figura abaixo) e de novo para "*SEGUNDA EDIÇÃO! SEGUNDA EDIÇÃO!* Não Leiam tudo sobre o Assunto!", que se encontra na p. 294.

Ao centro: como pude escrever na minha coluna de 12 de Setembro (p. 177), Ken Paulson, do *USA Today*, foi o único editor que respondeu ao meu desafio. Todavia, o tema dos encontros de informação nos bastidores continuou a borbulhar nos meses seguintes e instalou-se em muitos gabinetes de Washington algo que parecia revelar determinação para acabar com tal prática. A palavra-chave é, evidentemente, "parecia".

Quando lhe perguntei por ela em Fevereiro de 2006, o chefe da delegação de Washington, Philip Taubman, respondeu que houvera "uma pequena melhoria. Sei de várias ocasiões em que os encontros de informação se tornaram abertos, após um certo número de chefes de delegação e editores lhes terem levantado previamente objecções. Scott MacClellan, da Casa Branca, fez um esforço para que os prévios encontros de informação de bastidores passassem a decorrer abertamente." Contudo, concluí eu, "se a estrada que temos pela frente tem 100 quilómetros, diria que, por enquanto, apenas andámos 5."

QUANDO O DIREITO DE SABER
SE CONFRONTA COM A NECESSIDADE DE SABER

11 de Julho de 2004

ATÉ HÁ DEZ DIAS atrás tudo o que sabia de Tony Hendra resumia-se a que tinha sido editor do original *National Lampoon*, tinha representado o papel de agente musical no filme *This is Spinal Tap*, tinha escrito ocasionalmente sobre vinhos e publicado recentemente o livro de memórias *Father Joe* sobre a sua salvação espiritual graças aos conselhos e à amizade de um monge beneditino.

Então, na terça-feira 1 de Julho, na primeira página da secção "Artes" do *Times*, vim a saber que Hendra pode ter cometido o mais inqualificável dos actos. Em "A Filha Diz que o Livro de Confissões do Pai não Confessa que Abusou Dela", escrito por N. R. Kleinfield, o pai nega a acusação de Jessica Hendra de que abusara sexualmente dela quando era criança. No entanto, quando nos dias seguintes perguntei a vários leitores do *Times* se tinham lido o artigo sobre Tony Hendra, não responderam "Refere-se àquele em que ele nega ter abusado da filha?" É claro: as afirmações são duradouras, as negações evaporam-se.

Muitos leitores ficaram chocados: alguns devido às acusações de Jessica Hendra, mas mais por o *Times* as ter publicado. Carol Paradis, de Brooklyn, escreveu a dizer que estava "perplexa por o *Times* ter dado tamanha cobertura, se é que deveria ter dado alguma, a uma disputa familiar privada que é, obviamente, devastadora." Alguns sugeriram que embora alguns editores pudessem ter considerado que a história era notícia, ter-lhe dado uma tal dimensão – mais de 2500 palavras – lhe emprestara um ar de juízo conclusivo, não obstante a negação de Hendra.

(Os leitores que objectaram ao aparecimento subsequente da coluna "Vidas" assinada por Hendra que foi publicada na revista do *Times* em 4 de Julho deveriam culpar os prazos de produção – a revista é impressa com nove dias de antecedência relativamente à data de publicação – e a falta de coordenação entre as várias unidades editoriais do jornal. Os editores da revista não sabiam que estava em curso uma investigação das acusações feitas por Jessica Hendra e os editores envolvidos na notícia relativa a estas não sabiam que a revista planeava publicar um artigo assinado por Tony Hendra.)

A minha única objecção foi... bem, não consegui saber o que pensar. Hendra não é um político, um professor, um eclesiástico, nem tem de algum modo autoridade sobre outros, o que constitui um padrão convencional para analisar publicamente os assuntos que, de outra forma, pertenceriam à esfera privada. No entanto, Hendra escrevera um livro semiconfessional sobre o seu próprio progresso moral. Este livro transformara-se num sucesso de vendas nacional. Teria o sucesso de Hendra, bem como o título do livro, transformado os pormenores íntimos da sua vida em tema adequado a exame público? Permitam-me que corrija: não só pormenores íntimos, mas alegações, que não se podem provar, sobre pormenores sórdidos?

Segundo o editor da cultura, Jonathan Landman, quando os editores souberam das acusações de Jessica Hendra, "poderíamos ter anulado tudo em nome do bom gosto ou de princípios."

"Ou poderíamos ter verificado os factos tão profundamente quanto possível", disse ele, "e depois tomar uma decisão moral complexa baseada neles. Foi o que fizemos." O tema do livro de Hendra e o seu êxito, disse-me Landman numa mensagem de *e-mail*, "foram cruciais para a pertinência noticiosa da acusação feita pela filha."

Segundo a reconstrução que fiz da forma como esta história foi fazendo o seu caminho até chegar a ser publicada, penso que o *Times* respeitou muito bem as regras. O jornal não começou por esquadrinhar a vida de Tony Hendra para tentar encontrar algo que pudesse manchar a aura de virtude que emanava de *Father Joe*. Por volta de 20 de Junho, após o livro do pai já ter estado três semanas na lista dos livros mais vendidos, Jessica Hendra enviou para a página de opinião do *Times* um ensaio não solicitado que continha as suas alegações. O editor da página, David Shipley, enviou-o para redacção, com a permissão dela, e pouco tempo depois Kleinfield ficava responsável pela respectiva reportagem.

Também esta foi uma decisão correcta. Kleinfield é um dos jornalistas mais competentes do jornal, um profissional com mais de três décadas de experiência. Passou uma semana de volta da história e embora possa parecer que a resposta que solicitou a Hendra foi demasiado tardia, tendo em consideração a investigação feita, o artigo não foi calendarizado enquanto não teve lugar uma última conversa. Esta não foi uma entrevista armadilhada – aquela táctica deplorável usada pelos jornalistas que chamam o visado uma hora antes do prazo para publicação terminar e exigem uma resposta imediata a questões complexas e frequentemente hostis.

Kleinfield diz que a primeira vez que telefonou a Hendra foi na manhã de 29 de Junho e que acabou por falar com ele já ao fim da tarde. Falaram por três vezes nesse dia, a última já à noite, e novamente no dia 30. (Não confirmei estes factos com Hendra, com quem nunca entrei em contacto, mas não tenho razões para duvidar da sua veracidade.)

Kleinfield também pediu nomes de pessoas com quem Hendra gostaria de falar, presumivelmente para o corroborarem na negação dos factos. Numa extensa mensagem de *e-mail* que me enviou a explicar o processo da sua investigação e a sua análise do que viera a saber, Kleinfield fez uma afirmação de uma importância crucial. Com base na sua investigação, "concluí que ela foi molestada", escreveu ele.

Os jornalistas muitas vezes erguem defesas vagas ou ambíguas para justificar a publicação de matérias que não se podem provar. Dizem que são "plausíveis", ou que "vale a pena divulgar", ou que são "aparentemente credíveis". Kleinfield pode estar errado no que diz respeito a Hendra, mas a sua vontade de permanecer como o responsável pelas negras implicações da notícia é honesta e significativa. Com isto não pretende dizer que o artigo é perfeito. Gostaria que tivesse incluído testemunhos não anónimos de pessoas que não lhe tivessem sido indicadas por algum dos dois Hendra. A pormenorização viva de actos alegadamente sexuais era desnecessária em vários dos seus aspectos mais repugnantes. (A extensão no artigo foi, segundo penso, adequada: se fosse mais pequena teria transformado uma situação complexa em mera bisbilhotice.)

No entanto, aqueles assuntos merecem discussão noutro contexto. Tento responder com isto a outra questão: se eu fosse editor do *Times*, teria publicado um artigo que continha graves alegações, apoiadas por uma investigação aprofundada e conduzida por um dos meus melhores colaboradores, sobre um homem que se tornou figura pública devido especificamente às suas alegações de progresso moral? Provavelmente tê-lo-ia feito.

Porém, não sou editor do *Times* e duvido que seja útil ao jornal ou aos leitores se me puser a imaginar que o sou. Esta coluna deve representar os pontos de vista dos leitores, deve dar-lhes uma expressão adequada e deve avaliar a pertinência das suas críticas. O que é que o artigo sobre Hendra trouxe aos leitores e a que potencial preço?

Falei com mais ou menos uma dúzia de editores e jornalistas do *Times* que não estiveram envolvidos no artigo e nenhum deles julgou que fosse inadequado. Não obstante, creio dever fazer notar que entre os leitores que objectaram se encontravam vários antigos jornalistas que podiam avaliar o *ethos* da redacção com uma certa distância. "Em mais de 40 anos de leitura do *Times* nunca deparei com artigo tão baixo", escreveu Tom Zito, que pertenceu ao *Washington Post*. "Que objectivo se pretendia com a sua publicação, para além, talvez, de conduzir o visado a pensar em suicidar-se?"

Carfey Winfrey, ele próprio um antigo jornalista do *Times*, recordou um comentário que lhe foi dirigido há alguns anos por A. M. Rosenthal, que à época era o editor principal do jornal. A lição mais importante que Rosenthal aprendeu de um dos seus antecessores foi que "Não é por se ter um poder que se tem de o usar."

Este pode ter sido um desses casos. A peça jornalística foi publicada porque Hendra tinha tido a boa fortuna de ver um livro com uma tiragem original de 15 000 exemplares (segundo o editor) tornar-se um fenómeno nacional? Porque os seus compradores deveriam ser avisados de que *Father Joe* poderia ser, pelo menos, dissimulado e talvez desonesto? Ou devido ao direito do público a saber? São todas razões plausíveis. Mas e se a acusação for falsa? Mesmo se as provas preponderantes indicarem que é verdadeira, a probabilidade de ser falsa não pesará mais do que o que se obtém por dar aos leitores acesso às misérias privadas da família Hendra? Em todo o caso, Tony Hendra terá para sempre as cicatrizes provocadas por este artigo. Pessoas que não escreveram um livro em que anunciassem a sua salvação espiritual irão também sofrer; os seus três filhos do segundo casamento, por exemplo. Perante este risco, o que será que os leitores do *Times* (ou de *Father Joe*) ganham em considerar Hendra culpado de abuso sexual? Há uma diferença entre o direito de conhecer e a necessidade de conhecer e, neste caso, a necessidade é algo que me escapa.

Não pretendo minimizar de qualquer forma que seja as acusações de Jessica Hendra. Não posso imaginar uma acusação mais séria, uma transgressão mais detestável. Se a história que conta é verdadeira, Tony Hendra merece um castigo bem maior do que a humilhação nas páginas do *Times*. Como provedor dos leitores, as verdades da profissão podem ter-me levado a publicar este artigo. Todavia, como leitor, desejaria que o *Times* o não tivesse feito.

⚜

Na minha coluna de 27 de Junho, referi-me a *Bill Clinton: Uma Jornada Americana* como um "ataque em todas as frentes". Esta caracterização deriva de ter confiado numa análise de Michiko Kakutani. Pode ser que esteja certa, mas, uma vez que nunca li o livro, foi estúpido da minha parte referir-me a ele com uma segurança tão descuidada.

Este artigo dividiu os leitores quase por igual. Por cada um dos que me fustigaram pela cruel indiferença pelo que Jessica Hendra sofreu houve outro que me agradeceu por chamar o *Times* à responsabilidade (na verdade, por me ter enganado no artigo, isso foi algo que francamente não tinha pensado que fizera).

De jornalistas e editores da imprensa diária, no entanto, recebi uma desaprovação quase unânime. A jornalista do *Times* Nina Bernstein foi particularmente eloquente na sua defesa do artigo de Kleinfield e eu incluí os seus comentários no meu jornal da *internet*. (Vd. a entrada n.º 32 [@].) Um ano e meio depois, ainda não estou certo do que penso. Perguntem-me dois dias seguidos e pode ser que não vos dê a mesma resposta. Não obstante, julgo que se um artigo como este tem o seu lugar no jornal, Kleinfield e os seus editores lidaram com ele tão bem quanto seria possível. Aliás, talvez seja por isso que são editores de jornal e eu não.

Bill Keller levantou uma questão particularmente provocadora: "A única consequência tangível que posso entrever do facto de o *Times* pôr um termo à história é que o senhor esteve a escrever a sua coluna às avessas – o *Times* procederia correctamente se ignorasse a história? – e terminou com o seu leitor e o seu editor interiores a trocar de lugares."

O *NEW YORK TIMES* É UM JORNAL LIBERAL?

25 de Julho de 2004

É CLARO que sim.

O ficheiro mais volumoso do meu computador está pejado de cartas dos desapontados, dos consternados e dos irados que pensam que este jornal tem um desvio liberal que infecta, não só a cobertura que faz dos temas políticos, mas todo um leque de domínios que vão do aborto à zoologia, ou à nomeação de um reconhecido democrata para ser seu cão de guarda. (Devo ser eu.) Pelo contrário, os leitores que atacam o *Times* a partir da esquerda – e são muitos – limitam geralmente as suas queixas à cobertura realizada pelo jornal à política eleitoral e à política externa.

Abordarei os assuntos de política e de políticas neste Outono (quero acompanhar a cobertura da campanha antes de retirar conclusões), mas por agora a minha preocupação são os temas inflamáveis que incendeiam a direita. São os temas sociais: direitos dos homossexuais, limitações à posse de armas, aborto e regulamentação ambiental, entre outros. Se pensam que o *Times* se situa ao centro em qualquer um deles, então têm estado a ler o jornal com os olhos fechados. Contudo, se têm analisado a cobertura destes assuntos pelo jornal de uma perspectiva que nem é urbana, nem cosmopolita, nem culturalmente do tipo "já vi de tudo", pertencem aos grupos que o *Times* trata como objectos estranhos e que devem ser analisados ao microscópio (católicos devotos, detentores de armas, judeus ortodoxos, texanos). Se o vosso sistema de valores não suporta bem um jornalista do *New York Times* que seja compósito, então fazer um percurso por este jornal pode levar-vos a pensar que viajam num mundo estranho e proibido.

Comecemos pela página editorial, tão saturada de uma ponta à outra com teologia liberal que quando, por vezes, se aparta desse ponto de vista os gritos escandalizados da esquerda se sobrepõem até ao fragor contínuo de desaprovação da direita.

Do outro lado da margem interior do jornal, os editores da página de opinião realizam um trabalho equilibrado de representar várias opiniões nos ensaios escritos por colaboradores externos, mas é preciso um contrapeso medonhamente grande para equilibrar uma página que também suporta os escritos de sete colunistas fortemente opiniosos, em que apenas dois deles poderiam ser classificados como conservadores (e, mesmo assim, da subespécie que apoia a legalização das uniões homossexuais, para além de William Safire se opor a algumas disposições da Lei PATRIOT).

No entanto, páginas de opinião são páginas de opinião e "página de opinião equilibrada" é um oxímoro. Por isso, desloquemo-nos para outro lado. Na revista de domingo, o medidor de aplausos das guerras culturais aponta cronicamente para a esquerda. Na primeira página de "Artes e Lazer" todas as semanas o colunista Frank Rich corta às fatias o presidente Bush, Mel Gibson, John Ashcroft e outros paladinos da direita numa prosa tão pouco dada a concessões como a de Paul Krugman ou de Maureen Dowd. As páginas culturais muitas vezes apresentam formas de arte, de dança ou de teatro que podem passar por normais (ou, pelo menos, por toleráveis) em Nova Iorque, mas que podem provocar um grande choque noutros lugares.

O mesmo se pode dizer da cobertura da moda, sobretudo na revista de domingo, onde encontrei modelos que se parecem preparar para cometer algum assassínio (ou para ser assassinados) e outros ataviados de um modo que se poderia apelidar de *dominatrix chic*. Se o leitor for como Jim Chapman, um dos meus correspondentes que abandonou o *Times*, estará perdido no espaço. Chapman escreveu que "O que terá acontecido à poesia que requeria rima e métrica, às músicas que requeriam letra e melodia, à publicidade ao vestuário que chamava a atenção para a peça e não para as mulheres quase nuas e com fatos desleixados ou para os homens com ar estúpido e por barbear?"

Ao domingo, na secção de "Moda" há anúncios de casamentos homossexuais, é claro, mas também a clubes de sexo na baixa e a *T-shirts* que dizem "Tenho medo dos Americanos". As conclusões do reformador a favor da igualdade racial Richard Lapchick têm aparecido nas páginas de desporto há décadas ("Desde quando é que a diversidade é um desporto?", resmungava um queixoso num *e-mail*). Na primeira página da secção de notícias sobre a área metropolitana de Nova Iorque tem aparecido uma longa reportagem que é melhor descrita pelo seu subtítulo: "Travestis Pagam com Prazer para se Relacionar com o seu Lado Feminino". Aliás, um criacionista não irá certamente encontrar consolo na secção "Ciência".

Não é que os criacionistas devessem esperar consolo em tal secção. Os jornais têm o direito de decidir sobre o que é importante ou não. Todavia, os seus editores também devem esperar que alguns leitores pensem: "Isto não me representa nem aos meus interesses. De facto, representa os meus inimigos." Será assim tão surpreendente que os leitores ofendidos ou perplexos possam considerar tudo o mais que vem no jornal – incluindo, digamos, a cobertura das campanhas eleitorais – igualmente suspeito?

O administrador do *Times*, Arthur O. Sulzberger Jr., pensa que este percurso pelo *Times* não é uma viagem pelo liberalismo. Prefere que se apelide o ponto de vista do jornal de "urbano". Sulzberger afirma que o ambiente de grande metrópole, tumultuosa e poliglota, que o *Times* ocupa significa que "Chocamo-nos com menos facilidade" e que o jornal reflecte "um sistema de valores que reconhece o poder da flexibilidade."

Sulzberger está certo. Viver em Nova Iorque leva muitas pessoas a pensar desse modo e muitas pessoas que pensam desse modo a ir para Nova Iorque (eu, por exemplo). O *Times* escolheu ser um produto que não sente vergonha da cidade cujo nome fez seu, condição ainda mais acentuada pela ironia do "estar-ali-a-fazer-aquilo" que aflige demasiados jornalistas. Artigos que contêm a palavra "pós-moderno" apareceram no *Times* quatro vezes por semana, em média, durante este ano – é um facto! –, e se isso não é reflexo de uma maneira de sentir de Manhattan, então eu sou o Noam Chomsky.

Todavia, uma coisa é fazer das páginas do jornal o *habitat* natural dos editorialistas polémicos, dos artistas conceptuais, dos que estão sempre na vanguarda da moda e de outras almas com inclinações semelhantes (os jornais europeus, alinhados com partidos políticos específicos, há séculos que fazem o mesmo), outra muito diferente é revelar apenas aquele lado das diversas histórias que os correligionários desejam ouvir. Não creio que seja intencional quando o *Times* assim procede. Contudo, para haver negligência a intenção não precisa de estar presente. O tema do casamento homossexual constitui um exemplo perfeito. Exceptuemos a página editorial, os colunistas e o longo artigo na revista ("Para uma União Mais Perfeita", de David J. Garrow, publicado em 9 de Maio) que comparava os advogados que ganharam o processo de casamento entre pessoas do mesmo sexo, no Massachusetts, com Thurgood Marshall e Martin Luther King. Está muito bem, sobretudo para aqueles de nós que acreditam que os casais homossexuais devem ter precisamente os mesmos direitos civis que os heterossexuais. Todavia, para aqueles que também acreditam que as páginas noticiosas não podem manter a sua credibilidade a menos que todos os aspectos de um tema sejam sujeitos a uma análise cuidada, é decepcionante ver o *Times* apresentar os aspectos sociais e culturais do casamento entre pessoas do mesmo sexo num tom que se aproxima de um aplauso de bancada. Até a esta altura do ano, os títulos de primeira página revelaram-me que "Para os Filhos de Homossexuais o Casamento Traz Alegria" (19 de Março), que a família de "Dois Pais, com um Feliz por Ficar em Casa" (12 de Janeiro) é um novo arquétipo e que "Os Casais Homossexuais Pretendem Uniões aos Olhos de Deus" (30 de Janeiro). Fiquei a saber onde é que os casais homossexuais vão para celebrar os seus casamentos, encontrei casais homossexuais a escolher vestidos de noiva, fui apresentado a casais que estiveram juntos durante décadas e santificaram agora os seus votos no Canadá, casais que se integraram com êxito no mundo das competições das danças de salão, casais cujas vidas são um modelo platónico de estabilidade suburbana.

Todos estes artigos são perfeitamente legítimos. Todos juntos são, porém, uma campanha promocional da causa dos casamentos homossexuais muito eficaz. Nem seriam precisos os artigos: bastam os títulos a encimar invariavelmente as fotografias ensolaradas das pessoas invariavelmente felizes que acompanham a maioria destas peças jornalísticas para se ter tudo o que é preciso para um anúncio de seguros de vida. Este patrocínio implícito é acentuado por algo que não fez a sua aparição. Para além de uma incursão pelos meandros legais das batalhas pela custódia dos filhos ("Casais Homossexuais Separados Enfrentam Obstáculos à Custódia dos Filhos", de Adam Liptak e Pam Belluck, 24 de Março), os efeitos incómodos do casamento homossexual têm estado virtualmente ausentes do *Times* desde que o tema adquiriu enormes proporções no último Inverno.

O *San Francisco Chronicle* publica um monótono artigo sobre o testemunho no Congresso por parte de um professor de Standford que afirmou que os casamentos homossexuais na Holanda tiveram um efeito deletério nos casamentos heterossexuais. O *Boston Globe* explora o impacto potencial do casamento entre pessoas do mesmo sexo nas receitas fiscais e a lentidão de investigações que mereçam crédito sobre a educação filhos no seio de famílias homossexuais. Mas no *Times* não fiquei a saber praticamente nada sobre tais aspectos, ou sobre violência conjugal na comunidade homossexual, ou qualquer uma das dificuldades que as crianças dos casais homossexuais possam enfrentar em sociedade, ou sobre a taxa de divórcios (ou as causas, ou as consequências) entre os 7000 casais legalmente constituídos no Vermont desde que a união civil foi ali aprovada há quatro anos.

Sobre um tópico que deu origem a um dos debates definidores do nosso tempo, os editores do *Times* não conseguiram mostrar a perspectiva tridimensional que um jornalismo equilibrado requer. Isto sucedeu, não por ordens superiores, mas porque abandonar o próprio sistema de valores envolve um profundo autoquestionamento. Há seis anos, a propriedade desta sofisticada instituição nova-iorquina decidiu fazer dela um jornal verdadeiramente nacional. Hoje em dia, apenas 50% dos leitores do *Times* residem na metrópole de New York, mas o coração, espírito e hábitos do jornal continuam aqui instalados. Pode-se retirar o jornal da cidade, mas sem um esforço para retirar do jornal a cidade e todas as provocações, experiências e atitudes que dela dependem, os leitores com uma diferente visão do mundo julgarão que o *Times* é um animal doutro planeta.

Retirar Nova Iorque do *New York Times* seria realmente uma má ideia, mas uma determinação por parte dos editores para que se tivesse em consideração o peso da presença da sua cidade de origem já o não seria.

Com isto, deixo a cidade para trás. Na próxima semana, cartas dos leitores. Depois disso, este espaço será ocupado pelo multifacetado amigo Jack Rosenthal, um antigo jornalista e editor do *Times* cujo nome apareceu na ficha técnica do jornal durante 25 anos. Vou passar o mês de Agosto numa cadeira de repouso e ver se posso voltar a ler o *Times* como um civil. Vemo-nos depois do Dia do Trabalho (*).

Ó meu Deus, ó meu Deus, ó meu Deus. Este artigo surgiu, como eu deveria ter esperado, como uma explosão. Nessa segunda-feira de manhã, uma das minhas mais queridas amigas enviou-me um *e-mail*, expressando como estava aterrada por eu ter tomado esta posição, que eu estava apenas a alimentar

---

(*) A primeira segunda-feira de Setembro, feriado nacional nos Estados Unidos (e no Canadá) em honra dos trabalhadores. (*N.T.*)

suculentamente a direita. Um velho amigo – um homossexual – nem sequer conseguiu queixar-se a mim. Escreveu à minha mulher a perguntar como poderia eu ser tão cruel para tomar esta posição.

O problema era que a posição de que estavam a falar era a minha sobre o casamento entre pessoas do mesmo sexo. Ambos pensaram que eu estava a tentar desacreditá-lo, quando, na verdade, o apoio. A sua reacção quase que provou o meu ponto de vista: lemos como lemos e escrevemos como escrevemos, devido aos complexos intrincados da nossa história, da nossa experiência e da nossa atitude pessoais, que fazem de nós o que somos, quer se trate dos que lêem o *Times*, quer dos que nele escrevem.

No *Times*, muitos dos que ficaram cada vez mais preocupados com esta questão geral (não a do casamento homossexual, mas a da perspectiva institucional enraizada) agradeceram-me por ter escrito o artigo. A maioria, no entanto, teria preferido que eu não tivesse escrito um título e uma frase de abertura tão inflamatórios e que pudessem ser repetidos com tanta facilidade. Passados alguns dias, a TimesWatch.com (*) acrescentou o título e a frase de abertura (com a correspondente autoria) ao topo de uma página que apresenta a divisa oficial do *site*: "Documentar e expor a agenda política liberal do *New York Times*." Por outro lado, um grupo que se opõe ao casamento homossexual incitou os seus membros a enviar-me notas de agradecimento.

Também eles introduziram os complexos intrincados da sua história, da sua experiência e da sua atitude pessoais na maneira como interpretaram a minha coluna. Quem poderia condená-los por reagirem como o fizeram? Quem poderia ser condenado por o ter tornado tão fácil?

Apenas eu, apenas eu. Como já disse, os títulos são muito difíceis.

(*) Actualmente www.timeswatch.org. (*N.T.*)

P. COMO FORAM AS SUAS FÉRIAS?
R. CHEIAS DE NOTÍCIAS, OBRIGADO

12 de Setembro de 2004

NOVE MESES em dezoito a cumprir, com uma história suficientemente longa para a poder recordar e combates jornalísticos na lama aguardados com prazer, é tempo do provedor dos leitores se sentar para outra entrevista. Todas as questões abaixo são exactamente o tipo de lances fáceis que alguém faz se estiver a entrevistar-se a si mesmo.

P. Então como foram as suas férias?

R. Maravilhosas e estranhas. Maravilhosas porque as férias são inerentemente maravilhosas, mas estranhas porque todos os dias um certo e familiar jornal encontrou forma de me chegar às mãos, embora no fim da primeira semana parecesse muito diferente do jornal que encontrava como provedor dos leitores.

P. Uma insolação?

R. Não: inversão de papéis. Voltei a ser capaz de ler o *Times* como um civil, em vez de o fazer como um auditor do gabinete do inspector-geral ou do oficial presidente de um auto de fé. Tal como nos dias inocentes que antecederam o início da minha actividade de procurador dos leitores, ia ver em primeiro lugar o obituário e depois as páginas desportivas, e não as correcções da página A2. Li as críticas aos livros como se estivesse interessado neles, não nas motivações, inclinações ou parentesco dos analistas. Li avidamente a cobertura alargada que a secção "Artes" concedeu ao Festival Fringe, na baixa da cidade. Não li as notícias referentes à economia mundial, nem o suplemento de moda da revista de domingo. Quase me senti uma pessoa real.

P. E as notícias da política?

R. Claro, também as li. De facto, no dia em que me apoderei da cadeira de repouso, decidi que em todo o mês de Agosto só iria ficar a par das notícias a partir do *Times*. Queria ver se uma confiança total no jornal me permitiria chegar a Setembro com uma perspectiva das campanhas que se adequasse à realidade.

Veja, por exemplo, a poeira levantada sobre o caso do navio de patrulha rápido. Em vez de tomar em consideração as centenas de mensagens de leitores irritados que se acumularam na minha ausência, em vez de interrogar os editores e os jornalistas envolvidos na história, limitei-me a ler o que o jornal trazia. Não li exaustivamente toda a cobertura noticiosa volumosa (quem é que lê todas as palavras, a não ser um provedor dos leitores, acorrentado à sua secretária ou alguém que odeie o *Times* e ande à procura de provas de profanação?), mas li tanto quanto se poderia esperar de um ser humano normal.

Foi isto o que fiquei a saber: numa série de anúncios, um grupo de veteranos do Vietname que prestaram serviço com

John Perry ou perto dele no Delta do Meckong acusou-o de várias mentiras sobre o que fez na guerra. Os anúncios foram financiados e produzidos por um certo número de indivíduos, muitos deles republicanos do Texas, com ligações ao presidente Bush ou aos seus associados. Uma figura chave, porém, foi alguém politicamente independente que votou em Al Gore em 2000 e tem vindo a questionar as condenações que o senador Kerry fez, após ter sido desmobilizado, de determinadas práticas americanas no Vietname durante três décadas. Segundo pude saber a partir da cobertura do assunto pelo *Times*, os registos oficiais contradizem as acusações feitas nesses anúncios. No entanto, não se deve dizer, como o senador Kerry fez, que passou o Natal de 1968 no Cambodja. Se o resumo que estou a fazer está errado, então foi o *Times* que errou. Se está certo, então o jornal desempenhou bem a sua tarefa. Se a minha descrição o ofende a si, por não gostar de Kerry ou por pensar que a extensão da cobertura noticiosa concedida pelo *Times* ao caso do navio de patrulha rápido deu crédito a acusações falsas, isso revela-me mais de si do que acerca do *Times*.

P. Tudo o que está a dizer parece-se muito com rabugice. Não tem nada mais a acrescentar?

R. Bem, de facto, tenho. Terminei o mês de Julho com um artigo ("O *New York Times* é um Jornal Liberal?") que fez com que vários leitores me atacassem por ter falado contra o casamento homossexual e, mais ainda, me acusassem de ter auxiliado e dado incentivo aos apoiantes da Emenda Federal sobre o Casamento, ao criticar a cobertura que o *Times* tem feito do tema. Na verdade, penso que nada fiz que dê razão à primeira das acusações, mas a julgar pelas mensagens de apoio entusiástico (incluindo mais de 400 postais iguais – que, nessa medida, devem ser descontados – provindos dum grupo conservador), decerto que parece que estive a dar-lhes uma ajuda e incentivo.

P. Lamenta tê-lo feito?

R. Enquanto apoiante dos direitos dos homossexuais, com certeza, mas enquanto provedor dos leitores, nem por um segundo. Um jornalista político com uma réstia de honestidade não pode ignorar uma história como a controvérsia sobre o navio de patrulha e qualquer editor que aspire a ajuizar as coisas com isenção não pode ter receio quando concorda com pessoas que bem podem discordar de si em tudo o mais.

Apenas gostaria que os meus aliados de conveniência atribuíssem tais pontos de vista a mim pessoalmente, e não, por inferência, ao *Times* enquanto instituição. Qualquer frase que comece com "Como o Daniel Okrent, do próprio *Times*, diz" deveria ser imediatamente exterminada. Eu não falo pelo jornal e se sou o qualquer coisa "próprio" do *Times* (excepto, talvez, o maçador próprio do *Times*), estou por certo a falhar na minha missão.

P. Obteve algum resultado do desafio que lançou aos editores dos cinco principais jornais do Estados Unidos de recusarem noticiar as reuniões de informação realizadas por funcionários que insistem em permanecer anónimos?

R. Só um me respondeu. Ken Paulson, o editor do *USA Today*, escreveu que o seu jornal, em colaboração com a Associated Press, tem objectado frequentemente às regras do anonimato que estão em vigor nessas reuniões de bastidores. No entanto, quando as objecções do seu jornal são ignoradas, pensa que deve noticiar as reuniões, porque, como o próprio Paulson disse, "a nossa obrigação primária é manter os nossos leitores completamente informados". E acrescentou: "Pode ser que queira refazer o seu desafio aos jornais dos Estados Unidos. Em vez de fazerem greve, estarão eles dispostos a levantar a voz?"

Não ouvi sequer um pio aos editores do *Wall Street Journal*, do *Los Angeles Times*, do *Washington Post* ou do *New York*

Times. Quanto aos primeiros três, estou de acordo com o velho criado de Lindy: "Não é a minha mesa." Mas nos próximos meses conto ir incomodar o último dos quatro jornais sobre o tema das fontes anónimas, quer no que escrever, quer pessoalmente. Estas serão as duas questões que irei perguntar: quando os funcionários que exigem o anonimato convocam uma reunião de informação, porque pretendem que a sua história saia, mas não querem ser responsabilizados por ela, por que razão terá o *Times* a obrigação de ser o seu mensageiro? Que diferença haverá entre este procedimento e publicar um boato sem origem e sem provas?

Portanto, Keller, já te fiz a pergunta.

P. Que mais pensa ir abordar nos últimos nove meses que lhe restam?

R. A lista é longa: a política de correcções do jornal, a crítica de livros, a utilização de "especialistas", a linguagem emotivamente marcada, a cobertura do Médio Oriente, a honestidade nas fotografias, o que é que os editores querem dizer com "análise noticiosa" (para não falar de "Carta da Casa Branca", "Memorando Político" e diversas outras maneiras de dizerem "não é uma notícia").

Depois, é claro, há aquele monstro que aparece, enorme, à minha janela: a cobertura da campanha. Mesmo antes do Dia do Trabalhor, comecei a pôr em forma os meus dedos de unhas aparadas, preparando-me para o combate que se aproximava e na última terça-feira já tinha feito uma colecção de calos impressionante. O meu colega Arthur Bovino diz-me que enquanto estive ausente, muitos leitores me incentivaram a escrever, quanto antes, de preferência, sobre a cobertura da campanha – "enquanto isso ainda poderia ter algum efeito", como alguns apresentaram a questão. A minha abordagem é precisamente a oposta: actores meus amigos dizem-me que saber que os críticos estão entre a audiência fará que representem o melhor possível, enquanto as críticas posteriormente publicadas são muitas vezes apenas algo para discordar.

P. Claro, os artistas não gostam muito dos críticos. Como é que se vai dando agora com as pessoas do *Times*?

R. Muito melhor do que se possa imaginar ou do que eu previa. Não quero envolver-me na crítica a outros jornais (este já me dá suficientemente que fazer), mas pelo menos uma notícia recente sobre a forma como fui aqui recebido pode ter deixado uma impressão errada. Anteriormente, havia quase tanto de atitude defensiva, hostilidade e contenção quanto se poderia esperar de um grupo tão amplo de pessoas (o pessoal jornalístico do *Times*) que de repente se viu invadido por um vírus mutante (eu). Mas desde a última Primavera, tem completamente diferente: o corpo adaptou-se e aparentemente sente que o vírus se pode tolerar, embora não seja propriamente agradável. Os jornalistas e os editores com quem lido são esmagadoramente compreensivos e corteses (só me lembro verdadeiramente de uma excepção gritante). Eles podem não se interessar (poderia dizer "não se interessam", mas deixem-me agarrar-me às minhas ilusões) pelo que escrevo, mas não permitem que isso interfira na forma como lidam comigo.

Agradeço-lhes e respeito-os por isso, e estou prestes a dizer que este lugar acaba por ser divertido.

P. Okrent é muito estúpido?

R. Excepcionalmente estúpido.

Esta última pergunta é extraída de um ensaio de Bob Somerby, apresentado no seu *Website*, o *Daily Howler*. Somerby, cujo blogue tem admiradores na esquerda, não gostou de mim, da forma como desempenhei o meu cargo, da forma com escrevi, da forma como pensei, nem da forma como fiz férias. Podem ler todas as suas acusações aqui [@] e daí podem passar a um *link* mais antigo, dedicado ao meu artigo "O *New York Times* é um jornal liberal?"

Há uma falha que concedo: não ter sido mais cuidadoso ao apresentar em pormenor a razão do meu regime de "apenas o *Times*", em Agosto. Quando escrevi este artigo é claro que não sabia se a cobertura efectuada pelo *Times* era rigorosa: esse é que era o ponto. Pretendia sugerir o que um leitor típico do *Times* poderia ter obtido nas suas páginas, se nele tivesse confiado como sua única fonte sobre o assunto. Se a minha descrição estivesse errada, então o *Times* estaria errado. Decidam vocês. Concedo a Somerby a sua observação sobre o político independente que *afirmou* ter votado em Gore (não, como escrevi, que votou em Gore). Tem razão: ninguém a não ser o próprio poderia saber se ele, de facto, votou pelo candidato democrata em 2000 e eu não fiz essa distinção. Todavia, as pessoas que não fazem vida da leitura dos jornais, nem dedicam todas as horas disponíveis a sustentar um blogue podem ter retirado da cobertura jornalística realizada em Agosto a mesma conclusão. Por vezes, o que lemos nos jornais não é exactamente o que pensamos ter lido e disso também se pode retirar uma lição.

Na minha lista de artigos planeados, o único para que não tive tempo foi a crítica de livros. A um nível subconsciente, reconheci provavelmente que, sendo eu alguém que escreve livros como modo de vida, não quero arranjar corda para me enforcar.

A "notícia recente" sobre a forma como o *Times* estava a dar-se com o seu provedor do leitor apareceu no *Wall Street Journal*, em 12 de Julho de 2004, com o título "Provado por Escrito: O *New York Times* Descobre que o seu Cão de Guarda Morde com Força", e está acessível aos assinantes do jornal (ou os que paguem por item descarregado) em www.wsj.com. Todas as suas palavras são rigorosas, mas também todos os exemplos de tensão e de conflito citados pelo autor, James Bandler, já aconteceram há meses, quando o processo estava ainda eivado de dificuldades. Keller ficou muito irritado com o artigo de Bandler, que, na verdade, deixou uma impressão algo desajustada em relação ao que era então a realidade bastante aborrecida da minha vida de trabalho.

CORRECÇÕES: EXCÊNTRICAS, ESSENCIAIS E PRONTAS PARA SER MELHORADAS

26 de Setembro de 2004

Poucas coisas irritam (ou divertem) mais os leitores do *Times* do que as correcções que aparecem todos os dias na página A2. A sintaxe de sentido misterioso, as referências elípticas e o tom sério e inexpressivo do estilo de uma prosa que construiu uma linguagem que se autoparodia podem propiciar os seus próprios prazeres excêntricos, mas não dão necessariamente aos leitores, nem aos que são objecto das notícias aquilo que pretendem.

Para os editores, as correlações reflectem a determinação do jornal de convencer os seus leitores de que o rigor é levado a sério. Para os críticos, porém, são o contrário: uma nuvem de fumo de trivialidades com que se pretende disfarçar as violações graves que o jornal prefere ignorar.

Tal é absurdo. Embora muitas das correcções feitas não pareçam ter mais importância do que um suspiro, pode ser que não pense assim quem tiver visto o seu nome mal escrito. Posso assegurar-vos a partir do meu relacionamento quotidiano com eles que o chefe de redacção adjunto Allan M. Siegal e o editor superior William Borders, que superintendem o processo de correcção, levam esta responsabilidade a sério, realizam-na sem tergiversar e não são muito populares entre o pessoal do *Times*. De acordo com a minha experiência, para cada jornalista que recebe de bom grado que seja feita uma correcção substancial do seu trabalho, há outro que se atira com garras de um gato ao primeiro contra-argumento e depois começa a ficar cada vez mais assanhado.

Com algumas excepções, os jornalistas que aceitam melhor o seu trabalho corrigido são os que gozam de maior respeito no *Times* e que, em muitos casos, chegaram a tal posição, em parte, por serem muito rigorosos com o que fazem. Os jornalistas abertos a correcções são também os que obtêm credibilidade entre os que fiscalizam o seu trabalho.

Na penúltima semana, Robert Strong, um oficial da Guarda Nacional do Texas, escreveu-me a dizer que as suas palavras foram gravemente mal transcritas na notícia intitulada "A CBS Defende a sua Notícia sobre o Registo Militar de Bush", de 11 de Setembro. Insistiu que dissera não duvidar de que o tenente-coronel Jerry B. Killian tivera acesso em 1972 a uma máquina de escrever I. B. M. Selectric com caracteres especiais, e não que duvidava, como o jornalista Ralph Blumenthal afirmara. Já antes nessa mesma semana, Blumenthal aceitara imediatamente outra queixa do entrevistado de que truncara uma citação e aceitou prontamente efectuar uma correcção. Neste caso, porém, manteve a sua versão e disse aos editores e a mim que possuía notas detalhadas que indicavam que Strong dissera o que ele citara. Nenhuma correcção foi publicada.

O historial de Blumenthal era excelente, a sua lógica interna era consistente, a sua disponibilidade para fazer correcções fora provada mesmo alguns dias antes. Strong (cuja lógica interna também parecia correcta) manteve a sua posição. Al Siegal, falando com a sabedoria (e a visão) adquirida durante os seus 27 anos de trabalho duro no domínio das correcções, confessou-me depois que se sentiu dividido quanto a este caso: "Situações como esta tendem a ter resultados insatisfatórios."

Para Robert Strong isso era dizer pouco. Para os queixosos que não obtiveram o privilégio (se é isso que é, dado o resultado) de ter o motivo do seu agravo divulgado na página A2 da secção "A Semana em Revista" é, sem dúvida, ainda mais desencorajador. O impasse aparente não é, de forma alguma, um divisão de pontos, mas uma vitória em que um dos lados não marca: *New York Times* 1, Queixoso 0.

Pior ainda, não sei como poderia ter outro resultado. Fui alimentando a ideia de criar um fórum no meu *site* da *internet* onde os agravados pudessem apresentar queixas não atendidas, mas não será preciso ser nenhum Diógenes para ver nisso uma oportunidade para os maus usos e enganos que são tão frequentes nestes domínios. Embora a coluna de cartas na página editorial não seja normalmente um fórum para questões de facto ou de justiça, acolhe, por vezes, objecções formais. As cartas apresentadas nas várias secções de Domingo contêm muitas vezes queixas de tratamento incorrecto por alguma das partes envolvidas. É claro que os editores poderiam conceder-lhes mais espaço no *site* do jornal (www.nytimes.com) e também poderiam pensar em juntar os que o merecessem à versão arquivada electronicamente do artigo em questão, tal como fazem agora com as correcções. Como exemplo de privilégio pessoal concedido em obediência às *Regras de Ordem do Robert*, tais cartas devem ser aceites, se não mesmo obrigatoriamente atendidas com particular cuidado.

Porém, mesmo no domínio restrito da actual orientação no que respeita às correcções, há espaço para melhorar a forma institucionalizada há 32 anos, quando A. M. Rosenthal, que era então chefe de redacção, começou por reservar um espaço para correcções junto do sumário das notícias do dia. Onze anos depois disso, Rosenthal introduziu a "Nota do Editor", uma forma de corrigir "lapsos de equidade, equilíbrio ou perspectiva – faltas mais subtis ou menos concretas do que erros de facto, embora tão graves como eles e por vezes até mais", segundo as palavras do livro de estilo do *Times*. Os erros são enganos honestos, os "lapsos" de que se trata nessa "Nota" são habitualmente mau jornalismo.

Até terça-feira, o *Times* publicou perto de 2300 correcções neste ano, mas apenas 35 notas dos editores. A raridade destas não reflecte a sua gravidade. Pelo contrário, o solo que suscita as correcções é tão fértil que se torna fácil ignorar grande parte da colheita. Corrigir os erros de transcrição dos nomes é um bonito gesto, sobretudo relativamente a pessoas que podem nunca mais ser referidas pelo *Times* e anunciar ao mundo que "o complexo de bares, à beira da praia, ao longo da fronteira entre a Florida e o Alabama, que foi danificado" pelo furacão Ivan "se chama Flora-Bama, e não Floribama" é... bem, é algo que não é condenável. Contudo, este pequeno arbusto oculta as correcções que verdadeiramente importam.

Por exemplo, na terça-feira, uma correcção indicava que um funcionário iraquiano não avisara que o seu país poderia produzir "urânio altamente enriquecido, que é usado em armas nucleares", mas poderia "retomar os esforços interrompidos para produzir urânio enriquecido na forma que pode alimentar reactores nucleares." O erro pode ter sido tão inocente como a inépcia revelada no caso da Flora-Bama, mas em relação à compreensão da história original pelo leitor, a diferença entre urânio para reactores e urânio para armas é vários milhões de vezes mais grave. Não tão grave, mas também significativo para a compreensão pelo leitor, a mesma secção de correcções dizia que a taxa de hospitalização por asma das crianças da cidade de Nova Iorque fora em 2003, não de 6,5 por 100 000, mas de 6,5 por 1000. É uma diferença de monta. Erros como este – involuntários como transcrever mal os nomes e de modo nenhum provocados por crimes como os que dão origem às Notas dos Editores – merecem ser considerados uma classe à parte. Se Caroline Smith DeWaal não dá pelo nome Caroline S. DeWaal ou se "A História do Olho, de Georges Bataille", foi produzida pela ARM/Cinema 25 e não pela ARM/Cinema (factos que são ambos mencionados no mesmo jornal de terça-feira), que se diga isso. Mas os leitores merecem que se lhes chame a atenção para enganos como a incorrecta referência ao urânio ou aos totais de casos de ataque asma num espaço menos superlotado (e menos fabricado) do que a secção das Correcções.

Que as Notas dos Editores continuem a ser Notas dos Editores, que as Correcções continuem Correcções, mas que os erros importantes (ainda que inocentes) tenham o seu próprio espaço na página e com o seu próprio título. Não tenho ideia nenhuma para o título a dar a este novo formato que estou a recomendar, por isso, demos por iniciado o Primeiro Concurso dos Leitores do Provedor do Leitor.

Enviem as vossas propostas para public@nytimes.com e eu irei colar a que ganhar na porta de Al Siegal.

Vigilância às Fontes Anónimas: apareceram há pouco tempo duas descrições particularmente deliciosas das razões pelas quais se permite que haja quem fale anonimamente nas páginas do *Times*. Em "Caras Democratas Familiares, mas Novos Deveres na Campanha de Kerry", notícia publicada em 16 de Setembro, David M. Halbfinger citava "um conselheiro superior de Kerry", "um assessor superior", "um funcionário que assiste às sessões de estratégia", "um operacional democrata" e, por paráfrase, "outros conselheiros superiores de campanha". A todos foi concedido o anonimato, escreveu Halbfinger, "porque a campanha interdita os conselheiros à discussão dos trabalhos internos". Em "A CBS Afirma que um Produtor Violou as Directivas Internas ao Pôr em Contacto uma Fonte com um Conselheiro de Kerry", notícia publicada em 22 de Setembro, Jim Rutenberg e Bill Carter forneceram uma explicação ainda mais deliciosa para a timidez das suas fontes anónimas: "várias pessoas da divisão de notícias", segundo escreveram, "insistiram no anonimato, porque lhes foi dito para não falarem com jornalistas". Qualquer impulso que tivesse para censurar asperamente Halbfinger, Rutenberg e Carter foi consideravelmente reduzido pelo facto de terem chamado a atenção dos leitores para militantes que aparentemente violavam regras especiosas que eles mesmos escrevem e assessores de imprensa que dizem aos seus jornalistas para não falarem com jornalistas.

Por fim, os leitores (sobretudo os leitores que também são jornalistas) ofendidos pela vontade das organizações noticiosas de alinharem com o mau hábito de Washington de "encontros de informação de bastidores" podem querer verificar o serviço público que o colunista Jack Shafer, da revista *Slate*, se oferece para prestar, tendo-me a mim como co-inspirador. Podem ler sobre o assunto em "Expor os Anonimatos" em [@].

Não se passara ainda uma semana desde a publicação deste artigo e já Al Siegal anunciava uma alteração nas directivas respeitantes às correcções. O título "Correcções" seria reservado para rectificações importantes (relativas a assuntos como o programa nuclear iraniano ou a taxa de incidência de asma na cidade de Nova Iorque) e uma nova categoria, "Para que Conste"

– Siegal venceu o concurso de títulos com um ataque relâmpago – sê-lo-ia para a Flora-Bana, a Caroline Smith DeWaal e congéneres.

Acontece que eu não fui assim tão persuasivo. Siegal, aparentemente, vinha pensando em efectuar uma mudança deste género e o meu artigo apenas lhe deu um pequeno impulso para intervir. De imediato, os jornalistas que anteriormente argumentaram, resmungaram e usaram de falinhas mansas para manter os seus erros fora da secção original das Correcções, passaram agora a virar a sua atenção para os argumentos de classificação dos seus disparates, preferindo sempre um livre a 30 metros (Para que Conste) a um a 9,15 metros (Correcções). Devo ainda acrescentar que nos meses que se seguiram à minha afirmação de que os jornalistas mais respeitados aceitavam melhor as correcções se revelou, infelizmente, um exagero. Alguns dos que eu mais respeito acabaram por se revelar tão defensivos em relação aos seus erros como eu talvez também seja.

O meu amigo Steve Adler, que era então um chefe de redacção adjunto do *Wall Street Journal* e é agora redactor-chefe da *Business Week*, tornou claro, involuntariamente, que não leu todas as palavras do meu artigo quando fomos ao teatro com as nossas mulheres, alguns dias mais tarde. "Viste aquela coisa ridícula que fizeram com a secção de Correcções?", perguntou o Steve. "De quem foi a ideia?" Acusei o Siegal.

COMO É QUE JACKSON POLLOCK FARIA A COBERTURA DESTA CAMPANHA?

⚜

10 de Outubro de 2004

26 DE SETEMBRO, ref. "Kerry como Patrão: Sempre mais Questões". Faith C. McCready pensa que "a campanha de Kerry deveria estar a pagar ao *Times* uma avença de consultadoria/publicidade" pelo artigo. Scott Libbey, de Chevy Chase, no Maryland, considera-o "outro artigo negativo sobre Kerry" e conclui: "não sei como vocês ainda se podem olhar ao espelho. Na verdade, não sei."

5 de Outubro, relativamente a umas quantas notícias: Michael Malone, de Darien, Connecticut, diz que "sei que muitos jornalistas e editores do *Times* estão a tentar desesperadamente que Kerry seja eleito." De John Owes, de São Francisco: "É frequente decidir não ler o vosso jornal por causa dos ataques contínuos a Kerry."

Al Markel, de São Francisco, pergunta qual a razão por que o *Times* não fez uma crítica ao livro dirigido contra Kerry e intitulado *Inapto para Comandar*, ao passo que Samuel Leff, de Manhattan, se questiona por que razão o estudo psicológico de Justin Frank *Bush no Divã*, foi ignorado pelos editores da "Crítica de Livros". Francis Moynihan, de Avon, Connecticut, dá os parabéns ao *website* do *Times* por , "finalmente, um título que critica Kerry" e usa a palavra "proxeneta". John Owens objecta, dizendo que "um título semelhante dedicado a Bush seria o seguinte: "[…] segundo a sondagem, os Americanos acham que Bush é um mentiroso e um idiota." Estou tentado a reenviar todos estes correspondentes e muitas centenas de outros que eles representam ao meu colega Mike Needs, *ombudsman* do *Akron Beacon Journal*. "Na segunda-feira e na terça", escreveu Mike num *e-mail* da semana passada, "as minhas chamadas foram todas de conservadores a dizer que o jornal virara à esquerda."

"Na quarta-feira, na quinta-feira e na sexta-feira", continuou ele, "as minhas chamadas foram todas de liberais a dizer que o jornal virara à direita. Mas, na verdade, tive alguém que me telefonou a dizer que estamos a ter uma posição muitíssimo equilibrada. Ignorei esta."

Uma definição de "ironia": do que um *ombudsman* ou provedor dos leitores tem de gostar para sobreviver a esta campanha.

Tenho estado a ler há meses a cobertura da campanha pelo *Times* tal como outros cidadãos interessados (e, nesta altura, exaustos), mas com um cuidado particular, um par de tesouras, dois marcadores e três outros jornais para fazer comparações desde o Dia do Trabalhor. Paralelamente, a minha investigação tem sido ricamente amplificada por *e-mails* dos leitores, o zumbido dos blogues e as queixas ocasionais registadas por funcionários dos partidos. Dois leitores enviaram-me generosamente análises exaustivas das fotografias de cada um dos candidatos que foram publicadas no *Times* (e chegaram a conclusões opostas).

Aqui afirmo publicamente que irei votar por John Kerry no próximo mês e admito, para além disso, que me tenho esforçado para ouvir as queixas favoráveis a Bush numa tentativa consciente para contrabalançar os meus próprios preconceitos. Não concordo com o argumento que dois editores do *Times* apresentaram de que as acusações de parcialidade vêm tanto do lado liberal como do conservador, pelo que o jornal deve estar a fazer as coisas como deve ser. Isto tem tanto sentido como dizer que um homem com um pé num bloco de gelo e outro em brasas de carvão deve sentir-se perfeitamente bem.

De facto, posso encontrar muitas coisas que criticar na cobertura das eleições por parte do *Times*. Estou tão interessado na disputa interna da campanha quanto pode estar o estudioso mais fanático da política, mas a atenção obsessiva do jornal às manobras de bastidores e às especulações dos relações públicas obscurece, mais do que promove, o meu conhecimento dos candidatos. Muito do que se publica aqui parece mais orientado para os que trabalham nas campanhas e para os outros jornalistas do que para aos leitores. A confiança excessiva crónica nos comentários anónimos de militantes com interesses próprios nas histórias noticiadas é também extremamente desagradável. (Prefiro os artigos que vêm rotulados como "Análise Política" ou "Memorando Político", onde, pelo menos, podemos ouvir o som da própria voz de quem escreve e tomar em consideração os pontos de vista que parecem ser os seus.) Por outro lado, por que razão o jornal pediria a um jornalista para fornecer *online* uma "análise em tempo real" durante os debates está para além da minha compreensão. A própria frase é um oxímoro: analisar requer reflexão.

Todavia, há muitos críticos de imprensa nos jornais e na *Web*, pelo que remeto para eles a crítica de carácter geral. Eis a questão para um provedor do leitor: estará o *Times* a favorecer sistematicamente um dos candidatos?

Não.

Por isso, adeus legiões da esquerda e exércitos da direita, todos aqueles que foram fiéis apoiantes quando aprovei as vossas diversas posições nos artigos já apresentados, mas que irão pensar agora que, ou perdi o juízo, ou sacrifiquei a minha credibilidade. Agradeço a vossa atenção sem falhas e a vossa companhia estimulante e aprecio o vosso compromisso apaixonado.

No entanto, a paixão é uma lente distorcida que torna difícil perceber a forma das coisas. Os militantes verão os estragos feitos ao seu líder, mas não irão notar artigos, títulos ou fotografias semelhantes que podem prejudicar o outro candidato. Os leitores indignados com o artigo de 26 de Setembro sobre o estilo de tomada de decisões de Kerry só perguntam quando é que o *Times* fará uma coisa parecida a Bush porque não deram pelo que foi publicado em 29 de Agosto e intitulado "Bush Assume um Papel Directo na Definição da Táctica das Eleições".

Alguém que odeie Bush verá uma fotografia de primeira página do confiante presidente agradecendo a multidões entusiasmadas e gritarão "É parcialidade!" muito mais rapidamente do que se recordará de uma foto de Kerry quase idêntica publicada no dia anterior. Os republicanos que objectam à proeminência concedida a uma notícia recente sobre cientistas que fazem campanha contra o presidente ignoram os gritos acusatórios de parcialidade por parte dos democratas depois do *Times* não ter noticiado em Junho uma tomada de posição contra Bush assinada por 27 diplomatas reformados.

Se houver um comissariado no *Times* a ordenar que a cobertura da campanha ajude ou prejudique um candidato específico, está a fazer um trabalho malévolo. Uma leitura atenta revela pancadas dadas a ambos (e livre-trânsitos a todos) num padrão adaptado de Jackson Pollock. Muitas pessoas pretendem saber por que razão a posição do outro é referida no primeiro parágrafo de uma notícia e a do seu lado não ganha peso senão no sexto. Não notam nada quando é ao contrário.

Sherrie Sutton, de Manhattan, que se apresenta a si mesma como "possivelmente o único voto para Bush no Upper West Side", pergunta por que motivo os títulos do *Times* usam sistematicamente a palavra "ataque" quando os republicanos criticam os democratas, mas não quando os democratas criticam os republicanos. Intrigado, o meu associado, Arthur Bovino, verificou que no ano passado os republicanos atacaram 12 vezes os democratas nos títulos e os democratas 22 vezes os republicanos. A Sr.ª Sutton respondeu: "As estatísticas não mentem e vocês apresentaram-nas. O que é interessante é que continuo a não estar convencida de que a cobertura da campanha pelo *New York Times* seja equilibrada."

É interessante, honesto e, para a maioria de nós, igualmente inevitável. Os conservadores pensaram que Cheney venceu o debate semipresidencial, os liberais pensaram que foi Edwards. Posso olhar para fotografias dos meus filhos e ver que não têm defeitos. Vocês vê-los-ão de forma diferente (apesar de eles não terem, é claro, nenhum defeito). Escrevam um livro, recebam uma crítica medonha – já várias vezes aconteceu comigo – e irão questionar o juízo do crítico, não o vosso. Vemos as coisas que são mais importantes para nós, e somos mais vulneráveis também a elas.

Inquestionavelmente, os artigos, os títulos ou as fotografias individuais pintam um ou outro dos candidatos com uma luz colorida, rosada ou negra. Os títulos são particularmente venenosos, devido à sua natureza redutora. Eric Kessin, de Scarsdale, Nova Iorque, escreveu a dizer que o título de sexta-feira, 2 de Setembro, "Os Números do Desemprego Podem Tornar mais Notório o Grande Ponto Fraco de Bush" podia com igual facilidade ter dito que "Os Números do Desemprego

Podem Apoiar a Afirmação de Bush de que Há Crescimento Económico". Está certo e, de facto, a notícia de sábado tinha por título "Os Números do Emprego Ajudam o Presidente a Promover a Boa Imagem da Economia".

Tinha rigor, mas também este título não deixava de ter a sua própria tonalidade. Nada está isenta dela, aliás, sobretudo quando é retirado do contexto do longo e árduo trabalho da campanha e da cobertura alargada do *Times*. Se o *Times* não é capaz de conceder um espaço proeminente ao discurso de um candidato porque é uma repetição do do dia anterior, o jornal está a ajudar a parte contrária, se faz a sua cobertura, está a promover os interesses do candidato repetitivo. Mostrem-me uma fotografia interessante e eu mostro-vos uma opinião. (Mal posso esperar para ver o que os leitores pensam do retrato de Kerry que hoje aparece na capa da revista do *New York Times* e muito menos do próprio artigo.) (Vejam só: sim, posso.)

Os leitores que suspiram pelos dias do jornalismo descolorido, de nada-senão-os-factos, podem instalar um telégrafo impressor da Associated Press na mesa do pequeno-almoço. Os jornais de hoje, e sobretudo este jornal, estão a pedir aos seus jornalistas e editores para aprofundar as notícias. Quando e até onde ir é matéria de juízo. Ora, todo o juízo, ao que parece, acaba por ofender alguém.

É axiomático que os factos ou caracterizações que um jornalista decide incluir podem influenciar o leitor a ter uma determinada impressão. O mesmo pode acontecer com a escolha dos artigos, a importância que lhes é dada ou o imenso peso acumulado de toda a crónica de uma campanha demasiado longa.

Porém, é também axiomático que o leitor que já estará inclinado para uma determinado candidato ou uma determinada posição perspectivará instintivamente o mundo e o *Times* a partir do seu particular ângulo de visão.

Este artigo acabou por ser um pouco mais retórico do que eu pretendia, mas dada a natureza perversa de alguns ataques lançados contra certos jornalistas, não queria usar de contenção. Há muitos críticos da cobertura de campanha efectuada pelo *Times* que são comedidos e razoáveis e os seus pontos de vista – muito diferentes dos meus – estarão representados neste espaço na próxima semana. Também não quero desencorajar os leitores que, estando de boa fé, detectam erros, representações incorrectas ou caracterizações injustas. Pode ser que ocorram aleatoriamente, mas a sua frequência é decepcionante, pelo que irei continuar a enviar aos respectivos editores e jornalistas as queixas que se revelarem fundamentadas. Muitas terão expressão na coluna "Correcções" ou mesmo nesta.

No entanto, antes de abandonar a tribuna, quero que saibam quão baixo desceu o nível das intervenções. Quando um jornalista recebe um *e-mail* que diz "Espero que a cabeça do seu rapaz rebente numa guerra republicana" ultrapassou-se um limite.

Foi isto que um cobarde chamado "John Smith", de São Francisco, escreveu há vários dias atrás ao correspondente de política nacional Adam Nagourney por este ter publicado algo que Smith considerou (se é que tal pessoa é capaz de considerar alguma coisa) pró-Bush. Algumas jornalistas recebem regularmente insultos e ameaças sexuais. Por mais sujos que alguns críticos da direita possam ser (e podem ser muito), a esquerda parece estar este ano a ganhar o desafio da baixeza. Talvez os *bloggers* que encorajam os seus leitores a enviar este tipo de coisas ao *Times* queiram pedir-lhes, em vez disso, para o dizerem em público. Penso que não ousarão fazê-lo.

Este artigo teve a reacção geral que se poderia esperar: uma mistura de concordância educada, discordância igualmente educada, raiva incontida e resmungos de rejeição. Na semana seguinte apresentei no meu espaço dois artigos que discordavam do meu: um da autoria do crítico do *Times* Bob Kohn, representando a direita, e outro de Todd Gitlin, professor da Universidade de Columbia, representando a esquerda. São abaixo reproduzidos. O que eu não esperava, mas deveria ter esperado, foi a reacção à parte final, os dois últimos parágrafos. Vd. as minhas notas após a correcção (a seguir aos dois artigos de Kohn e Gitlin), publicadas em 24 de Outubro.

Os resmungos de rejeição vieram daqueles republicanos que acreditam que o novo pessoal do *Times* é constituído por uma cabala de funcionários do Partido Democrata. Gostaria que voltassem a ler as páginas noticiosas do *Times* durante a última administração democrata. A maioria dos republicanos que zurzem o *Times*, ou se esqueceram da cobertura muito agressiva dos anos de Clinton – sobretudo o processo arrastado e inconclusivo sobre o caso Whitewater –, ou consideraram que o dever de qualquer jornal que se preze seria fazer o que os republicanos acham que deve ser feito: seguir qualquer pista que pudesse conduzir a revelações desagradáveis sobre a administração democrata [9].

Quem me dera ter tido à mão, quando escrevi este artigo, uma notícia que iria aparecer no *Times* mais de um ano depois, em Janeiro de 2006. Foi publicada na secção "Ciência" do *Times* e referia-se a um estudo sobre a forma como o militante partidário

---

[9] Durante a hegemonia republicana que vigorava enquanto exerci este meu cargo, o único acompanhamento do caso Clinton que chegou até mim foi-me revelado por Maria Lewis, que é por acaso a mãe de Monica Lewinsky. Por que motivo, perguntava ela, o *Times* insiste em referir-se ao "escândalo Monica Lewinsky"? A sua filha, recordava ela, era uma estagiária com pouco mais de vinte anos, ao passo que a pessoa com quem se envolveu era o homem mais poderoso do mundo. "De quem era o escândalo?", perguntava. Eu, que votei duas vezes em Clinton, julgo que ela tem alguma razão neste ponto.

responde a certos estímulos. "Utilizando *scanners* MRI, os neurocientistas detectaram o que acontece no cérebro de um militante partidário quando tenta digerir factos que estigmatizam os seus candidatos ou críticas a eles dirigidas. O processo é quase todo emocional e inconsciente, dizem os investigadores, e há irrupções de actividade nos centros de prazer do cérebro quando rejeitam informações indesejáveis. 'Tudo o que sabemos sobre a cognição nos sugere que, quando enfrentamos uma contradição, usamos as áreas racionais do nosso cérebro para pensar nela, mas isso não é o que se passa neste caso', disse o Dr. Drew Estheimer, psicólogo na Universidade Emory e principal autor do estudo [...]"

O perfil de Kerry na revista de domingo, com o título "A Guerra não Declarada de John Kerry", caracterizava o candidato como indeciso em matéria de política externa. A fotografia da capa era ainda menos lisonjeira.

PARCIALIDADE POLÍTICA NO *TIMES*? DOIS CONTRA-ARGUMENTOS

17 de Outubro de 2004

NA SEMANA passada, argumentei neste espaço que o *Times* não pende sistematicamente para um dos lados na cobertura desta campanha, afirmação que convida necessariamente a que sejam apresentados contra-argumentos. Por isso, pedi a dois críticos proeminentes do *Times* que a refutassem: para principiar, Todd Gitlin, professor de jornalismo e de sociologia na Universidade de Colúmbia e cuja obra mais recente são as *Cartas a um Jovem Activista*; para bater em segundo lugar, Bob Kohn, um advogado da Califórnia e autor de *Fraude Jornalística: Como o* New York Times *distorce as notícias e por que razão já não se pode confiar no jornal".*

Por TODD GITLIN

O *Times* não é pró-Bush do mesmo modo que o *Washington Post* o é, flagelando Kerry semana após semana com falsidades sobre o Vietname.

Porém, a abordagem decorosa às notícias por parte do *Times* tem ajudado muitas vezes o presidente Bush de três modos significativos: equiparando as suas grandes mentiras aos lapsos menores do Sr. Kerry, omitindo ou ocultando notícias sobre as actividades da administração e as suas consequências e não detectando o padrão profundo dos preconceitos e das más práticas do Sr. Bush. Em primeiríssimo lugar, os artigos noticiosos que aparecem no *Times* têm aversão a chamar inverdade à inverdade. (Como o espaço é reduzido, passarei ao lado da questão de saber quando o Sr. Bush está reconhecidamente a mentir, quando diz meias-mentiras, quando está a improvisar atabalhoadamente, quando se está a enganar a si mesmo e quando está a produzir afirmações que uma pessoa razoável saberia serem mentira.) A escrita rápida substitui muitas vezes a pesquisa. Olhem para o *Times* no seu aspecto mais pungente, um raro artigo, resumindo outras notícias, que aterrou no dia 8 de Outubro na página A19 com o título "Nos seus Novos Ataques, Bush Força os Limites dos Factos".

O artigo explica que "a Casa Branca abriu um novo domínio com a jogada fora das linhas efectuada pela sua campanha negativa", levando os seus "ataques a um novo nível de empolamento", pelo que "como assinalam vários analistas, o Sr. Bush forçou os limites da interpretação subjectiva e apresentou relatos exagerados ou, no dizer de alguns democratas, distorcidos."

Um novo nível? Forçou os limites? O que alguns democratas disseram? Os autores, Adam Nagourney e Richard W. Stevenson, apresentam provas de que o presidente Bush exagerou e distorceu o que o Sr. Kerry queria dizer quando defendeu que os ataques preventivos teriam de passar a ser sujeitos a um teste global. Então porquê as palavras brandas?

A generosidade do *Times* para com as afirmações do governo sobre as ligações entre a Al-Qaeda e Saddam e as armas de destruição maciça iraquianas ficou amplamente documentada, ainda que tardiamente, no próprio jornal. Mas também noutros domínios o *Times* atenua as muitas negligências do Sr. Bush. Uma razão para tal é que o *Times*, como outros *media* de topo, diminui o que os pontos de vista dos candidatos apresentam de substantivo para dar maior peso às tácticas e estratégias deles. Mas como o presidente é um ofuscador e um forjador de mentiras sistemáticas – para não dizer que oscila constantemente –, esta cobertura jornalística de adivinho infiltrado e munido de uma bola de cristal acaba por o favorecer.

Atentem na desproporção entre a atenção do *Times* às batalhas do Sr. Kerry no Vietname e a desatenção ao percurso dos negócios do Sr. Bush, que progride quando falha, ou seja, que melhora a sua fortuna quando as suas empresas entram em falência. Como é que conseguiu obter tanto dinheiro quando a sua companhia petrolífera, a Harken Energy, quase entrou em colapso? Com demasiada frequência, como o próprio presidente poderia dizer, o Sr. Bush pode fugir e o *Times* deixa-o esconder-se.

O mesmo sucede com o vice-presidente Dick Cheney. Embora o Sr. Cheney o tivesse negado, a Halliburton, enquanto foi chefiada por ele, fez negócios no valor de 73 milhões de dólares com Saddam Hussein. O *Washington Post* aprofundou bem esta história. Durante os últimos quatro anos, o *Times* nem uma só vez assim fez nas suas páginas noticiosas. Teria o *Times* deixado Bill Clinton em paz se negociasse com tiranos? Não teria sido este caso tão digno de ser abordado como o foi o investimento desastroso de Whitewater, que o jornal analisou vezes sem conta na sua primeira página? Na verdade, muitas vezes o *Times* oculta revelações sobre a má conduta do governo. A cobertura noticiosa da diminuição dos padrões ambientais é irregular, embora por vezes seja grande. O tema das mudanças climáticas constituiu a primeira página em sete ocasiões nos últimos dois anos. Alguns pensarão que foi mais do que suficiente, mas se os assuntos são tão graves como pensa a maioria dos cientistas, foi o mínimo que um jornal sério deveria ter feito.

Em terceiro lugar, o *Times* deixa pontas por ligar. O Partido Republicano não se verga incidental ou ocasionalmente para agradar às grandes empresas. Fá-lo sistematicamente. A administração e os seus aliados no Congresso permitem habitualmente que sejam os lobistas a redigir a regulamentação pelo qual eles mesmos devem ser regidos. No último mês de Maio, o *Denver Post* relatava que "O presidente Bush instalou mais de 100 funcionários de topo que foram lobistas, advogados ou porta-vozes das indústrias que fiscalizam." Mas os artigos pouco frequentes do *Times* que citam exemplos de tal coabitação da raposa com as galinhas, como, por exemplo, na indústria do carvão, não referem outros em sectores como o dos medicamentos, o hospitalar, o dos serviços públicos, o do petróleo e o do gás, etc. (como fez o *Post*).

Foi animador, todavia, ver o *Times* dedicar espaço na primeira página à redução de 136 mil milhões de dólares nos impostos pagos pelas empresas. Onde estão as conclusões de investigações semelhantes sobre quem beneficia com outras políticas governamentais? É verdade que é melhor ter um cão de guarda ocasional do que não ter nenhum. No entanto, os leitores do *Times* não deveriam resignar-se a um cão de guarda com laringite.

Por BOB KOHN

Estará o *New York Times* com uma sistemática predisposição contra o presidente Bush? É claro que sim.

Fui recentemente apresentado a num programa radiofónico como alguém que odeia o *New York Times*. Ódio é uma palavra demasiado forte. Eu adoro muito deste jornal e quem está a ler este artigo também o adora. Adorar este jornal é preocupar-se com o que lhe acontece. Queremos que ele esteja connosco – sempre –, sobretudo aos domingos de manhã, com uma chávena de café, e esperamos transmitir a experiência aos nossos filhos para que também eles possam ser informados e se deliciem com as suas páginas.

Há várias semanas, Daniel Okrent, o provedor do leitor do jornal, afirmou corajosamente o que era óbvio: é claro que o *New York Times* é um jornal liberal. Aliás, não estava apenas a falar de uma página editorial que ele julga "saturada de uma ponta à outra com teologia liberal", nem das gravuras de domingo por Frank Rich, que corta às fatias o presidente Bush e os seus amigos na secção "Artes & Lazer".

De maneira mais incisiva, o provedor dos leitores demonstrou como o *Times* – nas suas páginas supostamente objectivas – vira à esquerda nos temas sociais, mostrando com exemplos como o *Times* apresenta os casamentos entre pessoas do mesmo sexo num tom que se aproxima do aplauso. Bem, passando à política, o provedor do leitor quer fazer-nos acreditar que não há predisposição sistemática contra qualquer dos candidatos presidenciais.

Esta abordagem do tipo dividir para reinar – separando no *Times* a defesa das causas liberais da cobertura da campanha – mascara os meios poderosos que este jornal emprega para minar a campanha de Bush.

O casamento entre pessoas do mesmo sexo, o aborto, a investigação das células estaminais, a restrição à posse de armas, a regulamentação ambiental, a pena de morte e as iniciativas baseada numa perspectiva religiosa não serão temas da eleição presidencial? Empolgado com o seu próprio petardo, o provedor do leitor já demonstrou como o *Times*, ao defender a sua agenda liberal, inflecte sistematicamente as notícias em desfavor do presidente Bush.

Ora, suponhamos que o que o provedor dos leitores afirmou aqui na semana passada está correcto –, ou seja, que a cobertura de campanha pelo *Times*, quando considerada na globalidade, está fazer uma apresentação justa dos pontos de vista do presidente Bush. O que é que uma tal justiça significa quando nas mesmas páginas se está a defender o oposto?

Para os leitores, isso significa que o presidente Bush está errado, não apenas porque a página editorial do *Times* o diz, mas porque os pontos de vista do presidente estão em contradição com o que se diz serem os factos objectivos. Não há técnica de ser parcial que seja mais poderosa – mais útil como forma de influenciar – do que apresentar rigorosamente os pontos de vista de um candidato, mas com uma argumentação que se faz passar por facto puro e duro.

Aliás, a prática não se encontra circunscrita de modo nenhum às questões sociais. A justificação da guerra do Iraque, que é agora o principal tema da campanha de John Kerry, proporciona um pano de fundo pungente para a forma como o *Times* utiliza sistematicamente a sua primeira página para minar a credibilidade do presidente Bush. De facto, o preconceito contra Bush no que respeita ao Iraque tornou-se tão grande que dois dos colunistas do jornal que escrevem na secção de artigos de opinião construíram um anexo virtual ao gabinete do provedor do leitor.

Quando o *Times* num título-bandeira deste Verão declarou que "Comissão não Encontrou Relação com a Al-Qaeda", William Safire ripostou: "Está tudo errado. Enquanto os republicanos acusaram o *Times* de parcialidade, Safire acusou a comissão do 11 de Setembro. Eu estaria ao lado de Safire se os editores tivessem corrigido a notícia num tipo de letra tão grande como o que utilizaram para a distorcer. Não o fizeram. Nem sequer com letra mais pequena.

Quando a primeira página do *Times* proclamou recentemente que um "Relatório dos Estados Unidos Conclui que as Armas Proibidas do Iraque Foram Destruídas nos anos 90", David Brooks, referindo-se à cobertura realizada pelos meios de comunicação social generalistas, veio com uma afirmação sem relação aparente: "Nunca vi ao longo da vida um relatório tão distorcido pelas paixões partidárias." Apesar dos esforços do Sr. Brooks, um relatório que tornava "absolutamente transparente" a razão por que Saddam Hussein tinha de ser deposto tornou-se numa das bases do discurso de Kerry, por deferência do *New York Times*.

Que tipo de jornal iremos legar aos nossos filhos? Se ainda não acreditam que é do tipo errado, coloquem-se no meu lugar. Imaginem a que é que os vossos encontros ao café matinal de domingo com o *Times* cheirariam se a primeira página da secção de "Artes & Lazer" se tivessem virado para, digamos, Ann Coulter (*). É este o tipo de jornal que queremos? É o jornal que temos.

(*) Ann Coulter (1961–) é uma advogada, conferencista e comentadora política conservadora, altamente polémica, com quem vários órgãos de comunicação social cessaram a colaboração devido ao seu estilo de escrita. (*N.T.*)

UMA CORRECÇÃO

⚜

24 de Outubro de 2004

MUITAS PESSOAS fiaram incomodadas por ter mencionado o nome de vários leitores no meu artigo de 10 de Outubro e, sobretudo, por ter individualizado um que enviara uma mensagem particularmente injuriosa ao jornalista do *Times* Adam Nagourney. A regra que adopto é considerar que são públicas todas as mensagens que me são enviadas ou que me são reenviadas pelo pessoal do *Times*, a menos que o seu autor estipule o contrário. Todas as mensagens que são enviadas para o meu gabinete têm uma resposta imediata que pergunta se o autor pretende que o seu nome seja confidencial. Nenhum comentário é publicado sem confirmação da sua autoria, quer pelo telefone, quer por *e-mail*.

Publiquei o nome do homem que escreveu a Nagourney pela mesma razão que os jornais publicam os nomes das pessoas que cometem os actos mais vis. O homem que vandaliza uma igreja, por exemplo, também não pretende que o seu nome surja no jornal. No entanto, penso que os seus desejos não devem protegê-lo da responsabilidade pública pelo que fez. O mesmo se pode dizer dos provedores dos leitores: errei ao chamar cobarde ao leitor. Isso foi usar a mesma linguagem baixa que condeno. Peço desculpa.

<hr/>

É claro que "John Smith" não era o nome de quem escrevera de São Francisco a Nagourney – o artigo original, tal como foi publicado, tinha o seu verdadeiro nome, o que aparentemente levou a que fosse sujeito a ameaças e perseguições anónimas e isto levou, por sua vez, a uma manifestação de ira que ainda não abrandara passado mais de um ano. Os críticos dizem que eu não tinha o direito de mencionar o seu nome na imprensa, sobretudo quando o autor pedira especificamente para eu não o fazer (o meu gabinete entrara em contacto com ele para verificar a autoria, um procedimento habitual de quem quer que publique cartas dos leitores). Eu utilizara o poder de uma instituição enorme para esmagar um indivíduo indefeso. A mensagem – que me foi reenviada por Adam Nagourney – nem sequer me fora endereçada. "Smith era um indivíduo que participava numa relação epistolar de carácter privado", escreveu uma mulher num *Website* chamado *The Common Ills*. Mike Pearson, um jornalista do Norte do Estado de Nova Iorque, escreveu que eu utilizara mal o "poder desproporcionado" com que automaticamente fica quem escreve num jornal. Até o meu velho amigo Peter Applebome, um colunista do *Times* sobre temas da grande metrópole, pensou que eu passara das marcas.

Talvez o tenha feito, mas continuo a ter este sentimento incómodo de que as pessoas devem aceitar ser responsáveis pelas suas acções. A mensagem de Smith não foi apenas um texto de mera maldade. Foi odioso e vil. (Smith não disse a Nagourney que "esperava que o seu filho fosse alistado", como alguém escreveu num *post*). Eliminei o nome do homem desta versão do artigo e deste relato a controvérsia, não porque alguém me disse para o fazer, mas porque a minha posição foi expressa e não tenho qualquer razão para o incomodar mais. Também não fui "censurado" pelo *Times* por ter publicado o nome, tal como disseram alguns proprietários de blogues, incluindo Sam Seder, da Majority Report Radio.

Seder (que escreveu no seu blogue que eu poderia mencionar à vontade o seu nome) lançou o seu artigo sobre a minha infracção com o título "Vai-te Foder Nagourney, Vai-te Foder Okrent". Umas linhas mais abaixo chamou a Nagourney "um merdas cobarde", ao passo que eu seria "um cobarde de merda". Ainda não percebi qual é a diferença.

OS ANALISTAS DIZEM QUE OS ESPECIALISTAS SÃO PERIGOSOS PARA O VOSSO JORNAL

31 de Outubro de 2004

TODOS OS LEITORES deste jornal sabem como o *Times* gosta de invocar o saber de pessoas identificadas como "especialistas" ou "analistas", mas até há uns dias ter contado o número dos que eram invocados não tinha ideia de como o jornal estava cheio deles. Só na terça-feira, esses videntes e sages foram invocados 33 vezes. Em alguns poucos casos, até acrescentaram algum saber ou perspectiva útil, em muitos outros, no entanto, a sua presença pode ter provocado o efeito contrário ao pretendido pelos jornalistas: fizeram com que os leitores se interrogassem se não estariam a ser manipulados.

Não estou a falar dos operacionais políticos partidários, cuja autorização para inventar, desprezar ou lançar fumaça desvaloriza tanto noticiário político. Estou a falar daqueles especialistas convocados para explicar ou contextualizar matérias (como dirão os jornalistas que os utilizam) ou para confirmar o que os jornalistas já pensam (como demasiados leitores acreditam). Há muitos assuntos que se relacionam com este tema, incluindo o monstro que surge em todas as questões jornalísticas, a objectividade. Mas hoje vou fixar-me em dois: determinar a credibilidade dos especialistas cujo nome é referido e eliminar a presença dos que são anónimos.

Os maus jornalistas encontram especialistas convocando os relações públicas universitários ou os departamentos de investigação que fazem intermediação, dizendo "dêem-me um especialista". Algumas máquinas de publicidade académica fazem sair umas listas de nomes, completadas com números de telefones, endereços de correio electrónico e áreas de especialização, para que o jornalista preguiçoso nem sequer tenha de fazer essa primeira chamada. Os jornalistas verdadeiramente maus, paradoxalmente, trabalham um pouco mais: sabendo quais são as conclusões a que querem chegar, procuram apenas especialistas que concordam consigo. Dêem-me uma afirmação e eu entrego-vos um especialista que concorda com ela, sendo, aliás, não apenas um especialista, mas alguém com um vínculo institucional que soará de forma tão digna que fará ajoelhar qualquer nobre. Dêem-me um Centro de Estudos de ..., um Instituto para o Desenvolvimento de ... ou um Conselho Americano de... e, muitas vezes, o que vos entrego é uma organização cujos interesses particulares são tanto bem definidos quanto o seu nome é vago.

Os bons jornalistas trabalham um pouco mais, falando constantemente com pessoas que podem ter autoridade no domínio em causa e, com o tempo, ficam a saber em quais podem confiar para falar também com honestidade. Os jornalistas de economia, confrontados com colunas entorpecentes cheias de números, viram-se para analistas financeiros para que os conduzam à luz. Os jornalistas que se dedicam às questões de saúde e aos ensaios de medicamentos, acusados de elaborar os seus artigos ignorando as afirmações das empresas farmacêuticas e dos escritórios de advogados ou expondo os resultados contraditórios de diferentes ensaios clínicos, procuram especialistas que os esclareçam e lhes forneçam uma visão equilibrada.

Encontrar participantes que sejam verdadeiramente desinteressados é difícil, porque muitas vezes os especialistas mais informados podem estar intimamente relacionados com a matéria em apreço. Com a notável excepção do Prudential Equity Group, que não permite que os seus analistas falem à imprensa, a maioria dos bancos ou corretores de investimento tem razão para pensar que aparecer na imprensa constitui uma boa publicidade (excepto, é claro, quando aparecem numa sala de tribunal). Segundo o colunista económico do *Times* Gretchen Morgenson – também tenho direito ao meu especialista – "demasiados analistas de Wall Street são megafones das direcções das empresas" e são "ostentados em demasiadas notícias, repetindo o que os gestores das empresas disseram sobre os resultados do trimestre e pouco mais acrescentando." Demasiadas vezes também propagandeiam acções que possuem, ou denigrem outras que não lhes pertencem e irão vender – e comprar para si – dentro de pouco tempo.

Pelo menos as regras do *Times* relativas aos jornalistas de economia exigem que sejam divulgados os conflitos potenciais quando os analistas são parte interessada. (Só queria que esta orientação fosse aplicada com maior regularidade.) Um memorando recente do editor de economia, Lawrence Ingrassia, recordava aos jornalistas e aos editores que dizer aos leitores se alguém citado num artigo tem interesses próprios em jogo é um "procedimento padrão" a seguir. Na redacção da secção de ciência todos os jornalistas receberam um memorando de oito pontos no passado mês de Agosto que continha as regras e os regulamentos destinados a assegurar que o mesmo tipo de declaração de interesses ocorreria neste departamento.

A regulamentação no que à ciência diz respeito, e que há muito era necessária, pode ser a razão pela qual ultimamente tenho ouvido menos Merrill Goozner, que pertence ao Centro para a Ciência no Interesse Público. No entanto, durante meses Goozner e os seus colegas do grupo de investigação e aconselhamento nutricional chamaram a minha atenção para comentários de especialistas, publicados no *Times*, sobre medicamentos vendidos por empresas que lhes haviam pago por consultadorias noutros projectos. O leitor poderá pensar que a solução reside na procura mais aprofundada de especialistas desinteressados. No entanto, a ciência pura é difícil de encontrar hoje em dia. Em 1980, a indústria privada financiou 30% de todos os ensaios clínicos de medicamentos. Duas décadas mais tarde, o financiamento público não se manteve ao mesmo nível, pelo que as empresas farmacêuticas e as suas associadas eram responsáveis por mais de 60% deste tipo de investigação.

Não surpreende que tendam a financiar os investigadores mais competentes, o que levanta um problema difícil à editora de ciência, Laura Chang. Diz ela: "O potencial de conflitos de interesse entre os cientistas é real e crescente, dada a actual estrutura da investigação e fazemos ponto de honra em os interrogar sobre tais conflitos. Mas, por vezes, os cientistas que recebem dinheiro das empresas farmacêuticas fazem uma investigação que é útil e sólida." O Centro para a Ciência no Interesse Público mantém um *site* que fornece detalhes sobre as ligações de vários investigadores com patrocinadores específicos, mas o jornalista do *Times* Gardiner Harris afirma que "pretendo continuar a pedir que construam um *site* de especialistas que estejam livres de conflitos."

Uma vez que já é difícil encontrar cientistas que sejam verdadeiramente independentes, é importante que o jornal explicite aos seus leitores todo e qualquer conflito. Os jornalistas receiam que as frases em que se faça um relato completo tornem pesada a sua prosa. Mas, pelo menos, os editores deveriam tornar habitual inserir uma informação parentética que dissesse aos leitores que os pormenores sobre todos os possíveis conflitos são publicados no *site* do *Times*. Em alternativa, os leitores podem tornar habitual interrogar-se por que o não fazem.

No entanto, tudo isto será vão quando não se souber quais são os analistas que fazem determinadas análises ou que especialistas fazem determinadas apreciações especializadas. Na terça-feira, 17 dos 33 artigos citavam o saber de "especialistas", "especialistas da indústria", especialistas do orçamento militar", etc., mas não nomeavam, nem sequer descreviam, um só deles.

Em "Desacordo sobre a Coreia do Norte após Powell Ter Terminado Viagem ao Extremo Oriente", artigo escrito por Steven R. Weisman, o correspondente diplomático mais importante do *Times* escreveu a propósito das negociações que agora decorrem que, "segundo dizem os especialistas, não é provável que o impasse possa ser em breve ultrapassado, pelo menos até que se concluam as eleições presidenciais americanas." Quando o questionei sobre os seus amigos especialistas, reconheceu: "apanhou-me a publicar alguma escrita preguiçosa, provavelmente porque o prazo estava a terminar e eu estava exausto devido ao *jet lag*."

Agradeço a honestidade de Weisman. Certamente gostariam de ouvir dizer que obtive respostas semelhantes dos jornalistas que em apenas alguns dias da semana passada contaram aos leitores do *Times* o que "os analistas políticos dizem" sobre o decréscimo das taxas de criminalidade, os "analistas da indústria" sobre a venda de componentes de automóvel na *internet* e os "analistas em Damasco" sobre a fronteira entre a Síria e o Iraque. Teria muito mais fé nas afirmações atribuídas a estes fantasmas, se, em vez disso, fossem feitas pelas bocas dos seus próprios autores. Weisman, que escreve sobre os assuntos internacionais há mais de 20 anos, contou-me que tinha confiança na correcção da sua caracterização da Coreia do Norte e que deveria ter escrito uma frase como, por exemplo, "é improvável que o impasse seja em breve ultrapassado." Por mim concordo. Uma das razões por que lia um jornal com as ambições do *Times* era por desejar que a competência dos seus jornalistas me guiasse em matérias complexas. O argumento contrário sustenta que, na ausência doutros nomes, o jornalista está apenas a dar a sua opinião, só que atribuir as afirmações a especialistas não identificados não se trata de atribuição nenhuma. Quando um jornalista apresenta uma interpretação própria, está a arriscar com ela a sua reputação. Os jornalistas (e os jornais) que errarem muitas vezes podem em breve perder as suas reputações. Todavia, os jornalistas (e os jornais) demasiado tímidos ou demasiado calculistas para dizerem o que sabem ser verdade podem até nem sequer começar por merecer tal reputação.

Sei que este ponto de vista pode estar em desacordo com os conceitos habituais sobre a objectividade jornalística, por isso ocupar-me-ei deles no próximo artigo, a menos que me distraia, por exemplo, com questões relacionadas com a cobertura noticiosa efectuada a estas renhidas eleições.

Investigação de Fontes Anónima: no último domingo, no artigo "Cenários: E se Eles Perdem? Apelos para Reinventar um Partido", Adam Nagourney escreveu que consta que Howard Dean "disse aos seus colegas que um candidato anti-guerra teria obtido melhores resultados contra o Sr. Bush."

Dean escreveu-me a insistir não ter dito nada parecido aos seus colegas. Nagourney confessou-me que confiava nos "colegas de Dean que disseram ter ouvido o Dr. Dean expressar esse sentimento."

Sem um nome associado, isto não é, simplesmente, notícia.

Foram desencontradas as reacções a este artigo no seio do *Times*, começando com ira por parte do jornalista que confiou nos "analistas em Damasco". Embora não tivesse referido o seu nome, nem sequer a data ou o título do seu artigo, escreveu a dizer que já era suficientemente difícil elaborar notícias sobre o Médio Oriente sem ser apunhalado pelas costas a partir de casa. Outros disseram que gostariam de ser capazes de prescindir dos analistas e especialistas invisíveis, mas os seus editores não iriam permiti-lo. Tal como me foi dito por um conjunto assinalável de jornalistas, habitualmente os editores dizem que os leitores têm direito de saber como é que aqueles obtiveram o conhecimento que detêm. Como se a frase "os analistas disseram" esclarecesse nalguma coisa os leitores.

Penso que esta é uma guerra que nunca será ganha, mas sinto uma vontade cada vez maior da parte de alguns jornalistas para afirmarem por si mesmos o que sabem ser verdade e, aparentemente, uma vontade crescente da parte dos editores para os deixarem assim proceder. Obviamente, é mais fácil escapar a este tipo de coisas no papel de colunista: tanto quanto sei, a minha afirmação de que o financiamento privado da investigação em medicamentos duplicou desde 1980 não levou ninguém gritar que eu não citara qualquer fonte. Se confiam no colunista, confiam nos seus factos. (*Q. v.* Paul Krugman, de quem falo mais tarde).

Todavia, os jornalistas dedicados às notícias não deveriam ter problemas em falar com autoridade – no caso de, é claro, terem alcançado autoridade. Uma vez mais me volto para o exemplo do falecido David Rosenbaum. Num tributo a Rosenbaum publicado em nytimes.com, o subeditor nacional David Frestone escreveu isto:

> Uma das suas grandes lições foi recordar aos seus colegas que tinham cérebros e memórias e não deviam ter receio de os usar.

Porque tinha visto muito e tudo compreendido, nos seus artigos e análises de notícias David podia fazer confiadamente afirmações que faziam empalidecer os editores menos firmes. Eis um exemplo clássico de 2003:

> Quando todas as propostas estiverem integradas no orçamento que o presidente Bush apresentou hoje, representarão a mudança mais ambiciosa na actuação do governo que algum presidente já fez nas últimas décadas.

Outro jornalista poder-se-ia ter sentido obrigado a ir buscar alguém à Brookings Institution para fazer esta afirmação, mas ele não sentiu necessidade de complicar verdades simples com autorias dispensáveis."

É BOM SER OBJECTIVO, MELHOR AINDA É TER RAZÃO

1 de Novembro de 2004

No MEU ARTIGO de 31 de Outubro, empunhei o machado de guerra contra a confiança inútil do *Times* nos "especialistas", "analistas" e outros comentadores cujas palavras podem decorar um determinado artigo, mas muitas vezes não lhe dão coerência nem muito mais do que uma ilusão de equilíbrio.

Surpreendentemente, não soube da existência nos livros de endereços dos jornalistas do *Times* de qualquer especialista disposto a defender as suas posições. Talvez porque alguns deles criaram testas-de-ponte inexpugnáveis: o professor Stephen Gillers, da Universidade de Nova Iorque, fez 24 aparições no jornal neste ano (cinco vezes com artigos assinados por si e as restantes em artigos de jornalistas do *Times*); Tom Wolzien, de Sanford C. Bernstein and Company, apareceu pelo menos 28 vezes; e o inevitável Gene Russianoff apareceu pelo menos 46 em artigos de 23 jornalistas diferentes.

Russianoff é um "advogado empregado pela Straphangers Campaign, um grupo de defesa do transportes públicos", designação que o *Times* lhe colou da mesma forma que Homero usou "deusa de olhos cinzentos" com Atena.

Russianoff tem sido o oráculo do metropolitano desde... bem, desde que há pegas para os utentes dos transportes públicos se segurarem. (Foram introduzidas na cidade há 35 anos.) Os jornalistas do *Times* dizem-me que é de confiança, honesto e está bem informado. Acredito que seja verdade, tal como penso que o mesmo se poderá dizer de Gillers e Wolzien e talvez também do celebrado Norman Quotestein, aliás, Ornstein, do American Enterprise Institute.

Mas se acredito que estes especialistas são todos bons e sábios é porque acredito nos jornalistas que me dizem isso. Por que razão necessitarei eu da análise de um especialista ou da competência especializada de um analista, se, afinal, é no jornalista que sou obrigado a confiar?

De facto, há muitas vezes bons motivos para nos virarmos para os especialistas, como, por exemplo, quando o vosso departamento despeja na vossa secretária uma tarefa para realizar em três horas sobre um assunto sobre o qual pouco sabem. Mas há também a necessidade de proteger essa preciosa dimensão do *ethos* jornalístico, a objectividade, que, nas palavras de um subchefe de redacção, Philip Corbett, é "não só um objectivo de valor, mas provavelmente o que é mais importante para nós: o objectivo que subjaz à maioria dos outros nossos ideais, tal como a justiça e do rigor." Na verdade, os jornalistas pensam que procurar os comentários de um "especialista" aumenta a aura de objectividade.

Nos anos mais recentes, todavia, o conceito de objectividade tem sido algo criticado. Alguns jornalistas (e críticos de jornalistas) argumentam que é de facto inalcançável. Todos nós incluímos as nossas experiências, sensibilidades e preconceitos inatos no que fazemos e mesmo o acto de os tentar abandonar alterará a nossa abordagem.

Para além disso, não se pode vigiar a objectividade simplesmente inspeccionando um artigo em busca de provas de parcialidade, falta de equilíbrio e outros pecadilhos. Tentem começar pelo autor do título, que está inerentemente limitado pelo espaço, embora esteja repleto dos odores que emanam do que muitas vezes é um cozinhado extremamente complexo, tendo que realizar um acto redutor que não pode deixar de deformar as subtilezas do assunto. Depois vem o editor, que determina a colocação do artigo no jornal. "Ex-chefe da CIA Ganha 500 000 Dólares no Circuito das Conferências" teria o seu interesse na página A26 da última terça-feira. Na página A1 traria consigo a insinuação de um escândalo.

Aliás, antes de um artigo chegar a ser publicado – e por vezes muito antes – a decisão sobre quem o irá escrever é também influenciada por predisposições pessoais. "A Diferença entre Ricos e Pobre Persiste nos Cuidados de Saúde, Afirma a OMS", que apareceu também no jornal de terça-feira, foi o resultado de uma escolha discricionária. Passou à impressão sob os olhos de um editor, mas poderia ter sido com igual plausibilidade ignorado se alguém com uma visão do mundo um pouco diferente estivesse sentado na mesma cadeira naquele dia. Quanto às reportagens de investigação mais relevantes, começam em geral, não porque sejam despoletadas por um artigo noticioso, mas porque um jornalista ou um editor determinam – muitas vezes devido a uma paixão incandescente – que "Isto é importante. Isto é uma coisa que temos de fazer." Por natureza, a maior parte das investigações traz consigo um determinado ponto de vista.

No que se refere à objectividade, portanto, o factor determinativo é quem faz a determinação. Em qualquer empreendimento, há poucas decisões tão importantes como quem se contrata e quem se promove. Num jornal, onde todas as escolhas têm um significado, é praticamente a única coisa que conta.

As raízes históricas da objectividade como ideal jornalístico sugerem que há mais alguma coisa envolvida do que apenas estacionar na curva as ideias do próprio. Antes de ter sido aplicada especificamente ao jornalismo, a ideia de objectividade desenvolveu-se em vários movimentos intelectuais do início do século XX que reconheciam que algures nos pântanos do pensamento consciente e inconsciente as pessoas podiam ter determinados preconceitos sem o saber. Nos anos 20, Walter Lippmann e outros defenderam a ideia de que os jornalistas podiam contrariar os seus preconceitos inconscientes, aplicando o método científico e o seu "sentido da evidência" às investigações jornalísticas. Só com os testes rigorosos das hipóteses o investigador – o jornalista – poderia chegar a conclusões de confiança, despreconceituosas. A palavra-chave, e uma das que desapareceram da definição ao longo de várias gerações, é "conclusões". A equidade exige a ponderação de todos os lados de um assunto, não exige que se noticie acriticamente nenhum deles. No entanto, até os melhores jornalistas revelam, por vezes, uma certa relutância em levar as coisas a rigor.

Foi por esta razão que estava tão exasperado em Junho último, pouco depois da morte de Ronald Reagan, ao ver uma afirmação reconciliadora clássica aparecer de repente num artigo de Robin Toner e Robert Pear e ali ficar sem ser questionada. "Os Críticos Vêem o Legado de Reagan Manchado pela SIDA, os Direitos Civis e as Políticas Sindicais", artigo de 9 Junho de 2004, incluía o seguinte: "Gary Bauer, o conselheiro para a política interna do Sr. Reagan nos dois últimos anos da sua administração, respondeu que, pelo contrário, a despesa com a investigação da SIDA aumentara durante a presidência do Sr. Reagan." O comentário de Bauer pode ter contrabalançado o que os detractores de Reagan tinham a dizer, mas o facto de os autores do artigo não o terem questionado privou os leitores de uma verdade objectiva: o financiamento para a investigação sobre a SIDA não poderia senão aumentar com Reagan, porque antes esse financiamento não existia. Na verdade, não existia SIDA antes de Reagan.

Suspeito que quando os autores não comentam afirmações especiosas, isso se passa habitualmente porque temem que qualquer pergunta possa também parecer tendenciosa. Aliás, a verdade é que muitos leitores consideram que as afirmações concludentes são objectáveis. A jornalista Jodi Wilgoren deu azo a uma maré de queixas quando em Abril descreveu John Kerry como um "solitário social" sem atribuir esta afirmação a ninguém (como se a sua própria experiência de acompanhar jornalisticamente o senador e de falar acerca dele com muitos dos seus amigos e colegas não fosse prova suficiente). Do mesmo modo, os leitores protestaram quando Neil Lewis, no seu artigo "Resultados Contraditórios para Bush nas Batalhas sobre os Juízes", publicado em 22 de Outubro, após uma descrição das primeiras nomeações judiciais pelo presidente, escreveu o seguinte: "Não poderia existir sinal mais claro de que o Sr. Bush pretendia seguir o padrão criado pelo pai e pelo presidente Ronald Reagan de fazer os tribunais virar à direita e retirar os dividendos políticos de agradar aos conservadores em matérias de carácter social." Os que objectaram à afirmação argumentaram que essa era a opinião do jornalista e que era inadequada, embora, como um deles reconheceu, fosse inegavelmente verdadeira.

Mas não teremos atingido o ponto em que negar ao leitor aquilo que um jornalista sabe ser verdade é muito mais injusto do que o dar-lho a conhecer? Fiquei encantado quando em

"Após Seis Meses, os Promotores de Justiça do Caso Tyco Encerram o Processo contra os Ex-Funcionários", publicado em 18 de Março, Alex Berenson descreveu o processo conduzido pelo promotor de justiça como "desconcertante", "entediante" e tendo "raramente sido apresentado de uma maneira directa", uma perspectiva do julgamento que teria sido totalmente impossível se Berenson não tivesse ousado apresentar conclusões baseadas nas suas próprias observações. Em muito maior escala, fiquei consternado quando uma jornalista do *Wall Street Journal*, numa carta dirigida a amigos (mais tarde divulgada na *internet*), descreveu os horrores da vida em Bagdade e foi criticado em alguns quadrantes por, deste modo, ter posto em risco a sua imparcialidade. Contudo, o que ela descreveu baseava-se numa indiscutível experiência em primeira-mão. Se houvesse aqui alguma incorrecção jornalística seria a de negar aos leitores do *Wall Street Journal* o acesso ao que a jornalista sabia que se tinha passado. Quem teria beneficiado com isso?

Não devo atacar o *Wall Street Journal*, que, de forma admirável, permite aos seus jornalistas muito maior autoridade para fazer afirmações em nome próprio do que a maioria dos diários americanos e que não me pediu para ser o seu provedor do leitor. O meu caminho faz-se aqui na West 43rd Street, onde alguns dos melhores jornalistas do país afastam da página aquilo que sabem, porque foram manietados por uma definição imprecisa de objectividade. Não estou a fazer apelo a opiniões infundamentadas, mas a um desenvolvimento a partir dos factos, e também não apenas os que foram registados estenograficamente ou apresentados por especialistas, mas dos que resultam da experiência, do conhecimento e de uma vontade corajosa de estar por trás do que se sabe ser verdade.

Não há dúvida de que a discussão sobre o que é a objectividade, se pode ser atingida e até se é desejável, é cada vez alargada e mais comum entre os jornalistas. Este facto é incontornável num mundo de meios de comunicação social em mudança em que os pontos de vista interpretativos e as opiniões constituem os pontos de partida das notícias e das fontes da informação para as quais se viram cada vez maior número de americanos, nomeadamente os frequentadores da blogosfera. A melhor caracterização da distinção entre os "meios de comunicação social *mainstream*" tão vilipendiados e a maior parte dos que apenas se publicam *online* foi a que ouvi pela primeira vez a Jonathan Alter, colunista da *Newsweek*: o que nós, velhos tontos, desejamos (mesmo se nem sempre o conseguimos) é um "jornalismo baseado em factos", enquanto muito do que a *Web* valoriza começa habitualmente por opiniões. Se nós, situados no *mainstream*, alcançamos o nosso objectivo é discutível, mas quanto aos resultados da *Web* no domínio da opinião não existem quaisquer dúvidas. Como disse Christopher Hitchens, "as pessoas preferem cada vez mais ser preconceituosas e não correctas".

Ignoro se o artigo conseguiu convencer muitos jornalistas que continuam a utilizar a objectividade como seu padrão, mas não foi muito útil para a notoriedade de Stephen Gillers e Tom Wolzien: possa embora não ter valor, nos 12 meses decorridos desde a publicação do artigo, Gillers foi citado apenas seis vezes (comparadas com as 24 do ano anterior) e Wolzien apenas quatro (a comparar com 28 em igual período). O indispensável Gene Russianoff – e um jornalista e um colunista insistiram ambos que ele era mesmo indispensável – viu a sua conta de citações baixar muito menos, de 46 para 35.

Bem sei que disse no ensaio de abertura deste livro que o ataque de David Cay Johnston aos meus compromissos exteriores ao *Times* me deu o pior dia como provedor do leitor. Três outros podiam fazer-lhe concorrência:

- O dia em que recebi um *e-mail* de nove parágrafos que alegava erros factuais, acusações falsas e conflitos de interesse numa crítica a um livro; o autor da mensagem era Jayson Blair. Na verdade, a crítica tinha dois erros factuais e o *Times* publicou prontamente uma correcção.

- O dia em que tive de reconhecer que o tiranete produtor de filmes Harvey Weinstein tinha razão numa queixa.
- E o dia a seguir a este artigo ter sido publicado, quando o apresentador Lou Dobbs, com a sua frenética campanha contra o *outsourcing* a decorrer, me telefonou a dizer que gostara muito dele.

Uma fonte que merecia ter sido citada neste artigo, mas não foi, chama-se Tom Rosenstiel, director do Projecto de Excelência em Jornalismo, que me deu uma breve lição sobre as origens da ideia de objectividade. As minhas desculpas.

EDITORES DAS ARTES E CONSUMIDORES
DAS ARTES: NÃO NA MESMA PÁGINA

28 de Novembro de 2004

Aterrou na minha secretária há algumas semanas com um tal baque e um tal eco que poderia ter acordado Brooks Atkinson (*). Na capa dizia "Salve as Listas: Devolva o 'Guia das Artes & Lazer' ao *New York Times* de Domingo". Lá dentro 615 páginas traziam 5000 assinaturas reunidas na *internet*, muitas delas acompanhadas por pequenos testemunhos implorantes, enraivecidos ou chorosos.

Apenas algumas semanas antes, o *Times* transformou numa só edição as veneráveis colunas impressas no tipo ágata que encheu tantas páginas da secção "Artes & Lazer" ao longo de tanto tempo com cerca de 300 eventos culturais referidos,

---

(*) Crítico de teatro do *New York Times* de 1925 a 1960. Faleceu em 1984. (*N.T.*)

ainda que brevemente. No que parecia ser o seu substituto, uma única página apresentava singularmente mais de 20 itens culturais, enfiados à volta de fotografias pouco esclarecedoras, sob títulos tão obscuros que eram incompreensíveis. Abaixo, na margem da página, num corpo muito grande, figuravam os dias da semana. Os itens alinhados junto de cada um descreviam alguns eventos ou produções previstos para esses dias particulares, mas em vários casos eram eventos de que se poderia desfrutar (ou suportar) em muitos outros dias. Para muitos leitores, não era apenas confuso, era substituir uma sinfonia por um *jingle*.

Os editores reagiram à petição, vim a saber pouco depois, do modo como quase sempre reagem os editores quando os leitores protestam contra uma inovação há muito planeada e cheia de boas intenções: um pouco com estupefacção, um pouco na defensiva, um pouco indiferentes. De certo forma compreendi-os. A substituição das velhas listas por "O Guia", como a nova publicação foi infelizmente designada (o nome era demasiado semelhante à da que fora substituída, sugerindo que era equivalente à original), era apenas uma parte da renovação gigantesca da cobertura noticiosa cultural do *Times*. A exasperação dos editores trouxe-me à lembrança uma citação preferida do psicanalista britânico Wilfred Bion: "Por que me odeia? Não fiz nada para o ajudar."

Neste caso, os editores ajudaram mais do que seria suficiente para terem a desaprovação dos leitores. Numa época em que a maioria dos jornais americanos está a aniquilar a cobertura noticiosa da cultura (segundo um estudo realizado pelo National Arts Journalism Project, na Universidade de Colúmbia, entre 1998 e 2003 o espaço concedido à cobertura da cultura nos principais jornais americanos baixou à volta de 25%), o *Times* vai na direcção oposta. A informação cultural renovada incluía agora mais de sete páginas adicionais por semana. Foram criados mais 20 lugares de pessoal para produzir o novo conteúdo e melhorar o antigo. Foram colocados jornalistas a tempo inteiro dedicados ao pulsar da arquitectura, da música clássica e do teatro e mais jornalistas irão em breve integrar os grupos dedicados à arte, ao cinema e à televisão. Os críticos receberam novas incumbências relativamente à arte experimental, à *internet* e aos "museus e exposições não artísticos" (deveria haver uma designação melhor do que esta) e alguns críticos brilhantes contratados, nomeadamente Manohla Gargis para o cinema e Charles Isherwood para o teatro, trouxeram um maior fulgor às posições já existentes.

Todavia, tudo o que os leitores pareciam notar era o que tinha sido eliminado.

Há infelizmente uma tendência na actividade jornalística para denegrir uma petição como esta como sendo um esforço "organizado", partindo do princípio de que só os gritos de dor aleatórios e sem ligação de leitores desesperados devem ser atendidos. Também ouvi este protesto em particular ser afastado por ser "inspirado comercialmente" por apresentadores e promotores das artes, que estariam preocupados com as perdas de receitas que iriam ter e conspirariam dissimuladamente para levantar as massas. Esta recusa irreflectida sugere que as pessoas que compram bilhetes são idiotas sem consciência seduzidos por biltres. Não reconhece uma realidade básica do mercado: se as pessoas aparecem a pagar por um bilhete é porque, provavelmente, pretendem algo com ele.

No *Times* fizeram-se ouvir algumas críticas negativas às velhas listas: eram aborrecidas. Havia uma tal ausência de espírito crítico que os leitores, segundo afirmou o editor de "Artes & Lazer", Jodi Kantor, ficavam "perdidos numa imensidão de nomes e de títulos". O editor cultural Jonathan Landman julga que eram "abstrusas e difíceis de utilizar por quem não fosse um consumidor de arte altamente especializado". Kantor, Landman e outros sustentam que como muita dessa informação está disponível noutros locais, as velhas listas eram redundantes e por isso meras relíquias.

Pode haver alguma verdade nestas críticas (concordo por certo com a acusação de as listas serem aborrecidas), mas todas elas trazem consigo um odor de arrogância jornalística. Os jornalistas gostam de fazer jornalismo e ficam muito menos entusiasmados com a compilação de dados muitíssimo monótonos. As velhas listas requeriam um grande cuidado, mas não necessitavam nem de reportagens desafiadoras, nem de estilo gracioso, nem, para dizer a verdade, do exercício do juízo crítico. Kantor disse-me que "é difícil acreditar que estas listas, tão sovinas que nem traziam os preços, criavam uma grande audiência para os eventos." Mas o argumento do "perdidos numa imensidão de nomes e de títulos" é refutado pelos resultados. Se as listas não tivessem criado uma grande audiência, por que razão os produtores que as procuram teriam ficado tão preocupados que se juntaram a um esforço organizado de protesto, ou até o teriam inspirado?

O argumento de Landman do "apenas-para-especialistas" é simplesmente condescendente. Também soa como o ponto de vista de alguém que não é um ávido consumidor cultural. É claro que a leitor médio poderia tropeçar em muitas páginas das listas, confuso com as referências a obscuros pintores ou a companhias de teatro não convencionais ou grupos de dança pouco conhecidas. Mas o mesmo leitor "não especialista" poderia abrir o jornal no domingo de manhã, ver uma referência a um recital de Chopin realizado à tarde numa igreja de Murray Hill e ter assim um dia muito agradável. Para além disso, aquilo a que Landman chama imprecisamente "consumidores de arte altamente especializados" não são criaturas assim tão raras em Nova Iorque. Se o leitor já alguma vez se dedicou a examinar cuidadosamente as listas de *jazz*, é provável que já saiba muito sobre George Coleman, Lou Donaldson e Steve Turre. Isso não faz de si um especialista, mas apenas um fã e esta cidade – a capital cultural do país – abriga no seu seio milhares e milhares deles.

A cultura é "uma área de cobertura jornalística em que o nosso papel é quase único", como escreveu o editor executivo, Bill Keller, a um leitor que protestara. "Ninguém", acrescentou ele, "se aproxima do âmbito e da ambição daquilo que fazemos: *hip-hop* e música filarmónica, televisão e ópera, Hollywood e a Broadway, livros, pintura, dança." De facto, poderia ter acrescentado, se o leitor estiver sentado em qualquer sala de concertos ou de teatro de Nova Iorque, as pessoas à sua volta comungam não só do interesse pelo que se passa no palco, mas também da leitura deste jornal. Talvez Kantor ou Landman gostassem de contar ao meu amigo Schulte, que tem 74 anos de idade e foi toda a vida leitor do *Times* e um glacial maníaco da música vocal, que, em vez disso, deveria planear a sua semana nas páginas da *Time Out New York*.

Aqui estão as boas notícias, Protestadores Americanos acerca das Listas: incaracteristicamente para uma instituição que só muda com lentidão e que é habitualmente inflexível depois de ter mudado, os editores estão dispostos a alterar o seu projecto. Bill Keller diz que "Estamos a ouvir com atenção os leitores que ainda preferem o sistema antigo para encontrar um compromisso que satisfaça as suas necessidades." Landman e Kantor estão a orientar uma reanálise séria das novas listas e a trabalhar com os seus colegas para as melhorar.

Estão a dedicar uma especial atenção às listas da secção de "Fim-de-Semana", que se publica à sexta-feira. Os editores vêem nelas o substituto principal e uma melhoria das velhas listas de domingo. Baseiam-se em análises escritas por críticos do jornal, são muito informativas e contêm apreciações importantes. Dedicam-se também a produções que são apresentadas nos fins-de-semana (como é lógico) e que já foram exibidas e objecto de crítica. A editora do "Fim-de-Semana", Myra Forsberg, diz que ela e os seus colegas estão a trabalhar para encontrar formas de integrar os eventos que se realizam no meio da semana, para além de pré-estreias de produções de um só espectáculo ou de curta duração. Estão também a procurar obter espaço para mais. Concluo que as listas individuais serão mais curtas dentro em breve, criando espaço para eventos que não podem ser agora considerados. Ninguém deveria gostar de ler todos aqueles caracteres tipográficos ágata das velhas listas, mas os comentários da petição e as minhas conversas com leitores sugerem que a maior parte dos consumidores culturais estariam dispostos a esforçar um pouco os olhos se fossem noticiados mais eventos. Aliás, há pelo menos duas páginas completas ao domingo prontas para se aliar à causa. Se as velhas listas eram compilações aborrecidas, repetindo informações que já existiam noutros lugares, como é que o *Times* pode justificar as esgravatadelas superficiais que enchem totalmente a página "Horários dos Filmes" à sexta-feira?

Vem depois "O Guia", bem intencionado e de certa forma melhorado todas as semanas, mas, apesar de tudo, um falhanço, pois foi mal planeado. Kantor diz que o âmbito dos itens incluídos "é um testemunho da riqueza da vida cultural de Nova Iorque". Mas é também um testemunho de um estreitamento tão grande e tão individualista que a sua arbitrariedade é desencorajante. Não tenho nada contra o autor, Choire Sicha. O leque enorme de acontecimentos artísticos que se realizam em Nova Iorque, filtrado pela sensibilidade de um só indivíduo, não passaria a ser mais útil se esta fosse a de Edmund Wilson. É interessante, sem dúvida, mas é mera obstinação não razoável considerá-la útil. Aliás, para um jornal que se considera o líder da cobertura jornalística da cultura, "útil" é um objectivo notável.

***

Não houve artigo escrito nestes dezoito meses que tivesse irritado mais Bill Keller do que este (tanto quanto sei; embora possa ter guardado para si a irritação com outros artigos, no caso deste disparou contra mim com ambas as pistolas). Penso que isso se ficou a dever em parte ao facto de Keller e os outros editores de topo terem já sido muito criticados pelos leitores, os elementos do pessoal e – inevitavelmente – os anunciantes que protestaram. Outro motivo foi também a troca muito desagradável de *e-mails* entre mim e Jonathan Landman quando eu estava a elaborar o artigo e Keller ter ficado convencido de que eu o utilizei para retaliar.

Pode ser que tenha tido razão, pelo menos no sentido em que a minha linguagem pode ter chegado à exaltação, dado que Landman e eu – e não foi a primeira vez que aconteceu – elevámos as nossas vozes um para o outro (se é que se pode elevar a voz nos *e-mails*). Todavia, creio que a substância do artigo atingiu plenamente o seu alvo. O mesmo pensaram muitos elementos do departamento da cultura. A meio da semana, muitos deles, incluindo três dos críticos de primeira água do jornal, telefonaram-me ou escreveram-me a expressar os seus agradecimentos.

Passadas poucas semanas, as listas de sexta-feira, já revistas, incluíam muitos mais itens e cobriam toda a semana que iria decorrer e "O Guia" foi substituído por uma crítica prévia da semana, assunto por assunto, efectuada pelos críticos do *Times*.

Abordei o tema da minha linguagem desaprovadora no meu próximo artigo, mas vale a pena relatar uma conversa que tive com Keller depois de ter passado a tempestade. No nosso primeiro contacto após o artigo ter sido publicado, ele censurou-me fortemente por ter sido "fundamentalmente injusto".

Disse que a forma como tratara Landman e Jodi Kantor fora "o mais baixo dos golpes" e queixou-se de que eu não dera crédito aos editores pelas mudanças operadas na cobertura jornalística do campo das artes, por isso "apresent[ara] o rejuvenescimento da cobertura da cultura como um claro falhanço". A este último ponto respondi essencialmente que "voltasse a ler o quarto parágrafo".

Keller, por sua vez, disse que eu, em compensação, tinha incluído um parágrafo que era, "no mínimo, relutante". Quando o discutimos calmamente em conjunto, passadas várias semanas, perguntei-lhe com que frequência ouvira ele a mesma queixa por parte de indivíduos visados pelas notícias, desagradados com o tratamento que o jornal lhes dera e insensíveis ao parágrafo cuidadosamente colocado que reconhecia o seu lado da história. Duvido de que algum de nós possa ser assim tão importante.

AGORA É TEMPO DE O *TIMES* FALAR DO *TIMES*

⟞⟠⟝

12 de Dezembro de 2004

HÁ DUAS SEMANAS, o meu artigo sobre as listas do *Times* sobre as artes provocou o agradecimento dos que concordaram comigo e a irritação e o desprezo, imbuídos de alguns elementos argumentativos razoáveis, dos que discordaram. Não esperava outra coisa. No entanto, entre os que saltaram sobre mim aqui no jornal encontravam-se os que foram provocados por eu ter usado os termos "irreflectida", "arrogância" e "condescendente" para retratar a atitude dos editores culturais.

Entre os que me pressionaram incluem-se alguns editores e jornalistas do *Times* que concordaram com a minha posição sobre as mudanças nas listas, mas que julgaram indelicadas as palavras que utilizei. Pode ser que estejam certos. Se eu escrevesse melhor teria seguido o velho dito "mostra, não digas": deixa os leitores retirar as suas próprias conclusões, em vez de os conduzires com as tuas caracterizações pesadas. (Enquanto estou com esta disposição de rasgar as vestes, quero corrigir uma impressão errada que posso ter deixado: quando escrevi que "há pelo menos duas páginas completas ao domingo prontas para se aliar à causa" das listas revistas, essa era e é a minha opinião e não a posição dos editores.)

No entanto, por vezes, dizer pode ser melhor do que mostrar, sobretudo quando mostrar é chocante, por exemplo, quando os editores fazem grandes mudanças no que apresentaram aos leitores durante décadas e não explicam o que estão a fazer nem porquê. Pelo contrário, os leitores zangados inspiram o provedor do leitor a ficar do seu lado e ele (pelo menos segundo o que pensam os editores da cultura) actua de forma a interpretar mal as intenções do jornal.

Eis uma ideia: se tivessem sido os editores a dar a explicação, talvez eu não tivesse de a dar por eles.

Durante décadas a Ordem Fraternal das Pessoas Falsamente Modestas dos Jornais marchou sob a palavra de ordem "Nós não somos a notícia". "A notícia é a notícia".

Enquanto estava a pesquisar para o artigo sobre as listas, o editor da cultura, Jonathan Landman, reconheceu que esta poderia não ser a atitude mais eficaz. "Tendemos a afastarmo-nos da autopromoção nestas matérias", escreveu ele numa mensagem por *e-mail*, "preferindo deixar o jornal falar por si mesmo. No caso das mudanças na cobertura noticiosa cultural tal pode estar certo a longo prazo, mas era claramente inadequado a curto prazo."

Suponho que o tropo do falar-por-si-mesmo teria sentido antes, quando a imagem do jornal americano era encarnada por um jovem ardina sardento lançando um jornal enrolado para o pórtico de uma casa decorado com gerânios. Mas numa época em que a imprensa é encarada de maneira tão ampla como um animal predador e incontrolável, a incapacidade de permitir aos leitores ver o interior da jaula só pode agravar as suas piores suspeitas.

Isto não se aplica apenas a mudanças de formato, como as listas de eventos culturais. Não se passa uma semana sem que o correio electrónico dos leitores contenha questões sérias sobre um certo número de práticas e padrões que uma pequena explicação poderia tornar de uma clareza cristalina. Alguns jornais fazem um belo trabalho neste aspecto. James H. Smith, o editor executivo do *Record-Journal*, de Meridien, Connecticut, usa muitas vezes a sua coluna quinzenal para explicar as práticas do seu jornal. Por exemplo, porque não se afasta da sua estratégia habitual e se concentra nas "boas notícias" ou por que razão não inclui nos obituários pormenores desagradáveis sobre o passado dos falecidos.

Mike Pride, do *Concord Monitor*, de New Hampshire, disse aos seus leitores por que motivo publicava algumas fotografias particularmente cruas e explicou como o seu gabinete editorial aborda a escolha das adesões políticas ("Os Leitores não Gostam destas Chamadas" [@] e "Entrada de Lynch: Uma Eleição para Governador entre Milionários não é um Bom Sinal" [@]). Aliás, não são só os pequenos jornais que fazem isto: quando em Março último o *Washington Post* publicou um novo conjunto de orientações sobre a prática jornalística, o editor executivo, Leonard Downe Jr., explicou-as aos leitores na página 1 da secção de opinião que é publicada ao domingo. Há vários anos, Downie publicou uma narrativa detalhada sobre a decisão do seu jornal de publicar uma reportagem relativamente aos abusos sexuais do senador Bob Packwood.

No *Times*, houve de facto alguns exemplos mais recentes em que foi publicada informação sobre o que o jornal se preparava para fazer. O administrador Arthur O. Sulzberger Jr. e o presidente-executivo, Russel T. Lewis, escreveram um artigo na página de opinião, em Outubro ("A Promessa da

Primeira Emenda"), explicando por que razão o jornal apoiava a recusa da jornalista Judith Miller de revelar nomes de fontes a um grande júri federal. Num artigo do "Observador Editorial" precisamente no último domingo ("História de um Soldado: A Curiosa Transformação do Herdeiro de uma Dinastia"), Lawrence Downes, membro do gabinete de editores, reconheceu francamente que nenhum membro deste tinha um parente próximo em serviço activo no Iraque. Tanto o editor de opinião, David Shipley ("E Agora uma palavra do Editor de Opinião") e o editor das cartas, Thomas Feyer ("O Editor de Cartas e o Leitor: O Nosso Compacto Actualizado" e "Ao Leitor") escreveram artigos úteis no ano passado a explicar as suas orientações e as suas práticas.

Não é coincidência que todos estes exemplos tenham aparecido nas duas páginas de opinião do jornal, que estão pensadas para acolher as opiniões pessoais, as trocas de impressões com os leitores e o uso sem constrangimentos das palavras "eu" e "nós", contrárias às notícias. Mas num tempo em que os jornalistas dedicados às notícias aparecem com regularidade em *talk shows* e os editores respondem com frequência a inquéritos de outras organizações, já estão a reconhecer que algumas coisas necessitam realmente de mais explicações.

Aliás, por vezes, admitem que um jornal que fala em seu próprio nome pode fazê-lo com erros. Os jornalistas e editores do *Times* respondem muitas vezes a leitores que apresentam questões particularizadas, reconhecendo frequentemente que, sim, um artigo deixou escapar um pormenor ou usou de linguagem que deixou uma impressão errada – não um facto que deva ser corrigido, talvez, mas uma implicação ou uma interpretação. O destinatário de tal nota acaba por ficar agradecido e edificado, o que é formidável para ele ou ela, mas não esclarece as várias centenas de milhares de outros que podem ter lido a reportagem inicial e foram mal informados por ela.

Ideia radical: por que razão não oferecer um espaço no *site* do *Times* onde os jornalistas pudessem fornecer voluntariamente este tipo de amplificação das correcções? Alguns jornalistas a quem apresentei esta proposta invocaram diversas razões para que talvez não funcionasse: pressões por parte dos seus pares (ou, pior ainda e muito mais provavelmente, pressões dos patrões) podiam transformar esta ideia em algo apenas nominalmente voluntário, os jornalistas poderiam utilizar o fórum para atirar as culpas para os editores (ou vice-versa), a sua não utilização por um número elevado de membros do jornal poderia fazer com que este parecesse ainda mais afastado do que já é.

Talvez assim fosse. Mas mesmo sem construir um confessionário *online*, os editores do *Times* poderiam prestar um enorme serviço (e poupar a si mesmos um enorme pesar) ao encontrar uma maneira de falar directamente com toda a audiência do jornal. O quadro horroroso da página 1, a notícia que pode aparentar ter meses, mas aparece de súbito impressa precisamente antes de uma eleição nacional, uma característica domingueira de há longos anos que aparece de um dia para o outro transformada noutra coisa, com o seu impacto ampliado, e não diminuído, por uma explicação inocente. Vejam o *post* n.º 37 no meu jornal da *Web* [@] para a explicação dada pelo jornalista Richard W. Stevenson sobre o modo e a razão para o *Times* ter alinhavado mal a notícia sobre a não demissão do secretário do Tesouro, John Snow, na semana passada, e verão o que quero dizer.

Penso que o editor executivo, Bill Keller, também o vê. Após terem sido apresentadas as novas listas, contou a um colega que "gostaria que tivéssemos arranjado um espaço na secção 'Artes & Lazer', no dia em que mudámos as listas, e publicado um título a negro em tipo Apocalipse de corpo 60 que dissesse 'Onde estarão as minhas listas?!' e, por sua vez, a encimar uma explicação da transferência para sexta-feira e da introdução de críticas breves." Pode ser que eu não tenha autoridade para mandar executar títulos em Apocalipse, mas tenho um certo espaço e utilizo-o três semanas em cada quatro (duas para artigos e uma para cartas). Se Keller não me chamar arrogante, condescendente ou irreflectido – na verdade, ainda que o faça –, estou disposto a deixá-lo alugar esse espaço.

<hr />

Este artigo estava relacionado mais de perto com o que falava das listas das artes do que pensei quando o escrevi, porque decidir se se vai lidar directamente com os leitores é apenas o impulso inicial da decisão sobre o grau em que o jornal deve *ouvir* os leitores. Conheci poucos editores que acreditassem que se os leitores pedem alguma coisa, ela lhes deve ser concedida. Se os editores sempre tivessem aquiescido, poderíamos ter uma imprensa popular que se pareceria muito com a imprensa popular de hoje, mas deformada como uma bala disparada contra a parede: cada vez mais obcecada com as celebridades e a auto-ajuda e cada vez mais desprovida de substância. Há também a resposta instintiva que muitos editores dão às queixas formuladas em voz alta por grupos organizados: os editores acreditam (muitas vezes com razão) que responder a uma pressão dessa natureza pode muitas vezes significar o sacrifício do que é correcto em favor do que é conveniente do ponto de vista comercial ou político, pelo que, *na verdade*, estão a cavar sob os seus próprios pés. (Esta é uma realidade a que alguns desse grupos que organizam boicotes periódicos ao *Times* – em geral organizações chocadas com a cobertura dada ao Médio Oriente – deveriam prestar atenção.)

No entanto, ao fazer orelhas moucas aos protestos, ainda que sejam organizados, ameaçadores ou odiosos, constrói-se um casulo que afasta uma publicação, não só de uma parte dos seus leitores, mas também da realidade. Uma coluna habitual dos editores destinada aos leitores poderia não só dar resposta a muitas das queixas dirigidas à imprensa do *establishment*, mas poderia também preveni-las.

Provavelmente nunca iremos assistir a uma série de reconhecimentos dos erros e falhas por parte de cada um dos editores ou dos jornalistas com ligação à página inicial do nytimes.com. Mas se eu amanhã fosse novamente designado como provedor do leitor ([10]) incluiria todas as que recebi numa secção especial da parte que me cabe nesse *site*. Jim Roberts, o editor nacional durante o meu exercício do cargo, foi rápido a defender o seu departamento quando julgou que deveria ser defendido, mas também a reconhecer voluntariamente os erros, como, por exemplo, esta resposta à queixa de um leitor que eu lhe reenviei em Março de 2004:

"Não sei donde é que veio a frase 'os analistas dizem'. Está certo que o jornalista diga que nenhum é citado e a linguagem sobre cortes dos impostos afectados a 'programas sociais' é lastimavelmente inexacta. A linguagem usada na frase sobre o corte dos impostos é também demasiado vaga. Aliás, embora pense que se possa dizer que a maior parte dos benefícios da baixa dos impostos foi para as pessoas com "rendimentos mais elevados", é demasiado pouco rigoroso num assunto que suscita tanto debate político."

"Por outras palavras", concui Roberts, "esta história não deveria ter aparecido desta forma. Vou falar disto no meu departamento com outros editores."

Recebi regularmente comentários como este dos editores mais francos (e menos defensivos) do *Times* e enviei-os aos leitores que se queixaram. Todos eles sem excepção agradeceram, quer a sinceridade, quer o cuidado que Roberts evidenciou. Um jornal que publica um milhão de palavras por semana, como é o caso do *Times*, não pode deixar de publicar notícias que podiam ser melhores, e dizê-lo é uma maneira maravilhosa de ir fomentando a confiança dos leitores. Só desejava ter pensado em partilhar de forma mais ampla com os leitores comentários como os de Roberts, quando fui provedor do leitor.

([10]) Tenham calma: eles não o farão e eu não iria aceitar.

ANTES DE MAIS, HÁ O MILAGRE QUE ACONTECE TODOS OS DIAS

26 de Dezembro, 2004

NA VERDADE, não planeara escrever este artigo. Decidira semanas atrás que iria escrever um artigo de fim de ano a enumerar uma série de crimes e delitos menos graves do *Times* nos últimos 12 meses, aqueles sobre os quais nunca consegui escrever, porque pareciam ter pouco interesse para um artigo inteiro, ou porque eram repetições de transgressões sobre as quais já me debruçara (ou porque os artigos que há meses reunira, anotara e arrumara mal acabaram por aparecer na minha gaveta das meias).

Foi então que li "As Mudanças no Senado Parecem muito Melhores para os Adversários do Aborto", artigo da autoria de Robin Toner e publicado em 2 de Dezembro. Foi isto que me levou a pensar que fornecer um catálogo de pecados seria grosseiro, para não dizer não razoável, e que um artigo de uma

245

espécie completamente diferente seria não só adequado à quadra, mas o que eu pretendia escrever.

O artigo de Toner era um relato sério que esclarecia o efeito potencial das vitórias eleitorais republicanas sobre a legislação que iria ser aprovada relativamente à questão do aborto. Inseridas nesta frase estão três palavras que se dirigem directamente ao núcleo da missão do *Times*: "sério", "relato" e "esclarecia". O artigo não estava perfeito. Toner invocou em determinado passo as opiniões de "muitos analistas", e eu sou mais tolerante com cabeças de alho chocho do que com analistas sem rosto. Todavia, o artigo dela fez exactamente aquilo que é de esperar do jornalismo impresso. Trata de um assunto extremamente polémico sem trair os pontos de vista do jornalista. Evita o uso eufemístico dos lugares comuns especiosos e que só vêem do seu lado, difundidos pelos movimentos "pró-vida" e pró-escolha", e, em vez disso, usa os termos "anti-aborto" e "direito ao aborto" para designar as pessoas que são, de facto, contra o aborto ou apoiantes do direito ao aborto. Explica a natureza da legislação que se relaciona com o aborto que será debatida na próxima sessão do Congresso, examina as estratégias que podem ser aplicadas e pondera a probabilidade de vir a ser aprovada. As pessoas que se situam em cada um dos lados desta questão foram ouvidas de uma forma equilibrada. Aprendi muito sobre um tema público importante com a leitura do artigo de Toner.

Neste aspecto, era semelhante a muitos, muitos artigos publicados todos os dias no *Times*. Se aos provedores dos leitores fosse atribuída a responsabilidade de salientar o bom trabalho que aqui é feito, o *Times* precisaria de um exército deles. Não consegui sequer dar início neste espaço à lista dos maiores êxitos de 2004 e muito menos ao que de bom tantos deles trazem todos os dias. (No entanto, não posso deixar de mencionar três triunfos recentes de primeira água: a cobertura cativante e íntima da batalha de Fajula, por Dexter Filkins, o relato horroroso da carnificina de inocentes em Beslan, por C. J. Chivers, e a crítica fascinante de Jonathan Franzen à nova colecção de contos de Alice Munro.) (Também não pude listar os fracassos, mas apenas nas duas últimas semanas fui levado a interrogar-me por que razão o jornal publicaria um artigo inútil e que ofende muitos leitores sobre o "latido *mitzvah*" de um cão, ou um artigo de fontes vagas e exagerado sobre a vida amorosa de Bernard Kerik, ou por que razão houve um dia em que o jornal colocou quatro jornalistas – quatro! – a fazer a reportagem sobre um pássaro expulso de uma praça) (Está bem, já basta de parêntesis! Regressemos ao assunto!)

O assunto: para além do milagre quotidiano que os artigos, fotografias e grafismos bem pensados e bem escritos sobre tudo o que se possa imaginar (incluindo, inevitavelmente, uns quantos temas que alguns de nós poderíamos dispensar), o *Times* realizou este ano um conjunto de coisas que consolidou o seu laço com os leitores. Uma delas, não posso deixar de o pensar lisonjeiramente, foi que os editores ainda não fecharam a porta do meu gabinete a cadeado nem deram o meu espaço à campanha dos Casos de Necessitados. De facto, o editor executivo Bill Keller confirmou na semana passada que as minhas funções terminam no próximo mês de Maio, a experiência da provedoria do leitor tenderá a ser permanente com a nomeação de um sucessor, provavelmente por um prazo superior do que o meu, que é de 18 meses.

Mas o trabalho que os editores, jornalistas e fotógrafos eles mesmos fizeram é, evidentemente, o que realmente importa, tendo uma parte dele sido realizada nos bastidores e outra em plena luz nas páginas do jornal. Por exemplo:

- Os colunistas de opinião trabalharam pela primeira vez com um regulamento formal de correcções e se não viram toneladas delas na respectiva página tal pode ter acontecido pelas melhores razões: a julgar pelo número cada vez mais reduzido de queixas por parte dos leitores, os erros dos colunistas tornaram-se menos frequentes.

- O departamento de ciência instituiu uma orientação de total transparência em caso de conflito de interesses dos indivíduos citados nos artigos. A execução não foi perfeita, mas está a aproximar-se disso.
- Aquelas malditas fontes anónimas – ou o "anonimato", termo do meu companheiro de choro, Jack Shafer, de Slate.com, que é cão de caça dos meios de comunicação social – ainda não começaram a desaparecer em número significativo, mas pelo menos começaram a debandar para as saídas. Há muito menos a ser citadas em apoio de temas menores. Para além disso, o esforço para explicar por que razão se concede o anonimato a determinadas fontes está a ser cada vez maior, embora eu pense que o refrão "devido à sensibilidade do assunto" é praticamente inútil, sobretudo quando a razão efectiva é "porque a Casa Branca impõe a lei da rolha ao seu pessoal", ou "porque o senador não quer que ninguém do seu gabinete seja mencionado, excepto ele mesmo", ou "porque o membro da direcção quer promover a sua agenda sem ser prejudicado com isso".
- Reconhecendo que grande parte do país não é como às vezes aparenta ser a partir da West 43rd Street, o jornal incumbiu David D. Kirkpatrick de fazer a cobertura jornalística dos conservadores políticos e sociais. (Não irei negar que há uma certa ironia no que pode parecer um esforço de acção afirmativa dirigida à direita política.) Aliás, estou absolutamente convencido de que o departamento nacional está a desenvolver um esforço claro e

cada vez mais eficaz para eliminar das notícias as manifestações de parcialidade.

- O subchefe de redacção Allan M. Siegal acredita que a comunicação com os leitores tem melhorado: "Penso que é menos provável que os departamentos e muitos indivíduos descurem as queixas dos leitores ou adiem as respostas, porque 'eles sabem quando se está a dormir, sabem quando se está acordado, sabem se se tem sido bom ou mau, por isso, sejam bons por amor de Deus.'" Não tem de quê.

- No que representa uma pequena vitória para uma leitura interveniente (mas um passo gigante para a ideia de receptividade), os editores da "Crítica de Livros", que na verdade estão a prestar atenção a um coro de queixas, deixarão cair no próximo domingo a sua recente caixa de "Colaboradores" e regressarão com a identificação dos autores ao lugar a que pertence, na mesma página onde estão as críticas que escreverem.

- Muitos jornalistas, e sobretudo os que escrevem sobre áreas extremamente sensíveis, relacionaram-se de maneira frutuosa com partidários de causas e outros críticos. Pretendo salientar sobretudo o chefe da delegação de Jerusalém, Steven Erlanger, em que cada palavra é ponderada por milhares de leitores em busca de subtilezas e implicações, mas que, apesar disso, revela vontade de ouvir, o seu colega Greg Myre e a maioria dos jornalistas da delegação de Bagdade, cuja receptividade às perguntas dos leitores é verdadeiramente surpreendente, se considerarmos que vivem em condições medonhas.

O último desenvolvimento que citarei está ainda em gestação, mas é potencialmente mais importante do que todos os outros. Por instigação de Bill Keller e sob a direcção de

Al Siegal, diversos grupos de trabalho começaram a analisar questões que estão no próprio cerne da prática jornalística: como melhorar a comunicação entre os leitores e os editores; se e como diminuir a utilização de fontes anónimas e como justificar o seu uso quando for considerado inevitável, ou seja, nas palavras de um documento interno, "construir um escudo contra a parcialidade"; e como assegurar o rigor.

Posso imaginar um crítico do *Times* (ou um crítico dos comités) a destruir tudo isto como sendo um expediente das relações públicas ou um exercício fútil condenado a uma morte lenta devido à burocracia. Mas posso assegurar-vos que muitos dos melhores e mais honrados jornalistas do *Times* estão empenhados neste esforço e que a existência de vários artigos dedicados a ele (incluindo este, espero eu) significa que estão, de certo modo, a realizá-lo em público. Reimprimi no meu jornal da *Web* o memorando que anunciou a formação do comité (posting n.º 40 [@]). Os leitores devem aguardar resultados daqui a três ou quatro meses. Se não os virem, exijam-nos.

Que tenhamos todos um novo ano pleno de justiça, rigor e receptividade.

Suponho que não deveria ter ficado surpreendido quando alguns dos meus críticos mais persistentes ficaram desatinados com este. Um fulano da direita (um quase sociopata, que parece não encontrar nada que lhe dê maior prazer do que ver o seu nome impresso – o que significa que não vai ser aqui que o vai ler) foi nuclear. Ao expressar a minha aprovação e admiração ao *Times* de todas as maneiras possíveis, eu revelara a minha total inadequação ao cargo.

O relatório do novo comité de Siegal foi publicado na Primavera de de 2005 [@] e é um documento notável: praticamente cada uma das suas recomendações se relacionava com uma medida para aproximar o jornal dos seus leitores, para torná-lo mais aberto a estes e para relacionar o jornal mais intimamente com o mundo de que pretende fazer a cobertura noticiosa. Quanto a este artigo, apenas algumas das suas recomendações foram postas em prática, mas abrangem algumas iniciativas muito importantes:

- Foram colocados limites muito mais efectivos às fontes anónimas e foram criados procedimentos muito mais eficazes para os monitorizar. "Daqui a um ano", escreveu Keller em Junho de 2005 num memorando ao seu pessoal, "gostaria que os jornalistas sentissem que o uso de fontes anónimas não é uma rotina, mas uma excepção e se a justificação não for clara na reportagem serão questionados." Disse também que esperava que "o cuidado no uso de fontes anónimas fosse um dos critérios utilizados na avaliação do trabalho dos jornalistas e dos editores."
- Foram colocadas fortes restrições aos espectáculos de televisão em que seria permitido que os jornalistas fizessem a sua aparição.
- Estão a ser dadas aulas sobre linguagem sem equidade e tendenciosa a todos os novos editores e jornalistas (infelizmente as aulas são estritamente opcionais para os veteranos).
- Um esforço formal está a ser feito para ampliar a diversidade do pessoal. Escreveu Keller que "este ponto não significa que devamos recrutar jornalistas e editores pelo seu perfil político. Faz parte do nosso código profissional manter as nossas convicções políticas fora do jornal. O que pretendemos é um leque amplo de experiências."
- Enquanto escrevo "está prestes a ser posto a funcionar", segundo me dizem, "um sistema que permitirá finalmente escrever directamente a cada jornalista.

Apesar destes avanços, em duas outras áreas a abertura fez ricochete. Quando os jornalistas do *Times* – não só os da página de opinião, mas de todo o jornal – foram mantidos separados atrás de um muro em nytimes.com, o acesso a eles por *e-mail* foi negado a quem não fosse assinante da edição impressa ou utilizasse o serviço pago da *Internet*. Foi muito desencorajante que, apesar de Keller ter assegurado que os editores mais importantes (incluindo o próprio Keller) apareceriam "semana sim, semana não... num fórum de perguntas e respostas no nosso *site*.", no início de Março de 2006 ainda nada disso tivesse sido posto em prática. Keller disse-me, todavia, que estava ainda a planear fazê-lo.

Concluo que algumas das outras recomendações do comité (divulgação dos endereços electrónicos do pessoal, distinção gráfica mais clara entre artigos noticiosos, análises, comentários, etc.) estão, na altura em que escrevo, ainda a ser preparadas.

NENHUMA FOTOGRAFIA DIZ A VERDADE E AS MELHORES FAZEM MAIS DO QUE ISSO

9 de Janeiro de 2005

Há dois meses, estávamos apenas a ter as primeiras impressões da catástrofe do oceano Índico através das primeiras reportagens incompletas (de um artigo do *Times* do dia anterior: uma onda de maré "matou mais de 150 pessoas no Sri Lanka"). Na reunião da primeira página, às 4h30, os editores fotográficos tinham analisado mais de 900 imagens de devastação para encontrar uma que pudesse alargar-se por cinco colunas e tivesse quase metade do comprimento da primeira página de terça-feira. Em milhões de lares entrou uma mãe chorosa acocorada junto dos corpos sem vida de crianças pequenas e, talvez ainda mais aterrador, num dos cantos superiores, três pares de pés apareciam sob um lençol branco, sugerindo que para além dos limites da fotografia se sucediam as

Esta fotografia, que apareceu na primeira página do *Times*, em 28 de Dezembro, chocou ou ofendeu muitos leitores.

filas medonhas do tributo pago impiedosamente ao tsunami." ([11])

Muitos leitores e pelo menos alguns membros da sala de redacção do *Times* consideraram que a fotografia explorava demasiado o assunto, era indecorosamente explícita e, devido ao seu tamanho e localização, era demasiado forte para os leitores do jornal. Alguns pensaram que faltava ao respeito tanto aos vivos como aos mortos. Houve também alguns que disseram que o *Times* não a teria publicado se as crianças fossem americanas. O rabino Boaz, de Weehawken, em Nova Jérsia, escreveu "Coloquem títulos com letras do tamanho de ovos, usem todas as palavras que pensem ser adequadas, mas não coloquem um pesadelo na primeira página."

Perguntei à chefe de redacção Jill Abramson por que motivo escolhera esta fotografia. Disse-me numa mensagem

---

([11]) Todas as fotografias analisadas aqui e seguidas de [@] estão acessíveis no *link* da versão *online* deste artigo.

electrónica que após uma análise cuidadosa e difícil, decidira que a foto "parecia veicular perfeitamente as notícias: o horror absoluto do desastre, por sabermos que um terço das vítimas eram crianças, numa parte do mundo em que mais de metade da população é constituída por elas. É uma fotografia dolorosa para além de quaisquer palavras, mas que, de qualquer ponto de vista, correspondia ao que acontecera." Quando falei com a directora de fotografia, Michelle McNally, que crê que o jornal tem a obrigação de "dar testemunho" em momentos como este, tinha uma pergunta preparada para me fazer: "Não quereria ver fotografias de Auschwitz se os portões fossem abertos na nossa época?"

O poder excepcional das fotografias permitem que se tornem símbolos permanentes de acontecimentos enormes. Os fuzileiros a erguer a bandeira em Iwo Jima, o general do Vietname do Sul a disparar à queima-roupa sobre o seu prisioneiro, o jovem John F. Kennedy Jr. a saudar enquanto passava o caixão do pai, todas são símbolos universais de um momento histórico. Não é preciso vê-las para as ver.

Mas em todos estes casos alguém teve de as escolher. Os editores fotográficos (o *Times* tem 40) e os seus colegas fazem centenas de escolha por semana. As notícias podem sussurrar com subtileza e os títulos ser eloquentes com uma síntese, mas as fotografias pegam no microfone e, se forem boas, não permitem que nos afastemos. Na maioria dos casos, cada notícia tem apenas uma fotografia, as notícias importantes têm mais do que uma, mas habitualmente apenas uma na primeira página, e é esta última que simboliza o acontecimento.

Esta fotografia não irá agradar a todos. Vejamos o correio electrónico do último ano:

- "A fotografia não reflecte a população própria da Turquia." [@]

- "Nunca fui um grande [fã] de Richard Grasso, mas o *Times* não deveria tomar partido no seu processo ao retratá-lo como um monstro." [@]
- "Penso que é consternador e nojento que tenham publicado um iraquiano a segurar nas botas de um dos nossos soldados mortos." [@]
- "Por que razão nos mostram fotografias dos empreiteiros civis americanos tragicamente mutilados, mas não das crianças iraquianas assassinadas?" [@]

Um leitor sentiu que uma fotografia de um sorridente Jesse Jackson junto a George W. Bush fazia parecer que o primeiro apoiava o presidente [@]. Outro pensou que a fotografia de uma criança palestiniana, morta nos braços de um polícia, parecia encenada, como que para se assemelhar à *Pietà* [@].

Richard Avedon disse um dia que "não pode haver falta de rigor numa fotografia. Todas as fotografias são rigorosas. Nenhuma delas é a verdade." Nesta época de píxeis fungíveis, quando nem todas as publicações, campanhas políticas ou organizações de defesas de causas seguem a regra do *Times* de proibir a manipulação de fotografias noticiosas, não estou certo sequer da característica do rigor. Mas a inverdade – ou, pelo menos, a verdade imperfeita – de toda a fotografia individualmente considerada é inevitável. Alguns leitores objectam ao modo como as fotografias são tiradas, argumentando que os factos que lhe poderiam mudar o sentido ficaram de fora do seu enquadramento. Porém, o sentido é determinado muito antes disso. Um fotógrafo aponta aqui a câmara, depois vira-se 10 centímetros para a esquerda e dispara de novo: é uma fotografia diferente e talvez uma realidade diferente. Um editor de fotografia selecciona a partir de imagens que o fotógrafo apresenta (O retratado deve estar a sorrir? Com um esgar? Entusiasmado? Distraído?). O *designer* quer que seja grande (o impacto é maior) ou pequena (o impacto é menor). O editor escolhe-a (é importante) ou não (não é importante) para a primeira página. Quando o leitor chega a ver a fotografia, já foi repetidamente objecto de apreciação. No entanto, tem de ser apresentada como se fosse um facto.

Em Maio último, para um artigo em que punha a hipótese de o presidente brasileiro Luiz Inácio Lula Da Silva ter um problema de alcoolismo, os editores escolheram uma fotografia de arquivo com sete meses, mostrando-o erguer uma cerveja numa festa da cerveja, na Alemanha [@]. Pode ter sido uma escolha com sentido: o assunto era a bebida e uma fotografia do presidente de pé junto a uma estante de orador teria sido fastidiosa e sem pertinência. No entanto, qualquer ambiguidade do artigo seria reforçada por representações visuais que poderiam ser factuais (Lula da Silva tomou uma vez uma cerveja), mas talvez não fossem conformes à verdade.

Mesmo na cobertura de um evento tão fotograficamente inocente como alguém de fato a fazer um discurso, as fotografias veiculam um juízo. Quando em Junho George J. Tenet se demitiu de director da CIA, uma fotografia de primeira página mostrava-o a olhar para baixo, mordendo o lábio, possivelmente prestes a chorar [@]. Segundo Bruce Mansbridge, de Austin, no Texas, noutros momentos da transmissão do discurso de Tenet "ele pareceu muito animado". Quando Donald H. Rumsfeld visitou Abu Ghraib, em Maio, o *Times* mostrou-o ladeado por soldados, a avançar pela prisão [@] como se (escreveu Karen Smullen, de Long Island) "Karl Rove tivesse dito: 'Do que nós precisamos agora é de uma fotografia [de Rumsfeld] à frente de soldados e a parecer sério, determinado e forte." Rumsfeld parou noutro ponto qualquer, e riu-se da piada contada por um soldado ou vociferou na direcção de um jornalista que lhe fez uma pergunta difícil?

Alguma destas fotografias contou toda a verdade, ou apenas uma centelha dela?

Associem um processo subjectivo a algo tão idiossincrático como o gosto e ficam com uma mistura volátil, acrescentem tragédia humana e torna-se emocionalmente explosiva. No dia em que o *Times* publicou a fotografia com as crianças mortas, muitos outros jornais apresentaram em primeiro lugar uma fotografia de um homem atormentado pela dor e segurando a mão do seu filho morto. Também esta era uma fotografia forte e é fácil de ver por que motivo tantos a utilizaram. Mas era – por difícil que seja dizê-lo – um retrato de uma tragédia geral. O homem destroçado poderia estar no deserto do Darfur, ou numa casa em Mossul, ou num passeio em Peoria, podia ter sido fotografado há dez anos ou ser fotografado daqui a dez anos. A sua dor era universal.

Já a fotografia de primeira página do *Times* apenas poderia ter sido fotografada agora e apenas nas praias devastadas do Oceano Índico. O meu colega David House, do *Forth Worth Star-Telegram*, diz que "neste caso, noticiar a vida significa noticiar a morte." Os bebés nas suas filas silenciosas eram tão reais e tão particulares quanto o acto insano da natureza que os matou. Esta fotografia era a história do tsunami do oceano Índico de Dezembro de 2004, não a verdade, mas uma substituta da verdade que não deixará os pensamentos dos que a viram. O *Times* tinha razão ao publicá-la.

Falando de fotografias. No meu artigo de 10 de Outubro, distorci a verdade por não ter mencionado os investigadores que realizaram estudos detalhados sobre a cobertura fotográfica efectuada pelo *Times* aos candidatos presidenciais. Agradecimentos tardios a Josh Hammond e Tom Holzel.

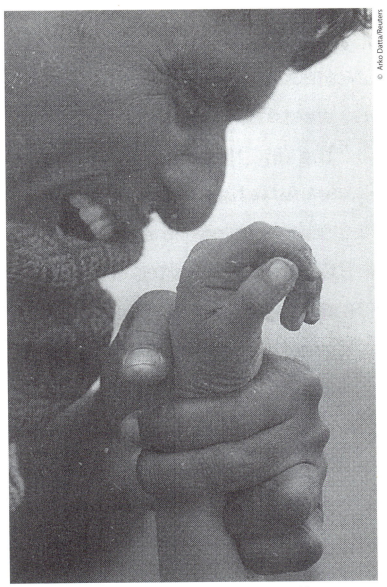

Os *ombudsmen* e os provedores dos leitores dos jornais que publicaram esta fotografia dizem ter recebido muito poucas objecções

Tenho de o admitir: a fotografia do tsunami que em mim permanece é aquela a que chamei genérica. A que o *Times* publicou permanece mais vaga na minha memória e quando há pouco tempo a procurei na *internet* verifiquei que a imagem no meu espírito não é, sob determinados aspectos, a que surgiu no jornal. Isso suscita a questão que tem vindo a provocar discussões entre os editores fotográficos e os seus chefes desde o tempo de Mathew Brady: o editor fotográfico quer a fotografia que seja mais explícita e o chefe quer a que veicule mais informação.

De facto, Abramson e McNally estavam de acordo sobre a fotografia das crianças mortas e a forma como foi utilizada estava de acordo com um dito atribuído a mim por Dick Stolley, um antigo editor da revista *Life* e fundador da *People*: "Se a fotografia não for excelente publiquem-na bem grande." Inquestionavelmente, tudo isto está muito relacionado com o impacto inicial da foto que o *Times* utilizou, mas na memória visual fica cada vez mais pequena à medida que o tempo passa.

Nos anos mais recentes – desde o período, aliás conturbado, do editorialista Howell Raines, que realizou uma grande melhoria na forma como o *Times* usava as fotografias – o impacto visual tem-se tornado tão importante para o jornal como o veicular de informação. Estivesse eu dedicado à tarefa de cumprimentar os editores do *Times* (para além do período de férias), conceder-lhes-ia quase diariamente o crédito por esta tendência.

ATORDOADO PELOS NÚMEROS
QUANDO AFINAL A SOMA ESTÁ MAL FEITA

23 de Janeiro de 2005

ALGUMAS PESSOAS que pertencem ao negócio dos jornais – incluindo, penso eu, algumas que se sentam lá em cima nos gabinetes em que se gere a New York Times Company – ficaram desagradadas por causa de uma notícia publicada em 10 de Janeiro e intitulada "O Vosso Jornal Diário, Uma Atenção de um Patrocinador". O artigo, da autoria de Jacques Steinberg e Tom Torok, era uma alfinetada enterrada bem fundo nos números das tiragens de muitos jornais americanos, mostrando como as assinaturas pagas pelos anunciantes são enviadas a leitores que não as solicitaram.

Respondi às objecções da indústria jornalística durante dois dias e ao mesmo tempo que chegava à conclusão de que o artigo era muito justo e totalmente rigoroso (embora exagerasse ligeiramente), penso que poderia ter sido mais imparcial no que toca às práticas do próprio *Times*. Os leitores que pretendessem saber como é que o *Times* encaixava naquele quadro não o ficavam a saber senão lendo (ou, mais provavelmente, se chegassem a ler) até ao 30.º parágrafo. As práticas do *Boston Globe*, propriedade da New York Times Company, eram reveladas no 27.º parágrafo. Mesmo então o artigo não satisfazia plenamente as expectativas. Ao analisar os padrões de circulação dos jornais ao domingo, o artigo fazia com que *Times* parecesse confiar menos nestas assinaturas subsidiadas por anunciantes do que se as comparações se tivessem baseado nas tiragens dos dias de semana.

De facto, poder-se-ia dizer que há uma diferença notória: segundo os números disponíveis mais recentes, o total de assinaturas do jornal pagas por terceiras partes num dado dia da semana é 79% mais elevado do que ao domingo.

Isto parece muito mau presságio, mas já o é menos quando se verifica que estas mesmas assinaturas pagas por terceiras partes representam apenas 1,4% da tiragem ao domingo e 2,5% da tiragem nos outros dias. Aliás, nem sequer parece digno de menção (respirem fundo agora) se se considerar que a diferença entre o número de exemplares subsidiados durante a semana e ao domingo é 0,4% da circulação no primeiro caso e 0,27% no segundo.

Deixemos de lado a questão de saber se o *Times* deveria ter divulgado mais acima no artigo e de uma forma mais completa os números que lhe diziam respeito. (Não, não a deixemos de lado: não basta à mulher de César ser honesta é necessário parecê-lo.) Há outro assunto que envolve todos estes números, isto é, os próprios números. Terá o leitor alguma ideia de qual dos números que citei, que são todos rigorosos, é significativo?

Nem eu.

Uma das coisas cativantes nas queixas que recebo sobre a falta de conhecimentos do *Times* no que diz respeito a números é a sua origem ecuménica. Quando chegamos à forma como utiliza os números, o *Times* é um criminoso que atinge todos por igual. Como uma tosse maligna que espalha os seus germes indiscriminadamente, os números mal utilizados e mal explicados irritam as sensibilidades da direita e da esquerda, o funcionário da empresa de medicamentos e o activista dos direitos dos animais, o coleccionador de arte e fã dos Jets.

Ser trapalhão com os números deriva, penso eu, não de se ser falso, mas de se ser preguiçoso, de ter falta de cuidado ou de conhecimento da matéria. Incluo-me eu mesmo na última categoria (tal como alguns leitores o farão também, depois de terem lido a minha interpretação dos números que se seguem). A maioria dos jornalistas que eu conheço e que entram na profissão, sentindo-se à vontade com os números escreve sobre desporto, onde o debate sobre o significado das estatísticas é uma competição diária, ou sobre economia, um campo em que não é provável que a interpretação dos números produza resultados menos susceptíveis de argumentação do que pintar com os dedos.

Assim, é deixado aos outros que escrevem para o jornal, incluindo eu, ir tropeçando através dos números, espalhá-los pela página e esperar que os leitores compreendam. Interessará alguma coisa se muitos destes números são símbolos sem significado que servem os interesses das partes que os divulgam? Considerem diversas reportagens sobre alguns processos legais recentes: um homem está a processar a cidade em 20 milhões de dólares por ter sido acusado e finalmente ilibado de rapto e abuso sexual. A mãe do jogador de futebol americano Derrick Thomas, que morreu em 2000, está a processar a General Motors em 75 milhões de dólares. Os aldeãos de uma ilha indonésia estão a processar a Newmont Mining Corporation em 543 milhões de dólares. Nenhum destes números se baseia em algo mais substancial do que a imaginação do advogado da parte queixosa, mas a todos é dada a autoridade da imprensa.

Na verdade, não é muito diferente a afirmação feita na passada quarta-feira de que Bernard J. Ebbers foi condenado por todas as acusações relacionadas com o escândalo da contabilidade da MCI-WorldCom e "pode ser sentenciado a um total de 85 anos". Esta formulação da pena não tem qualquer relação com o desfecho previsível, mas serve muito bem os objectivos do promotor de justiça.

Os números publicados pelos que avaliam os negócios criminosos ("No México, o tráfico de droga é uma actividade que realiza 250 mil milhões de dólares por ano") ou o impacto económico de um novo estádio ("Bloomberg disse que esperava que a nova arena gerasse 400 milhões de dólares por ano com diversas actividades económicas") não merecem ser publicados sem ser questionados. Não serve às agências que querem lutar contra o tráfego de drogas subestimar o problema, nem pode um político apoiar o desenvolvimento de um projecto sem publicitar exageradamente o seu rendimento potencial.

No entanto, o *Times* persiste. Em Novembro, quando o fiscal das contas públicas da cidade de Nova Iorque, William Thompson, divulgou um estudo que pretendia mostrar que os nova-iorquinos compram mais de 23 milhões de dólares por ano de mercadorias contrafeitas, o *Times* repetiu as suas análises como se fossem credíveis. Uma aritmética rápida teria demonstrado que 23 milhões de dólares representariam aproximadamente 8000 dólares por família, um valor claramente destituído de qualquer sentido. (Na versão electrónica deste artigo criei um *link* para uma excelente análise do relatório de Thompson pelo jornalista *freelance* Felix Salmon [@].)

No último domingo, um artigo sobre o investimento proposto pela cidade, no valor de 1,1 mil milhões de dólares, para o projectos de três estádios citava a afirmação do presidente da

Economic Development Corporation de que "por cada dólar investido pela cidade nos três projectos os contribuintes terão um benefício entre 3,5 e 4,5 dólares durante 30 anos." Não disse que os mesmos 1,1 mil milhões de dólares investidos em títulos do Tesouro dariam 4 dólares de rendimento por cada dólar e também que esta hipótese seria muito mais segura. (Honras a quem as merece: o jornalista Charles V. Bagli chamou a atenção para o facto de 1,1 mil milhões de dólares poderem pagar 25 escolas com 600 alunos cada uma.)

Por vezes a ausência de um número faz com que um artigo perca tanta credibilidade como um número enganador. Poucos artigos que disseram que o presidente Bush tivera mais votos do que qualquer outro candidato ao longo da história referiu também o facto de que mais pessoas votaram contra ele do que qualquer outro candidato ao longo da história. Citar a afirmação de Michael Moore de que as ovações de pé em Greensboro, na Carolina do Norte, provavam que "Fahrenheit 9/11" é "um filme do Estado vermelho" despreza o facto de que a zona metropolitana de Greensboro tem cerca de 1,2 milhões de habitantes. É provável encontrar entre uma população tão grande pessoas suficientes para aplaudir de pé uma leitura do regulamento interno da Associação dos Dentistas Americanos.

É claro que tanto Moore como o jornalista que escreveu aquela notícia trabalham na actividade cinematográfica, onde os recordes significam mais ou menos o mesmo que as promessas. *Shrek 2* não é, ao contrário do que disse em Novembro um artigo da revista do *Times*, o terceiro filme de todos os tempos em receitas brutas geradas". Se se considerar a inflação, não está sequer entre os 10 primeiros (e o *Titanic* está longe de ser o primeiro). Esta mania dos recordes espalhou-se por todo o lado. Os "recordes do preço da gasolina" invocados no último ano não estavam sequer perto disso. No seu ponto mais elevado, durante o Verão, a gasolina custava menos 80 cêntimos por galão do que em 1981. Diz o jornalista de economia David Leonhardt: "Considerar que os dólares de 2004 são idênticos aos de 1981 não difere muito de pensar que os dólares são idênticos às rupias. O facto de dez ser maior do que nove não implica que dez rupias valham mais do que nove dólares, nem que dez dólares de 2004 valham mais do que nove dólares de 1981." A inflação não é a única culpada de perseguir silenciosamente os livros dos recordes: os "défices recordes" podem não ser recordes nenhuns quando são expressos em percentagem do PIB, que é uma medida muito mais razoável do que qualquer número isolado.

Números sem contexto, sobretudo com muitos zeros à direita, são tão compreensíveis como vogais sem consoantes. Quando o Congresso atribuiu 28,4 mil milhões de dólares aos Institutos Nacionais de Saúde, isso era muito ou pouco? Começaria certamente a aperceber-me do que é se soubesse que representa 3% de todas as despesas fixadas pelo Congresso. Quando John Kerry propôs cortes de impostos no montante de 420 mil milhões de dólares ao longo de 10 anos, este valor era significativo? Se me disserem que representa 150 dólares por pessoa por ano já posso compreendê-lo. Quando a Universidade de Harvard anunciou que ia a atribuir mais 2 milhões de dólares de ajuda financeira a estudantes pobres, elevando o total para 82 milhões de dólares por ano, estava na verdade a ser generosa? Bem, em 2004, os 82 milhões de dólares seriam cerca de seis dias de receitas dos fundos de Harvard e os apregoados 2 milhões de aumento que levaram a que se escrevesse este artigo tão proeminente era o equivalente ao que o fundo gera em 3 horas e 36 minutos.

Se todos este valores vos fazem sonhar, é porque estão na mesma situação que muitos leitores e, aparentemente, também muitos jornalistas e editores. (Não falei sequer ainda das estatísticas enganadoras que têm uma aura de autoridade, como aqueles três campeões permanentes, o Dow Jones Industrial Average, a taxa de desemprego e as médias de batidas. Se estiverem interessados, aplico-lhes alguns golpes no meu jornal electrónico, no *posting* n.º 42 [@].

Embora todos os que escrevem no *Times* estejam provavelmente à-vontade com as palavras, todas as frases passam pelas mãos de revisores, especialistas altamente treinados que podem dar vida a um parágrafo morto ou clareza a uma proposição retorcida com um tap-tap aqui e um apaga-insere ali. Mas os números, difíceis para tantos, nem de longe beneficiam de um tal respeito. O jornal não exige treino específico para promover a competência quanto ao seu uso, nem especialistas cuja tarefa fosse ajudar a tal. David Leonhardt e Charles Blow, o subdirector do *design* das notícias, começaram precisamente agora a orientar seminários ocasionais sobre "O Uso e o Abuso dos Números" e isso é apenas o início, mas quando leio o jornal e tento evitar ser atingido pelos números apresentados sem o devido contexto e que são atirados como balas, anseio por mais iniciativas destas.

Em *Floater*, o seu romance de 1980 sobre a vida num semanário, Calvin Trillin introduziu o homem Com-Rimas, um personagem misterioso, fechado numa sala almofadada, que está autorizado a sair apenas para fornecer pistas aos leitores sobre a pronúncia de palavras estrangeiras como "*ratatouille*" ("rima com "*lotta hooey*"). Talvez o *Times* pudesse contratar várias pessoas Médias-Numéricas para ajudar o pessoal – e os seus leitores – a lidar com os dificílimos dígitos.

O editor da base de dados, Tom Torok, ficou provavelmente desagradado com este artigo, não com a sua tese geral, mas por eu utilizar uma notícia que ele escreveu em co-autoria. Embora eu tenha escrito que o seu artigo "era muito justo e completamente rigoroso", Torok sentiu que colocá-lo no início de um artigo sobre a inumeracia o condenava por associação (vd. "Quando os Leitores Falam Livremente Há Alguém que os Oiça?", na p. 273, com mais matéria sobre a queixa de Torok).

Fiquei perturbado com isto, porque apenas a extensão tortuosa do meu primeiro parágrafo me levou a pensar que deveria referir pelo nome Torok e o seu co-autor, o jornalista Jacques Steinberg, que trabalha para vários órgãos de comunicação social. No resto da minha coluna, mencionei rapidamente 14 outros artigos, mas não indiquei o nome de nenhum dos seus autores ou editores (excepto, vejo-o agora, Charles V. Bagli, em quem me detive para o elogiar num aparte). Preferi proteger esses aparentes malfeitores pela mesma razão que não se menciona no jornal o nome dos que atravessam as ruas fora das passadeiras: quase todos utilizam mal os números. A inumeracia é um mal que aflige quase universalmente os jornalistas, não apenas no *Times*, mas em toda esta actividade.

Ninguém da direcção com quem falei sobre o assunto levantou objecções à ideia de contratar algumas pessoas Médias-Numéricas (é preciso mais do que um se se pretende que esteja presente todos os dias um especialistas destes). Todavia, estes tristes tempos para a actividade jornalística, em que menos pessoas são forçadas a multiplicar-se para desempenhar cada vez mais tarefas, não são propícios à criação de mais empregos. É uma vergonha. Nos dias que se seguiram à publicação do meu artigo, soube que houve três pessoas que disseram pretender candidatar-se ao lugar. O jornal faria bem se as contratasse.

FALAR NO AR E FORA DE TEMPO:
O PROBLEMA DA TV

—≫≪—

6 de Fevereiro de 2005

No último domingo, uma jornalista do *Times*, Judith Miller, apareceu no programa "Hardball With Chris Matthews", na MSNBC, para analisar as eleições iraquianas. No decurso da conversa, Judith Miller disse que algumas fontes lhe revelaram que a administração Bush "tem estado em contacto" com Ahmad Chalabi, uma figura política iraquiana, "para lhe fazer ofertas de cooperação". Depois prosseguiu, dizendo que "segundo um relatório, foi-lhe inclusivamente dada a possibilidade de ser o ministro do Interior do novo governo". Esta afirmação levou Matthews a interrompê-la, exclamando "Espere um momento!", e pressionou-a para que desenvolvesse o assunto.

Ora, Matthews é o tipo de apresentador de televisão que interrompe o convidado a todo o momento e faz exclamações com tanta facilidade como respira. No entanto, para quem quer que tenha procurado seguir os contornos irregulares das ligações de Ahmad Chalabi com a administração Bush, a afirmação de Judith Miller foi um choque. Esta notícia não aparecera no *Times* dessa manhã, não apareceu na manhã seguinte e até sexta-feira, dia em que estou a escrever esta coluna, ainda não apareceu. Uma longa análise dos resultados da eleição pelo jornalista Dexter Filkins, publicada na terça-feira, nem sequer apontou para qualquer contacto no presente entre Chalabi e a administração Bush.

No entanto, se assistiram a "Hardball" na noite de domingo e viram Judith Miller identificada como jornalista do *New York Times* têm toda a razão para pensar que ela estava a falar com autorização do jornal. Presumivelmente, essa é a razão por que os programas noticiosos televisivos e os produtores de *talk shows* pedem aos jornalistas do *Times* para aparecerem nos seus programas. Essa é a razão por que os livros do departamento publicitário do *Times* relatam cerca de 12 presenças por semana dos seus jornalistas. No entanto, a revelação de Judith Miller – Jack Shafer, de Slate.com, chamou-lhe "a segunda maior notícia sobre o Iraque nesse dia (após a da eleição realizada)" – era adequada para divulgar na televisão, ainda que não o fosse à imprensa. Qual é a razão da diferença?

Permitam-me que esclareça algumas coisas antes de prosseguir. Em primeiro lugar, não acredito que o aparecimento de Judith Miller no *show* de Matthews tenha alguma relação com a citação por desrespeito que pende presentemente sobre ela, a que resulta da sua recusa em revelar as suas fontes ao grande júri federal. Penso que ela tem razão em resistir à intimação, que a sua aparente vontade em ir para a prisão para proteger as suas forças é admirável e que o *Times* está certo em defendê-la indefectivelmente.

Em segundo lugar, não é ela o único elemento do *Times* cujo nome apareceu no fim do ecrã quando se assiste a "Hardball". Eu mesmo estive no *show*, espirrando com a minha maquilhagem. Eu mesmo apareço também regularmente num *show local* produzido pelo *Times* aqui em Nova Iorque e ocasionalmente em diversos outros programas de entretenimento, cujos produtores procuram um conversador que ataque o *Times*, defenda o *Times* ou fale empoladamente sobre o estado do jornalismo americano. Revelo todas estas informações ordinárias e sem interesse como prefácio ao meu argumento de que os jornalistas – não os colunistas nem os críticos, apenas o jornalistas – raramente deveriam aparecer nos programas noticiosos da televisão, nos *talk shows* ainda menos e nunca nos programas dominados por entrevistadores tão insistentes e competentes como Matthews.

Há tantas, tantas razões para as pessoas dos jornais desejarem aparecer na televisão. Há a vaidade, claro, e a emoção barata de ter alguém a olhar fixamente no metro, a tentar determinar quem é a pessoa. Há o desejo admirável de ajudar a promover o jornal para que trabalha e o menos admirável de promover a sua própria carreira. Há... bem, na verdade, não consigo encontrar outras. No entanto, posso dar-vos várias razões por que é mau para os jornalistas e mau para o *Times*.

A julgar pela sua ausência no jornal, temos de concluir que as revelações de Judith Miller sobre Chalabi estavam erradas, ou não foram corroboradas, ou o *Times* está a suprimir uma parte importante das notícias. Se for a primeira hipótese a verdadeira, o jornal sofreu um golpe na sua credibilidade. Matthews apresentou Judith Miller como "uma jornalista de investigação do *New York Times*." A identificação no ecrã dizia "Judith Miller, *The New York Times*". Em cinco alturas diferentes do programa Matthews invocou a sua ligação ao *Times*, como o faria qualquer apresentador.

Se há um acto de supressão em curso, o preço é, claro, incalculável. Mas eu nem remotamente penso que é esta a verdade. Consegui saber com um grau de certeza muito elevado que os editores dos dois departamentos que provavelmente teriam mais interesse nas afirmações de Judith Miller sobre Chalabi não as conheciam. (Judith Miller esteve fora de Nova Iorque durante esta semana e não respondeu às mensagens que lhe deixei no telefone do seu gabinete, no seu telemóvel e por *e-mail*. O director executivo, Bill Keller, recusou discutir o assunto. "Lamento não poder ajudar neste caso, mas a Judy enfrenta um sério risco de ser enviada para a prisão por proteger uma fonte confidencial", disse-me ele num *e-mail*. "Penso que não é esta a altura para se ser arrastado para uma discussão pública sobre a Judy, que não tem relação com o seu caso.")

Os jornais são diferentes dos *talk shows*. Nas melhores circunstâncias, o que aparece no jornal é o produto da colaboração do jornalista, do editor, do revisor, do chefe de departamento e, por vezes, das bênçãos divinas de um editor de topo. O que sai da maioria dos *talk shows* televisivos – e, na verdade, o que os torna interessantes – é o que não é editado, o que por vezes não é bem pensado, o que muitas vezes é impulsivo. No entanto, aquelas letras no fundo do ecrã ("Jornalista, *The New York Times*") associam tudo o que é dito sobre a credibilidade do jornal.

Judith Miller iludiu o segundo perigo que se esconde no estúdio de televisão, quando não foi atrás do engodo lançado por Matthews para responder se julgava que as eleições "provam que, sim ou não, o presidente Bush estava certo ou errado quanto ao Iraque" – palavras dele. No entanto, durante aquele jogo de badmington a alta velocidade, decorrendo em tempo real, que é uma entrevista ou um debate televisivos, surgem opiniões (ou, pelo menos, caracterizações) que nunca apareceriam no jornal. Em diversas alturas durante a campanha presidencial do ano passado, os leitores queixaram-se que um ou outro dos jornalistas políticos do *Times*, ao aparecerem na televisão, disseram algo que indica que estavam a favor ou contra (de facto, quase sempre contra) um dos candidatos e deveriam ser, por isso, afastados da respectiva cobertura noticiosa. Ora, não é isto certamente que se pretende que os leitores cheguem a pensar.

Na privacidade de uma conversa a dois, numa entrevista sem câmara, alguns jornalistas de imprensa conseguirão obter a informação que buscam com sorrisos e lisonjas. Outros tentarão a força e a intimidação. Sei de um jornalista de uma revista que pode mudar entre os dois procedimentos (e diversos outros) tão rapidamente que o leitor juraria estar a ver um daqueles *one-man shows* em que um só actor desempenha uma dúzia de papéis. Mas tanto a adulação como a agressão (para não referir as suas colegas menos deslumbrantes, a paciência, a determinação e a biqueira do sapato) são tácticas informadas e justificadas pela nobre estratégia de recolher informações que irão permitir aos leitores a compreensão dos acontecimentos, personalidades e questões do dia. Enquanto as fronteiras legais e éticas não forem ultrapassadas, o que importa não é o método de reportagem, mas os resultados.

Na televisão, os interrogatórios insistentes podem parecer de oposição e mesmo hostis. Quando a correspondente da Casa Branca Elisabeth Bumiller esteve presente como membro de um painel inserido num debate televisionado durante as eleições primárias, no último Inverno, alguns leitores ficaram convencidos de que as perguntas agressivas feitas por ela a John Kerry e um atrito directo com Al Sharpton demonstravam hostilidade. As mesmas questões e as mesmas atitudes manifestadas numa entrevista em privado poderiam ter provocado respostas que, no jornal, teriam parecido totalmente regulares e adequadas. Mas a televisão pode transformar e distorcer a realidade. Pensar que conhecem um jornalista pelo que vêem na televisão pode ser o mesmo que pensar que conhecem um actor pela forma como se comporta no palco.

Penso que nenhuma das minhas cavilações se aplica aos colunistas ou aos críticos que fazem da distribuição da informação por vários meios de comunicação o seu modo de vida. Eles são a sua própria marca comercial. Quando David Brooks aparece num programa e Maureen Dood noutro, os seus pontos de vista divergentes não são prova de contradições no *Times*, apenas revelam os pontos de vista de um e de outro. (Deixo-vos a tarefa de determinar se um provedor do leitor pertence a esta categoria.)

Porém, os jornalistas representam os padrões de todo o esforço de recolha de notícias que é realizado pelos jornais. Seria uma razia demasiado grande se o *Times* mantivesse os seus jornalistas fora da televisão em todas as circunstâncias, mas os editores mais importantes certamente compreenderão que a publicidade que pode minar a confiança dos leitores é a pior que um jornal pode ter. Necessitam de aplicar uma política que assegure que nenhum membro do jornal irá "dizer o que quer que seja na rádio, na televisão ou na *internet* que não pudesse aparecer por si assinado no *Times*."

Deveria ser fácil: aquelas palavras foram retiradas directamente do manual de *Jornalismo Ético* do próprio *Times*. Mas conselhos suaves não garantem que os jornalistas não sejam objecto de emboscadas, lisonjas ou confusões que os levem a dizer algo que um editor detectaria de imediato. A única forma de o *Times* solucionar este problema é elaborar um regulamento sobre as aparições dos jornalistas e aplicá-lo, deixando que seja o jornal – a razão por que todos estão aqui – falar por si mesmo.

A introdução adiada desta coluna é o parágrafo em que comento muito brevemente a citação de Judy Miller realizada por desrespeito e a defesa inflexível desta por parte do *Times*. Esperei que o caso e a crise arrefecessem antes de escrever sobre eles, o que só aconteceu após eu ter deixado o *Times*, Judith Miller ter ido para a prisão, ter de lá saído e ela e o *Times* terem-se envolvido num desagradável divórcio público.

No quarto parágrafo – aquelas frases que tocaram no caso de desrespeito por parte de Miller – referi um facto errado e expressei duas opiniões inconsideradas. O facto: o aparecimento de Judith Miller no programa de Matthews tinha de facto algo a ver com a citação por desrespeito. Uma investigação mais aprofundada levou-me a descobrir que, naqueles meses, o *Times* estava a incentivar agressivamente Judith para a frente, na expectativa de que as aparições públicas frequentes tivessem um efeito benéfico na opinião pública. Pode ter acontecido que o *Times* não quisesse que ela aparecesse no "Hardball" para falar de Ahmad Chalabi, mas estava lá pelo menos em parte porque o *Times* queria que aparecesse em público.

As opiniões lamentáveis são, em retrospectiva, óbvias: Judith não tinha razão em resistir tanto como o fez à intimação do promotor de justiça e a defesa inflexível do *Times* poderia ter beneficiado de uma ou de outra flexibilização. Se Walter Pincus, do *Washington Post* – nenhum jornalista dedicado ao tema da segurança nacional está mais acima de qualquer censura do que ele –, encontrou uma maneira de limitar o seu testemunho e não comprometer uma fonte contra o seu desejo, então com certeza Judith Miller poderia ter feito o mesmo, como se tornou claro quando acabou por concordar em testemunhar. O *Times* contratou um advogado especialista na Primeira Emenda, defendeu o caso nos termos desta, que eram altamente questionáveis, e perdeu. O *Post* contratou advogados criminais, que conseguiram conter os assuntos mais explosivos e negociaram um acordo satisfatório com o gabinete do promotor de justiça.

O descarrilamento de Outubro de 2005 que daí resultou poderia e deveria ter sido evitado. Desse modo, não teria acabado por embaraçar o *Times* desnecessariamente. Pior ainda, o fracasso da estratégia legal do jornal, qual Horatio a defender a ponte, encorajou certamente os promotores de justiça, que desejavam imenso deitar as mãos a outras notas dos jornalistas.

Continuo a pensar que os jornalistas que se dedicam a noticiar não deveriam ir a *talk shows*.

QUANDO OS LEITORES FALAM LIVREMENTE HÁ ALGUÉM QUE OS OIÇA?

20 de Fevereiro de 2005

ALGUNS DIAS após a publicação do meu artigo de 23 de Janeiro sobre a inumeracia, "Atordoado pelos Números quando afinal a Soma Está mal Feita", Tom Torok, o chefe editor da base de dados, levantou fortes objecções contra o que pensava ser um retrato prejudicial do seu trabalho.

Tinha começado a minha coluna com uma breve análise de um artigo assinado por Torok e o jornalista Jacques Steinberg e passei depois à análise da utilização errada dos números noutros locais do jornal. Tal como disse numa mensagem por *e-mail*, Torok pensou que eu me servi da peça jornalística "como o principal exemplo de inépcia em utilizar os números" e que ele e Steinberg tinham sido "atingidos" por ela.

Sendo um jornalista – pelo menos por agora –, comecei imediatamente a ter espasmos defensivos. Penso que não havia nada de errado com os números de Torok e Steinberg. Não disse que havia. Até acrescentei que o seu artigo era "totalmente rigoroso".

Mas havia o título, havia o contexto mais amplo do artigo e havia a questão de Torok: "Quer simplesmente ignorar o efeito de tal artigo, se afectar injustamente alguém?" Tal sugere uma questão mais abrangente que inclui os apelos de centenas de outros que, como Torok, vieram ter à minha porta magoados ou zangados: "Que recurso tenho eu se fui mal interpretado, mal caracterizado ou difamado pelo *Times*, sobretudo se os editores discordam?" Uma questão ainda mais ampla do que esta, pelo menos em termos do número de leitores que a apresentaram é a seguinte: "Por que razão não posso criticar o *Times* nas páginas do *Times*?"

A resposta fácil seria "porque essa é a minha tarefa." A resposta pertinente – a que as pessoas dos jornais vêm usando desde Gutenberg – é "escrevam uma carta ao editor." Mas a coda não cantada, na grande maioria dos casos, é familiar: "mesmo que não haja praticamente qualquer hipótese de vir a ser publicada."

O *Times* precisa de encontrar um final alternativo a esta melodia depressiva. É claro que tantos casos são impossíveis de atender. O departamento de cartas recebe mensagens todos os dias e publica quinze. Para além disso, muitos dos leitores do jornal pensam que certas práticas e orientações a respeito das cartas são, ou confusas, ou objectáveis. Entre elas, a mais importante é a hesitação geral do jornal em publicar cartas que fazem acusações ao *Times*, criticam autores ou editores ou, de algum modo, questionam a equidade do jornal, a avaliação das notícias ou as práticas profissionais.

Como o editor de cartas, Thomas Feyer, chama a atenção, o *Times* publica ocasionalmente correspondência deste tipo. Mas também diz que pretende publicar críticas dirigidas individualmente a jornalistas e tem relutância em publicar cartas que sugerem parcialidade. "Essas cartas", diz ele, "parecem imputar motivos aos jornalistas ou ao *Times* que os autores das cartas não têm modo de conhecer." Práticas semelhantes estão em vigor nas várias secções de domingo que publicam as suas próprias cartas. (A excepção é a "Crítica de Livros", onde a página das cartas se parece, por vezes, com a batalha do Marne.) Ao longo dos meses, muitos leitores têm chamado a minha atenção para casos em que lhes é pedido para retirar referências negativas ao *Times* se querem ver publicadas as suas cartas.

Patricia Grossman, de Brooklyn, teve uma carta publicada em Agosto, mas apenas depois de ter concordado em apagar a sua acusação de que o título do *Times* tinha difamado os contestatários na convenção republicana. (Feyer, que estava de férias nessa altura, disse ser possível que a eliminação se tivesse ficado a dever a problemas de espaço, mas que julga igualmente que Patricia Grossman "estava a imputar sem razão um ponto de vista político ao *Times*.") A Gary Sheffer, das relações públicas da General Electric, foi dito que a sua carta seria publicada apenas se fossem apagadas as referências particulares ao que ele considerava ser uma investigação jornalística mal conduzida. (O editor de economia do domingo, Jim Impoco, disse-me que "Preferimos cartas que se ocupem directamente do assunto, em vez de apenas criticarem o jornalista" e que uma determinada referência factual da carta de Sheffer era incorrecta.) Na última Primavera, foi pedido a Scott Segal, que representava um grupo de comercialização da indústria de centrais eléctricas que se mostrou insatisfeito com um artigo sobre a política ambiental federal, que eliminasse da sua carta a sugestão de que eu concordara com uma das suas observações (o que eu fizera numa carta a ele dirigida). Os editores disseram a Segal que não poderia utilizar essa informação porque a retirara de uma carta que, em geral, defendia o artigo." (O que está basicamente correcto, mas para o aspecto em apreço não é particularmente relevante.)

Um pouco na defensiva, não é verdade? Compreendo a política de excluir os ataques dirigidos a jornalistas específicos. Como diz Feyer, "um artigo noticioso é o produto, não apenas do jornalista que o assina, mas do *Times* como um todo: o gestor mais importante e os editores departamentais, os revisores e os autores." Também concordo com o chefe de redacção adjunto, Allan M. Siegal, quando lhe perguntei por que razão os responsáveis pelos erros não são identificados na coluna "Correcções": "A humilhação pública não é um modo de disciplina adequado nem um bom instrumento de ensino." (Abro uma excepção para os colunistas, que combatem nas suas próprias guerras.)

Todavia, permitir que os que são objecto das notícias e outros leitores – incluindo, talvez, os que escrevem no *Times* e se auto-analisam – critiquem o *Times* como instituição devido às suas reportagens ou aos seus títulos, à sua avaliação das notícias ou aos seus preconceitos, ao estilo da sua prosa ou ao seu provedor do leitor é que o jornal tem força suficiente para suportar. O que é difícil é encontrar uma solução para o levar à prática, dadas as limitações de espaço e de pessoal e o risco de poder degenerar em ataques, contra-ataques, imprecações, inverdades, calúnias e processos legais.

Duas respostas: a *internet* e a edição.

Eis aqui o que se pode fazer na *internet*. Não estamos limitados a três colunas estreitas no lado direito da página editorial. Nytimes.com estende-se desde aqui até ao horizonte. Na versão dos artigos arquivada electronicamente – aquela que vai durar gerações – podem ser retiradas as cartas do seu próprio gueto e anexá-las aos artigos a que são dirigidas. É assim que se lida com as correcções. De facto, mesmo na edição impressa, tem sentido transferir as cartas sobre a cobertura noticiosa da página editorial, onde têm a proximidade inadequada dos argumentos ideológicos sobre editoriais e artigos, para um espaço próprio, talvez na página A2. Se as páginas noticiosas e as de opinião estão verdadeiramente separadas, então separem-nas verdadeiramente e dêem aos editores das notícias, não aos de opinião, a responsabilidade pelas cartas que se relacionam com as notícias.

Uma melhor utilização do *site* na *internet* poderia também dar aos leitores a oportunidade de ver cartas do *Times*. Uma das grandes frustrações do meu cargo é ver as cartas bem pensadas que são dirigidas pelos jornalistas do *Times* aos leitores que discordaram de algo que escreveram. Porquê frustração? Porque um leitor beneficia da reflexão (e, por vezes, do reconhecimento sincero do autor de que podia ter feito alguma coisa melhor) e dois milhões de outros que a poderiam apreciar, não.

Há muita gente no *Times* a quem desagradam algumas destas ideias. Compreensivelmente, Al Siegal preocupa-se que a autoridade do jornal, o moral do pessoal e a busca honesta da verdade possam ser severamente minados por ataques falsos ou dissimulados sobre artigos específicos por alguma parte interessada. Aliás, alguns jornalistas são muito cautelosos em colocar ao dispor de milhões as cartas que endereçam individualmente aos leitores, por recearem que possam em breve ver-se obrigados (pelos editores, pelos jornalistas concorrentes, por mim) a entrar numa onda interminável de confissões públicas.

É muito forte o argumento de que todo este processo seria dificilmente controlável, que os fóruns alargados na *internet* exigiriam demasiada atenção do pessoal para evitar que degenerassem numa zona de vilipêndios lançados sem peias, de transmissão de rumores ou de aniquilamento de caracteres.

Mesmo agora é um problema, porque alguns fóruns actuais no nytimes.com podem ser tão desregrados e erráticos que deixaram de servir a sua intenção inicial. Irá requerer recursos de edição muito importantes assegurar que todas as cartas divulgadas satisfazem padrões razoáveis a fim de prevenir os excessos, já para não falar da violação das leis contra a difamação.

Todavia, tudo isto se pode dizer do que é importante num jornal. A publicação das críticas e objecções é importante e, por isso, vale a pena encontrar recursos para tal? Para mim, a página de opinião do *Times* cumpre exemplarmente a sua função quando publica artigos que divergem das posições editoriais do próprio jornal, isto é, quando mostra que é suficientemente forte para suportar os ataques constituídos por pontos de vista diferentes e, desta forma, aprofunda o debate público. O mesmo se passa com as críticas civilizadas e informadas dirigidas às práticas jornalísticas: o que é forte pode suportá-las e revelar essa força ao integrá-las. Para dar por concluído o meu ponto de vista, vou invocar um dos ditos frequentes de Al Siegal que sei que ele usa quando os editores recalcitrantes estão relutantes em concordar com uma correcção: "Como a imprensa é nossa, não nos pode ser concedido o benefício de qualquer dúvida efectiva."

⌇

Não penso que um *site* dedicado às cartas e com espaço ilimitado possa funcionar, por algumas das razões citadas no artigo, mas principalmente porque as cartas requerem muita atenção editorial: a identidade do remetente tem de ser verificada, os factos afirmados têm de ser confirmados e muitas delas, cheias de acusações, têm de ser analisadas do ponto de vista legal. Não há maneira de isto ser feito sem um investimento substancial em pessoal adicional.

No entanto, de todas as sugestões para desrespeitar o orçamento que tão alegremente fiz, esta pode ser a que mais justifica a despesa adicional. Pode ser que as 15 cartas publicadas diariamente na página editorial, mais as que estão espalhadas pelas secções de domingo, representem bem os pontos de vista dos leitores sobre os assuntos do dia, mas nada representam das queixas razoáveis dos que questionam a cobertura efectuada pelo jornal. É muito encorajador que o *Times* pareça ter-se comprometido em tornar permanente o cargo de provedor do leitor, concedendo assim aos agravados uma outra via de apelo. Mas seria um investimento verdadeiramente valioso colocar mais uma ou duas pessoas no gabinete do provedor dos leitores apenas para preparar uma coluna diária *online*, sendo a sua presença publicitada por um anúncio na página editorial e o seu espaço colocado à disposição do pessoal para refutações e esclarecimentos.

Quanto às cartas que não sejam relativas a ofensas pessoais, mas à forma como o *Times* faz a cobertura dos assuntos contenciosos da actualidade, fica a crédito do editor de cartas, Tom Feyer, ter permitido que a sua página se tornasse mais flexível, possibilitando que os leitores apresentem as suas queixas de um forma mais enérgica e mais directamente do que antes. Mas como Feyer é um homem civilizado que tenta manter uma conversa civilizada num tempo incivilizado, tem realizado esta abertura com uma prudência compreensível.

A GUERRA DAS PALAVRAS:
UM DESPACHO DAS LINHAS DA FRENTE

6 de Março de 2005

NADA PROVOCA tanta raiva como o que muitos pensam ser a linha de orientação do *Times* sobre o uso dos termos "terrorista", "terrorismo" e "terror". Não existe tal linha de orientação. Na verdade, excepto no contexto da Al-Qaeda ou em citações directas, estas palavras, tão explosivas como o que descrevem, raramente aparecem.

Entre os leitores pró-israelitas (e os que não são leitores, mas são instigados a escrever-me por organizações de vigilância dos meios de comunicação social), a controvérsia sobre as variantes da palavra "terrorismo" tem substituído o próprio conflito israelo-palestiniano. Quando os assassínios selectivos de indivíduos suspeitos de financiar o terrorismo provocaram retaliações, alguns leitores pró-palestinianos argumentam que qualquer resposta armada contra civis por grupos como o

Hamas seria moralmente equivalente. Os críticos do outro lado dizem que o facto de o *Times* evitar, em geral, a palavra "terrorismo" é uma decisão política e é exactamente o que o Hamas pretende.

Eis aqui o que eu pretendo: uma forma de sair deste matagal, que está enredado em muito mais do que terror e nas ramificações que dele derivam. Atei o parágrafo anterior com nós de palavras em número suficiente para amarrar o *Queen Elisabeth 2*, por isso, vou desatá-los um por um.

"Pró-israelita" e "pró-palestiniano": Adem Carroll, do Círculo Islâmico da América do Norte, chamou-me a atenção para o facto de os dois epítetos representarem juízos de valor. As políticas de Ariel Sharon são pró-Israel? Não, segundo a opinião dos seus críticos da esquerda israelita. A política de negociações de Mahmoud Abbas é pró-palestiniana? Duvido que os apoiantes da *jihad* islâmica acreditem nisso.

"Conflito israelo-palestiniano": ouvi sionistas fervorosos deplorar esta expressão, porque, dizem eles, "a Palestina não existe."

"Assassínios selectivos": as Forças de Defesa de Israel usam esta expressão. Os Palestinianos pensam que iliba implicitamente Israel da morte dos inocentes que estiveram próximos. O *Times* tenta evitar a expressão, mas um ensaio de substituição por parte de um editor em 27 Janeiro – "mortes de precisão" – alinhava ainda mais pelo ponto de vista israelita.

"Colonos": serão meros colonos quando levam a efeito acções armadas contra os Palestinianos?

"Grupos como o Hamas": segundo a Comunidade Europeia e o governo dos Estados Unidos, que são ambos citados regularmente por um exército de leitores, o Hamas é uma organização terrorista. Segundo o subeditor internacional, Ethan Bronner: "Utilizamos raramente o termo 'terrorismo' porque é uma palavra com muitos significados associados.

Descrever os objectivos ou os actos dum grupo serve muitas vezes melhor os leitores do que repetir a palavra 'terrorismo'. Dizemos claramente que o Hamas procura a destruição de Israel pela violência, mas que é também uma força política e social importante entre os Palestinianos, promovendo políticos e gerindo clínicas e infantários." Segundo muitos críticos do *Times*, isso simplesmente não serve.

Há mais um papão nesse parágrafo sobrecarregado até ao cume: "As organizações de vigilância dos meios de comunicação social". Isso é como se designam os próprios aos nobres guardiães do nosso próprio lado. Os defensores desonestos do outro lado são "grupos de pressão". As duas caracterizações são adequadas, mas tentar juntá-las na mesma frase pode resultar medonhamente desajeitado. É também desajeitado tornar obscura uma prosa clara, com uma preocupação tão obsessiva com as palavras que as frases fortes caem no chão desfeitas em pó. No entanto, fechar os ouvidos às queixas dos respectivos partidários também seria ignorar a substância dos seus argumentos.

O conflito armado na área compreendida entre o Líbano e o Egipto pode originar as questões linguísticas mais incendiárias com que os editores do *Times* se confrontam, mas também eu encontrei uma luta de braços feroz entre os defensores de cada uma das seguintes posições: mutilação genital *vs.* corte genital ("consideraria que a circuncisão ritual dos homens é uma 'mutilação genital'?"), liberais *vs.* moderados ("está simplesmente a tentar fazer com que o liberalismo pareça razoável e inofensivo", tal como ao chamar a Michael Bloomberg um "republicano moderado"), abuso *vs.* tortura ("se as vítimas de Abu Ghraib fossem soldados americanos", o *Times* "teria dito que era tortura"), nascimento parcial *vs.* dilatação intacta e extracção (o uso da primeira demonstra que o *Times* "adoptou a terminologia das forças anti-aborto"), "forças iraquianas" *vs.*

"forças apoiadas pelos Americanos" ("os revoltosos sunitas não são iraquianos?"). Não me levem a recomeçar com "revoltosos" e muito menos com sem abrigo vs. vagabundos, acção afirmativa vs. preferências raciais ou fuga aos impostos vs. incentivos fiscais. Bem, uma formação ordenada como existe no râguebi surgiu em volta do plano de segurança social de Bush. Os republicanos publicitaram "contas pessoais", os democratas desvalorizaram "contas privadas". Nesta atmosfera, penso que os jornalistas não podem fazer mais do que utilizar as palavras "privadas" e "pessoais" como sinónimas e trocá-las com frequência. Após um dos lados de um conflito ideológico ter obtido o controlo de uma palavra, esta deixa de ter significado próprio. Optar por uma ou por outra seria uma declaração que não faz parte das notícias.

Sequestrar a linguagem revela ser particularmente pernicioso quando os funcionários governamentais desodorizam os seus programas com eufemismos quase orwellianos. (Se Orwell estivesse hoje a escrever "A Política e a Linguagem Inglesa", necessitaria de uma lista telefónica para conter o seu catálogo de burlas e perversões".) A administração Bush tem sido particularmente boa nisto. Ora contem lá o número de vezes em que expressões autoconsagradoras como "Lei do Patriotismo", "Lei dos Céus Limpos" ou "Lei de Nenhuma Criança Deixada para trás" aparecem no Times, parecendo soar em cada aparição tão fortes como um hino. Até os republicanos mais ferrenhos terão de reconhecer que tais frases se poderiam aplicar a medidas que permitissem realizar o oposto do que estas afirmam realizar.

Quando uma próxima administração democrata voltar à cena, os republicanos irão provavelmente descobrir o que pesa estar do lado que perde na guerra da propaganda. (A Casa Branca de Clinton não era muito boa a fazê-la. De algum modo a Lei de Reconciliação da Responsabilidade Pessoal e das Oportunidades de Trabalho, de 1996, que reformulou a política de assistência federal, nunca atingiu o topo da lista das preferências.)

O *Times* não deveria ter alinhado. Se a secção de desportos chama Orange Bowl à Orange Bowl, ainda que o seu nome oficial seja Federal Express Orange Bowl, por que razão as páginas noticiosas não se podem referir à Lei de Educação Pública de 2002 ou à Lei das Emissões Industriais de 2005? Analogamente, os editores poderiam banir o uso de "reforma" como termo para descrever a acção legislativa. É ainda pior do que "moderado", algo tão agradável na pronúncia como banal na substância e que pode ser utilizado para camuflar qualquer acto predatório que os patrocinadores proponham. Quem se poderia opor à reforma dos cuidados de saúde, à reforma da segurança social e quem me poderá dizer o que cada uma delas significa? Poder-se-ia chamar Lei de Salvaguarda da Linguagem à regra que barraria (ou, pelo menos, limitaria radicalmente) o uso destas expressões pomposas.

É claro que a reforma da palavra "reforma" ou um ataque consistente a todos os cosméticos linguísticos utilizados pelos políticos e grupos de interesse para adulterar o debate público poderiam provocar acusações de parcialidade (uma palavra que também quase chega a ter o sentido de "algo com que não concordo").

No entanto, julgo que em certas circunstâncias o esforço mais insistente do *Times* para evitar ser parcial pode dissecar a linguagem e dissolver o sentido. Num memorando de Janeiro dirigido ao departamento internacional, o ex-chefe da delegação em Jerusalém, James Bennet, estudou o uso extremamente cuidadoso da palavra "terrorismo" por parte do *Times*.

"A colocação de bombas destinadas a atingir estudantes numa cafetaria universitária ou famílias reunidas na sala de uma geladaria brada para que a designem como que ela é", escreveu ele. "Pretendia evitar o significado político que pertence à palavra 'terrorismo', mas não poderia fingir que a ela não tem nenhum uso no inglês corrente." Bennet conclui que "não utilizar o termo parece que começa a ser ele mesmo um acto político."

Concordo. Enquanto alguns israelitas e os seus apoiantes afirmam que qualquer palestiniano que empunhe uma arma é um terrorista, não pode haver certeza factual nem moral de que o seja. Mas se tal homem disparar na direcção de uma multidão de civis, comete um acto de terror e é um terrorista. A minha definição é simples: um acto de violência política cometido contra alvos meramente civis é terrorismo, ataques contra alvos militares não o são. O ataque mortífero ao *destroyer* americano Cole, em Outubro de 2000, ou a bomba devastadora suicida que matou 18 soldados americanos e quatro iraquianos em Mossul em Dezembro último podem ter sido hediondos, mas foram actos de guerra, não de terrorismo. Decapitar trabalhadores da construção civil no Iraque e bombardear um mercado em Jerusalém são terrorismo puro e simples.

Dada a história do mundo dos últimos anos como virtualmente uma guerra de bandeiras, seria tendencioso da parte do *Times* exigir o uso constante da palavra, como insistem alguns dos críticos do jornal. Contudo, há qualquer coisa de assustador e, inevitavelmente, de derrota auto-inflingida em lutar tão denodadamente para o evitar.

Com início em Maio de 2005 e ganhando depois maior expressão para o final do ano, verifiquei que o Hamas ganhou uma nova designação no *Times*: "uma facção que reclama a destruição de Israel". Em alguns artigos, a identificação foi conseguida com uma descrição extensa: "o Hamas levou a efeito grande parte dos ataques com bombistas suicidas dos últimos anos contra o Israelitas". Numa das semanas de Janeiro de 2006 o Hamas foi ambas as coisas, para além de "o grupo radical Hamas", um grupo "dedicado a continuar a luta armada contra a ocupação israelita" e "um grupo palestiniano que os Estados Unidos designaram como organização terrorista".

Isto está bem. Cada um destes descritores diz muito mais do que o mero "militantes" ou "terroristas". Cada um deles veicula rigor factual, e não um juízo gravoso. Mas vale a pena notar que o Hamas apareceu no jornal em 18 artigos diferentes nessa mesma semana e é razoável pensar que os leitores que se preocupam com o Hamas e as suas actividades já não pretendem deparar com um descritor, ou, pelo menos, nem sempre.

A propósito, o estudo de James Bennet sobre o termo "terrorismo" não foi extraído da disputa que estava a ter com o departamento internacional, mas de uma análise que o departamento lhe pedira para fazer.

Noutra frente linguística, em Outubro de 2005, após ter deixado o *Times*, tomei parte num painel da Columbia Journalism School dedicado ao tema da "linguagem emotivamente carregada" no jornalismo. Apresentei o meu ponto de vista habitual contra os termos "pró-vida" e "pró-escolha" como termos de argumentação, não como termos descritivos, e defendi o uso dos termos "direito ao aborto" e "anti-aborto". James Taranto, do *Opinion Journal*, a extensão *online* da página editorial do *Wall Street Journal*, replicou que os activistas "anti-aborto" podem considerar que o próprio termo é argumentativo. Em alternativa, o oposto de "direitos anti-aborto" deveria ser "direitos do feto".

Ainda estou a reflectir sobre o assunto.

ALGUMAS NOTAS NA FRONTEIRA ENTRE NOTÍCIA E OPINIÃO

27 de Março de 2005

UMA DAS CRÍTICAS mais persistentes dirigidas ao *Times* vem dos que pensam que as páginas de notícias são propagadoras deliberadas dos pontos de vista emanados do Olimpo constituído pela página editorial. Se há alguém entre os 1200 empregados da sala de redacção do *Times* que pensa que isto é verdade, falhei como jornalista. Em 16 meses nunca encontrei aqui uma alma que tivesse sofrido a menor pressão ou até tivesse de ouvir alguma sugestão de que se conformasse com as opiniões expressas na página editorial.

Não comecem já a gritar. Pode haver razões perfeitamente lógicas para que alguns leitores acreditem que as páginas noticiosas são orientadas pela página editorial, algumas das quais já analisei antes, sobretudo a visão do mundo, aparentemente normativa, mas que é basicamente liberal, de muito do pessoal das notícias sobre vários temas sociais, bem como a posição geral de oposição aos que estão no poder que caracteriza os jornalistas actuais. Há também a energia enorme da voz da página editorial, que em anos recentes foi tão assertivamente à esquerda e que algumas pessoas pouco familiarizadas com o modo de actuar do *Times* pensa que é a fonte das ordens de marcha diárias do pessoal do sector noticioso.

Para que conste, não é assim. Não é assim no *Times*, não é assim no *Wall Street Journal*, não é assim no *Washington Post*, nem em qualquer outro jornal americano que leve a sério a sua missão. O editor executivo, Bill Keller, e a editora da página editorial, Gail Collins, levam a cabo as suas funções com total independência um do outro. Conscientemente, e até expressamente, evitam discutir política ou temas públicos. "Nunca falamos de forma alguma, nem em circunstância alguma sobre as notícias ou os editoriais", disse-me Collins numa mensagem por *e-mail*. A sua reunião semanal com o administrador Arthur O. Sulzberger Jr. e o presidente do *Times*, Scott H. Heekin-Canedy, é dedicada exclusivamente aos assuntos da companhia. Se não querem acreditar nisso, é convosco, mas estão enganados. Ou então verifiquem as formas diferentes como os dois departamentos trataram Condoleezza Rice, ou Alan Greenspan, ou o juíz Charles W. Pickering Sr. (Se a nomeação de Pickering tivesse tido lugar durante a minha função como provedor do leitor, poderia ter publicitado ruidosamente as divergências da cobertura jornalística durante meses.)

No entanto, há realmente no *Times* uma fronteira ténue que não chega a separar totalmente os factos e as opiniões, e situa-se por inteiro nos domínios de Keller. É a linha irregular que avança descuidada e perigosamente como um brinquedo de corda através das novas secções, inflectindo para um lado com os textos dos colunistas e para o outro com os pontos de vista dos críticos e realizando axels triplos à volta de várias formas híbridas que têm nomes como "Memorando de Washington", "Sobre a Educação", "Saúde Pessoal", "Desportos do *Times*", "NYC", "Vidas Públicas", "Apontamentos do Jornalista" e "Frank Rich".

Estas formas híbridas são permissões: em alguns casos para explicar, em outros para transmitir as impressões subtis do jornalista, noutros ainda para analisar e opinar. Parecem ser dife-rentes das notícias, claro, mas também diferem entre si. A apresentação varia muito de secção para secção. Alguns colunistas (Clyde Haberman, Peter Steinfelds) têm os seus nomes convocados para o cimo das páginas, como se fossem luzes grandes e brilhantes, outros (Jane E. Brody, Edward Rothstein) têm assinaturas tipograficamente idênticas às que figuram nas notícias amarradas por camisas-de-forças. Tipos de letra usados nas rubricas e identificando palavras como "Saúde Pessoal" ou "Vidas Públicas" parecem enormemente inconsistentes. Se cada estilo pretendia denotar uma definição específica – artigo de opinião, artigo de análise, artigo engra-çado-mas-sem-importância – então escapou-me.

Muitos autores que têm pelo menos alguma liberdade de falar indiscretamente são distinguidos pela convenção tipográ-fica designada como alinhado à esquerda (como no meu caso), como se este fosse o símbolo internacional de ponto-de-vista. ("Olha, querida! Alinhamento à esquerda! Vamos ver qual é a sua opinião!"). Mas a brigada alinhada à esquerda também inclui a semanal "Carta da Casa Branca", que pretende ser opinativa, mas sim, tal como a correspondente Elisabetyh Bumiller a apresenta, "uma coluna bem informada que tenta trazer à ribalta as pessoas e os acontecimentos de bastidores na Casa Branca"; os "Pontos Políticos" da época das eleições, que pretendem em grande medida ser divertidos; e os artigos basicamente-mas-não-inteiramente noticiosos, tal como o

293

intitulado "West Orange Journal", que apareceu há dois dias na B4.

Na secção cultural, onde os leitores estão dispostos a encontrar as opiniões fortes dos críticos, a maioria dos tipos de letra das rubricas que servem para identificar não poderia ser mais clara: "Crítica de Teatro", "Crítica de Cinema", etc. "Apontamentos do Crítico" é apenas uma maneira um pouco mais obscura de dizer "aqui há opiniões", mas para muitos leitores o nevoeiro surge na vizinhança de "Ver TV" e suspeito que a visibilidade se aproxima do zero perto das "Ligações". A começar amanhã, uma linha em itálico acrescentada a uma espécie de coluna quinzenal, de Rothstein, irá dizer que se trata de "uma perspectiva de um crítico sobre as artes e as ideias", ou seja, por outras palavras, um lugar para emitir juízos. É um acrescento bem-vindo, mas apenas o mais tímido dos começos.

Muitos leitores que objectam à incompreensibilidade das designações também objectam em igual medida a esta opinião (ou comentário, ou iluminação desenfreada, ou o que queiram chamar-lhe) que ricocheteia nas páginas que há anos atrás apresentavam as notícias com a monotonia sonora e descomprometida de uma instalação sonora de divulgação de informações. A julgar pela sua frequente invocação do número de anos durante os quais já lêem o *Times*, a maioria destas pessoas é ainda mais estranha do que eu.

Simpatizo com elas. O tom e a tendência geral de um jornal que leram durante toda a sua vida podem chegar a ser tão familiares e tão reconfortantes como a voz da mãe. Mas toda esta tendência para as colunas de opinião representa uma transformação inevitável e talvez monumental da actividade jornalística americana.

Max Frankel, que foi editor executivo do *Times* entre 1986 e 1994, convenceu-me um dia que a inovação jornalística começa habitualmente nas páginas do desporto e penso que estamos actualmente envolvidos num desses momentos em que as inovações estão prestes a transformar-se em prática corrente. Com uma frequência cada vez maior, o principal artigo da secção desportiva é uma coluna sobre "Desportos do *Times*". Precisamente na última quarta-feira, o ponto de vista de Selena Roberts em Barry Bonds ("Não Queremos Mais Ter esta Superestrela Mal-Humorada a Protestar") dominou a primeira página da secção. A palavra-chave nesta frase é "ponto de vista". O que fez com que o artigo de Selena Roberts alcançasse a sua posição de destaque foi, como o editor de desporto, Tom Jolly, me contou, o desejo de "noticiar de maneira diferente um acontecimento largamente noticiado." A maioria dos leitores já teria tomado conhecimento do encontro explosivo de Bonds com a imprensa em alguma emissão de rádio ou televisão, ou na *internet*, ou até pelo passageiro do lado no metropolitano. O que ela poderia trazer ao assunto seria a sua inteligência e o seu conhecimento das questões, do meio e dos personagens. Ela poderia explicar o acontecimento, não apenas de forma útil, mas com marca própria. A NBC e a ESPN, Sportsline.com e WFAN, o *Washington Post* e o *Daily News* deram todos os pormenores sobre o que Bonds afirmara na terça-feira, mas apenas o *Times* tinha Selena Roberts.

Confiar em colunistas para noticiar e explicar (como os melhores deles fazem) tornou-se efectivo em todo o jornal, mas concretiza-se de formas distintas. O editor de economia, Lawrence Ingrassia, disse-me que quando os colunistas (nomeadamente Gretchen Morgenson e Floyd Norris) escrevem uma notícia ocasional, tanto eles como os editores têm particular cuidado "para que as opiniões do jornalista não sejam introduzidas na história." A versão de Jolly acerca deste particular cuidado é mais restrita: "Traçámos uma linha demarcadora nítida entre os nossos colunistas dos 'Desportos do *Times*' e de 'Sobre o Basebol' e os nossos jornalistas. Os nossos colunistas apenas escrevem colunas. Os nossos jornalistas apenas fazem notícias."

Penso que a orientação mais dura por parte de Jolly é prudente, sobretudo no período de transição que medeia até chegar finalmente o jornal do futuro. Gostaria de continuar a ver Morgenson e Norris a investigar estas histórias, mas a apresentar o que descobrirem com a voz própria que já adquiriram nas suas colunas. As secções de desporto e de economia estão ambas na crista da onda que se dirige àquele futuro, onde a autoridade da voz e o pensamento particular de quem escreve distinguem os grandes jornais da escrita convencional das formas de jornalismo mais convencionalmente repetitivas (e instantâneas). A caminho desse futuro tão diferente, o *Times* necessita de ser cuidadoso ao etiquetar as opiniões e as suas muitas variantes. A mera inserção de uma linha intermédia a dizer "comentário" (que não é diferente de "análise da notícia", um elo usado pelo *Times* durante cerca de 50 anos) seria um bom passo quando se revelasse adequado e o mesmo se pode dizer da introdução de sinais característicos nas várias secções.

Depois o resto será fácil. Há apenas que ter a certeza de que os autores e os editores que orientam o seu trabalho são tão diversos do ponto de vista intelectual como os leitores que pretendem cativar.

Falando de etiquetas, análises e opiniões: a partir de 10 de Abril esta coluna, que até hoje se inseriu convenientemente na secção "A Semana em Revista", que se pretende que seja rica em análises, mas com opiniões livremente expressas, irá para o território mais apropriado das páginas de opinião de domingo, na esteira de Frank Rich. Ali, de 15 em 15 dias, o provedor dos leitores terá direito a ser um opositor obstinado.

No início de 2006, um grupo de trabalho nomeado por Bill Keller e liderado pelo subchefe de redacção, Tom Bodkin (o principal *designer* do *Times*), apresentou em linhas gerais uma proposta de soluções para, "em todo o jornal, dar um aspecto mais consistente e especial às colunas de opinião junto às notícias." Estas coisas levam meses a pôr em prática. Por isso, no momento em que escrevo, não sei se, como Bodkin me disse, os planos "tornam mais claras outras formas que usamos, como as análises noticiosas, os memorandos, os diários, etc." Veja o leitor por si mesmo.

Fui desafiado com razão por alguns críticos que verificaram que Keller e Collins podem nunca discutir assuntos importantes. No entanto, em certa medida, eles não precisam de o fazer. Foram ambos nomeados por Sulzberger e presume-se que escolheu o que pretendia ter. Porém, isso é muito diferente de coordenar a cobertura noticiosa para promover as causas da página editorial.

Na verdade, o desafio foi-me dirigido por alguns que reagiram internamente a esta coluna. Como foi indicado pelas diferentes regras para colunistas promulgadas pelo editor do desporto, Tom Jolly, e o editor de economia, Lawrence Ingrassia, mesmo a sala de redacção do *Times* actua mais como os Artigos da Confederação do que como a Constituição dos Estados Unidos. É claro que há orientações para toda a redacção, mas os diferentes departamentos e secções agem, em grau surpreendente, com uma flagrante independência.

SEGUNDA EDIÇÃO! SEGUNDA EDIÇÃO! NÃO LEIAM TUDO SOBRE O ASSUNTO!

10 de Abril de 2005

NA ÚLTIMA quarta-feira, uma longa Nota do Editor, publicada na página A2, foi um furo jornalístico sobre um furo jornalístico que eu planeara sobre a natureza perniciosa dos furos jornalísticos. A nota tinha por tema as irregularidades de um artigo de primeira página da edição de 31 de Março, escrito por Karen W. Arenson e intitulado "Painel da Universidade de Colúmbia Iliba Professores de Anti-semitismo". O *Times*, explicava a nota, antecipara-se um dia sobre os outros meios de comunicação social em troca do seu acordo em não "procurar obter a reacção das outras partes interessadas". Embora reconhecendo que tal violava a política do *Times*, a nota acrescentava que "os editores e o autor não se lembraram dela e concordaram em não aprofundar mais o assunto até que o documento fosse tornado público". Concluía dizendo que "sem uma resposta dos queixosos" – os estudantes que tinham feito as acusações de anti-semitismo – "o artigo estava incompleto; não deveria ter aparecido dessa forma".

Samuel Glasser, um leitor em Port Washington, no Estado de Nova Iorque, que se identifica como antigo jornalista e editor em três cadeias de jornais importantes, falou assim em nome de muitos: "Desde logo a ideia de que se tivesse sequer de dizer a editores e jornalistas para não fazerem tal coisa, para além do facto de se terem 'esquecido' da política do jornal, é inacreditável". Mas eu acredito demasiado prontamente em tudo. A menos que sejam forçados por um juiz inclinado para os enforcamentos, não será uma montanha de políticas (o *Times* tem um Everest delas, podendo encontrar-se a maior parte em www.nytco.com/press/ethics.html) que dissuadirá os editores e os jornalistas de procurar furos jornalísticos que ponham os corações a palpitar, as mãos a suar ou os olhos arregalados de espanto. (A chefe de redacção, Jill Abramson, disse-me que os a "Nota dos Editores" "fala por si mesma".) Querer ser o primeiro, bater a concorrência, obrigar os outros meios de comunicação social a dizer "como foi noticiado ontem pelo *New York Times*" coloca o jornal numa posição em que pode promover o espírito de corpo, aumentar a sua reputação e ganhar prémios de jornalismo prestigiosos. E também ser manipulado como um idiota.

Deixo à administração, aos estudantes e antigos estudantes da Universidade de Colúmbia a avaliação da estratégia de imprensa da sua escola. Da perspectiva de um jornalista, uma universidade que tente gerir a sua imagem pública num momento de crise é quase tão surpreendente como um aumento das propinas. Os folhetos de recrutamento não dizem "Venham para a Universidade de Colúmbia onde o alojamento fora do *campus* universitário é extremamente dispendioso e não muito atraente". Os folhetos da imprensa não dizem "A notícia sobre o anti-semitismo foi imediatamente condenada pelos estudantes que fizeram as acusações."

A Universidade de Colúmbia queria controlar a maneira como saíam as notícias sobre o relatório. Essa é a minha versão. Susan Brown, a directora do Gabinete de Relações Públicas da Universidade de Colúmbia, disse-me que "pretendíamos que o relatório falasse por si mesmo, que valesse por si mesmo". É a mesma coisa. Acabou por explodir na cara da Universidade de Colúmbia e na do *Times*, depois de o *New York Sun*, alguns estudantes ofendidos e (disse ele sem modéstia) algumas investigações toscas do provedor dos leitores terem causado a confusão. Mas até então, a Universidade de Colúmbia baseava a sua versão dos acontecimentos naquela primeira página. O seu relatório controverso foi afastado da controvérsia, ao ser apresentado em larga medida sem ser questionado. (Arenson insistiu em entrevistar o único professor citado pelo relatório como tendo tido comportamento incorrecto.) O *Times* pôde apregoar possuir um documento importante "obtido pelo *New York Times* e que irá ser divulgado hoje". Assim, os leitores leram uma história incompleta que não foi revelada por inteiro até que o artigo de Arenson sobre a reacção estudantil surgisse no dia seguinte – mas não na A1, é claro.

A primeira notícia sobre a Universidade de Colúmbia teria em qualquer caso aparecido na página um, mas o facto de ser um exclusivo garantia-o. Bater a concorrência é muito mais gratificante quando se pode gritá-lo pelos altifalantes.

Em Março de 2004, quando a metade superior da primeira página foi dedicada à carnificina provocada pelas bombas dos terroristas que mataram 191 pessoas em Madrid, muitos leitores ficaram ofendidos pela presença, no fim da mesma página, de um artigo intitulado "Em Nome da Ciência: Negócio

Lucrativo de Partes do Corpo". As notícias de Madrid exigiam que se estivesse presente nesse dia, mas a reportagem sobre o que sucedia aos cadáveres nos Estados Unidos e o nó no estômago da justaposição que isto provocou nos leitores à mesa do pequeno almoço é que não. Quando perguntei por que razão não tinha sido adiada por um dia ou dois, um dos editores de topo disse-me: "Soubemos que o *Los Angeles Times* andava atrás da mesma notícia e a publicariam nos próximos dias."

No último mês de Junho, quando expressei o meu desagrado pela colocação na página um da crítica de Michiko Kakutani ao livro de Bill Clinton, *A Minha Vida*, penso que me escapou o que importava: a colocação de um artigo de opinião na primeira página pode parecer estranha, mas publicar a crítica dum livro de 957 páginas pouco mais de 24 horas depois de ter chegado às mãos dela era ainda mais estranho, a menos que se aceite a premissa de que a velocidade é sinónimo de virtude. Os elementos do júri do Pulitzer que concederam o prémio a Michiko Kakutani em 1998 referiram "a sua escrita apaixonada e inteligente sobre livros e literatura contemporânea", não a sua capacidade de leitura rápida.

A escolha da oportunidade, tanto da notícia sobre os cadáveres como da crítica ao livro de Clinton e a consequente exigência de um espaço na primeira página são sintomas de uma disposição genética persistente. Algumas pessoas dos jornais parecem encarar as vitórias sobre a concorrência como o traço distintivo do jornalismo, uma característica essencial que distingue os vencedores dos vencidos. Penso que é antes o osso da cauda, um vestígio da era em que os jornalistas ainda balançavam pendurados nas árvores, daquele tempo longínquo em que Nova Iorque tinha oito jornais diários e ardinas de calças curtas deambulavam pelas ruas clamando "Segunda edição!" sempre que os seus jornais tinham algo que os dos outros rapazes não tinham.

A selecção darwiniana pode ter eliminado os espécimes mais fracos, mas as características que os mantiveram vivos durante anos não desapareceram. Hoje em dia, as notícias de última hora pertencem aos que as apresentam electronicamente, pelo que os estratagemas noticiosos se tornam na principal arma desta guerra sem sentido.

Um jornalista nem sequer precisa de fazer um acordo para proteger um furo jornalístico, satisfazer uma fonte e fixar os leitores. Isto é particularmente fácil em Washington, onde marionetistas dos dois lados da coxia utilizam os hipercompetitivos jornalistas como joguetes. Um político fornece uma notícia fresca sobre, digamos, uma nomeação iminente – o fim da tarde é um momento particularmente propício para esta manobra – a um jornalista. O jornalista sabe que se procurar um comentário de alguém que esteja provavelmente contra a nomeação, essa pessoa terá muito interesse em fazer rebentar o balão, chamando os jornalistas concorrentes, conseguindo algum directo na televisão e prejudicando doutras formas o jornalista que detém o furo. Mas se o jornalista não fizer a chamada, o informador tem a notícia que pretende, sem ser incomodado por uma investigação aprofundada.

Quando pergunto por que razão ser o primeiro inspira saudações efusivas por parte dos colegas e bilhetinhos amorosos por parte dos chefes, alguns editores olham mudos para mim, como se tivesse perguntado por que razão as palavras têm vogais. Alguns deles, todavia, convenceram-me que a corrida pode beneficiar os leitores, que ficam bem servidos pelos instintos competitivos que impelem cada jornalista a fazer melhor do que os outros. Para além disso, alguns chamam com razão a atenção para o facto de os furos jornalísticos que verdadeiramente importam não são aqueles que resultam de alguém entregar sub-repticiamente um documento (ou, no caso Robert Novak-Valerie Plame, um nome) a um jornalista, mas os que resultam da diligência continuada deste.

Nem toda a boa história requer mais do que 500 entrevistas, conduzidas durante mais de 15 meses, como a série inatacável do jornalista Walt Bogdanovich sobre a segurança nos cruzamentos ferroviários que ganhou um Pulitzer na semana passada. Mas uma componente de todas as boas reportagens é a sua realização conscienciosa e incansável, mesmo sob a pressão do tempo, e um elemento de toda a boa gestão é a vontade de esperar por outro dia quando o tempo não se pode fazer estender. Gostaria de poder dizer que a notícia sobre a Universidade de Colúmbia foi uma aberração. Gostaria também de provar que não foi. Os jornalistas que fazem acordos secretos *qui pro quo* com as fontes não levantam o telefone para me dizer que acabaram de fazer um. Deparei com vários artigos nos últimos meses que emitem uma aroma algo suspeito, mas poderia ser injusto citar pormenores quando os jornalistas negam ter feito acordos e eu não posso provar o contrário.

No entanto, há alguns sinais denunciadores que poderiam conduzir os leitores a retirar as suas próprias conclusões. A primeira pista, evidentemente, é uma série de palavras como "a ser anunciado amanhã", "Obtido pelo *Times* e que se prevê que seja divulgado hoje" ou qualquer variante que sugira que isto é no *Times*, apenas no *Times*, e não o verão em mais lado nenhum durante um dia, pelo menos. Então se as únicas pessoas citadas no artigo forem as que beneficiem com a divulgação do seu conteúdo, desconfiem. E fiquem irritados também. Os leitores merecem melhor do que isso.

Muitas pessoas do *Times* sabem disto e levam-no a sério. Entre eles incluo Steven A. Holmes, um dos editores que participaram na história da Universidade de Colúmbia. "Penso que o jornalismo pode tornar-se demasiado irracional por causa dos furos jornalísticos", disse-me ele na última semana, mas, acrescentou com evidente pesar, "é muito mais fácil dizê--lo quando se trata dos furos jornalísticos dos outros."

⌁

Este artigo tocou num ponto sensível e deixou as suas marcas: praticamente toda a gente do jornal com quem falei pensava que o acordo com a Universidade de Colúmbia fora errado e não deveria ter sido feito. (Alguns pensaram que eu não fora suficientemente duro, fazendo notar que o acordo fora analisado nesse dia na reunião sobre a primeira página, às 4h30, mas não fora recusado.) Onde estive muito mais longe de um acordo unânime foi no meu ataque geral aos furos jornalísticos. Pode ser que as minhas raízes no jornalismo de revista estejam na origem do meu desdém. Como disse um dia um editor da revista *Time*, "Uma revista noticiosa com um furo jornalístico é como uma prostituta com um bebé". Mas ainda creio que o desejo desesperado de estar por um dia – ou, por vezes, um minuto – à frente da concorrência é profundamente idiota. (Penso também que os vencedores do Prémio da Razão mais Estúpida para Bater no *Times* foram seguramente aqueles comentadores que desfizeram o jornal por ter sido ultrapassado pelo *site* do *Philadelphia Inquirer* – venceu o *Times* em algumas horas – quando Judith Miller saiu da prisão.)

Bill Keller compreende que há um problema com os furos jornalísticos. Numa palestra ao pessoal das notícias, em 2005, disse que "Há uma grande lição [...] sobre a nossa paixão, por vezes despreocupada, por cada vez mais furos jornalísticos, as pequenas notícias que saltam à nossa frente na corrida pedestre com os nossos rivais, mas que não acrescentam nada de fundamental ao que o público já sabe, aqueles exclusivos com quem ninguém se preocupa, a não ser nós." Não há forma de medir se a "furite" aguda diminuiu no *Times*, mas é agradável pensar que os furos jornalísticos carecidos de importância não são considerados motivo de orgulho.

O BOTÃO MAIS QUENTE:
COMO O *TIMES* NOTICIA ISRAEL E A PALESTINA

═══

24 de Abril de 2005

Permitam-me que vos faça duas afirmações sobre a cobertura noticiosa do conflito do Médio Oriente efectuada por este jornal. Em primeiro lugar, penso que os correspondentes do *Times* são jornalistas honestos e empenhados. Em segundo lugar, o *Times* é actualmente o padrão-ouro no que diz respeito a expor em linguagem precisa as perspectivas das partes, os conteúdos das resoluções e os termos das convenções internacionais. Nenhum destes comentários é meu. O primeiro é uma citação directa de Michael F. Brown, director executivo dos Parceiros para a Paz, uma organização que procura, segundo ela mesma afirma, "acabar com a ocupação dos territórios palestinianos". A segunda vem de Andrea Levin, presidente e directora executiva do Comité para o Noticiário Rigoroso sobre o Médio Oriente na América, o tenaz observador pró-

305

-sionista dos meios de comunicação social. Com partidários de ambos os lados a elogiar respeitosamente, em vez de afrontarem e ameaçarem, podem pensar que atingimos um momento marcante na cobertura noticiosa do conflito israelo--palestiniano pelo *Times*.

Estariam enganados. Grupos menos moderados de ambos os lados julgam que o *Times* é culpado de crimes que vão da desonestidade pura e simples à cumplicidade na morte de civis. Um grupo intitulado Facção Ortodoxa promoveu boicotes ao *Times* por "simplesmente não contar a verdade". Encontrei-me com representantes de "Se a América Soubesse", uma organização que diz que o *Times* noticia conscientemente as mortes das crianças israelitas, mas ignora as das crianças palestinianas, crianças que são, segundo dizem, "atingidas na cabeça ou no peito" pelos soldados israelitas.

Nos extremos, o que prevalece é a raiva e as acusações. Mais próximo do centro, críticos mais razoáveis encontram ainda muito que condenar. Michael Brown e Andrea Levin podem citar capítulos, versículos, frases e sinais de pontuação. Olham para este jornal com uma vigilância que é verdadeiramente espantosa.

É tão simples como isto: um artigo sobre o conflito israelo--palestiniano não pode aparecer no *Times* sem despertar uma resposta instantânea e intensa. Uma fotografia de uma mãe dolorosa é considerada uma provocação, uma entrevista com um radical de qualquer dos lados é julgada como propaganda propositada. Chegam-nos todas as semanas estudos detalhados com colunas enormes dedicadas a um ou outro assunto. Um leitor, Lee Rennert, de Bethesda, no Maryland, escreveu-me 164 vezes (até sexta-feira) durante os últimos 17 meses com comentários sobre a cobertura jornalística efectuada sobre o Médio Oriente. As suas mensagens raramente são cartas de amor.

Sobre este assunto, as cartas de amor são tão vulgares quanto os compromissos e declarar que o *Times* está inocente das acusações de parcialidade é tão provável como uma paz iminente.

Após ter lido milhares de críticas (mas também insultos, acusações e ameaças) sobre a cobertura do *Times* sobre o Médio Oriente, ainda estou à espera de que um leitor diga que o jornal foi alguma vez injusto de uma forma que tivesse prejudicado ambos os lados. Dada a frequência dos artigos sobre o assunto, seria difícil imaginar que um tal artigo não tivesse sido publicado. De facto, eu mesmo vi alguns, mas para os ver tive de abolir os meus próprios sentimentos sobre o que se está a passar em Israel e na Palestina. Não posso dizer que seja muito bom nisso. Como poderia sê-lo quando estou a analisar um conflito tão profundo, tão persistente, tão cheio de dor? Quem pode ser desapaixonado sobre uma tragédia sem fim?

Isto não isenta o *Times*, tal como o facto de as críticas virem de ambos os lados também não implica que o jornal está a fazer algo correcto. Mas ninguém que tenta caminhar pelo meio da estrada durante uma troca de tiros poderia sair ileso.

Os críticos irão dizer que o *Times* não tenta fazer nada disso, que optou por um dos lados do conflito. Mas mantenhamos os motivos fora da discussão: nem o leitor nem eu sabemos o que motiva os editores, e aliás os seus motivos não devem sequer importar. Só podemos julgar os editores pelo que fazem.

Há coisas que o *Times* faz e outras que não faz (para além de ter páginas de opinião extremamente obstinadas, que influenciam o modo como o resto do jornal é lido, mas não é o que está agora em discussão):

Não dá lições de história. Uma notícia sobre uma tentativa de assassinato de um líder do Hamas em Gaza que mata inocentes que estão por perto mencionará provavelmente a provocação imediata, talvez um ataque palestiniano a um colonato israelita. Mas, dirá o leitor irritado, e que dizer do ataque assassino que provocou o segundo ataque? E a emboscada que precedeu o ataque, perguntará, ofendido, a sua contraparte do outro lado? E assim se continuará até à primeira intifada, e depois até 1973, 1967, 1956 e 1948, numa cadeia sem fim de invocações históricas, recriminações e dor que não podem ser retratadas num ano, muito menos num único dia num único artigo.

Evita deliberadamente as paixões. Se uma causa necessita de boa publicidade – como é notoriamente o caso quer dos Palestinianos, quer dos Israelitas –, as figuras de retórica convencionais utilizadas pela redacção das notícias podem apenas suscitar fúria: recitações amenas de supostos factos, seguidas de questionamento desses factos, afirmações de porta-vozes, imediatamente contraditadas por porta-vozes contrários. A aparente relutância do jornal em divulgar provas de incitamento ao ódio racial ou religioso, por exemplo, deriva, em parte, penso eu, do esforço subconsciente para se conservar num meio termo que não seja instigador e para manter as coisas a um nível civilizado, mesmo se a civilidade há muito que abandonou o conflito.

No entanto, as pessoas envolvidas desejam paixão. O próprio desprendimento se torna suspeito. Quem não é por nós, é contra nós.

Faz escolhas. Para as pessoas dos dois lados que sentem o conflito como uma questão de vida ou de morte – o que é de facto – o Médio Oriente é a única notícia que interessa. As reportagens que se publicam todos os dias no *Times* são diminutos fragmentos de uma tragédia épica. Sim, é verdade que houve hoje manifestações contra a transferência de colonos, mas como se pode passar em claro o prolongamento à tarde do muro na margem ocidental? Ou, sei que deu ontem a minha versão dos factos, mas por que razão hoje só apresenta a versão do outro lado? Este dilema é agravado pela forma como certos acontecimentos se impõem ao próprio jornal. A violência grita mais alto do que tudo o mais. Se se está a fazer a cobertura de um debate e é detonada uma bomba terrorista a dois quarteirões de distância, corre-se para o lugar da detonação. Os terroristas têm uma forma horrível de influenciar as coberturas noticiosas, mas a verdade é que funciona. Não cedem a autoridade definitiva a outras organizações ou fontes. Na última terça-feira o artigo "Israel Está Por si só a Desenhar as Fronteiras da Margem Ocidental", de Steven Erlanger, enfureceu Michael Brown devido à sua afirmação incompleta de que os Palestinianos "argumentam que os colonatos israelitas para além da linha verde são ilegais". Segundo Brown, o *Times* está obrigado a dizer que "não são só os Palestinianos que dizem ser ilegal, mas também as resoluções do Conselho de Segurança das Nações Unidas".

Ethan Bronner, o subeditor internacional do jornal, contrapõe: "consideramos que somos neutrais e que não estamos condicionados por tais afirmações. Citamo-las, mas não as seguimos." E acrescenta: "Em 1975, quando a Assembleia Geral das Nações Unidas considerou que o sionismo era uma forma de racismo, teria sido lógico que o *Times* repetisse essa classificação, enquanto facto, daí em diante? É óbvio que não. Nós tomamos nota das posições oficiais, mas não as adoptamos como nossas."

O jornal também não aceita as notícias dos outros como tendo autoridade. Uma crítica comum que recebi é tecida à volta de uma "prova" de algo que o *Times* não noticiara. Muitas vezes estas provas são claramente obtidas junto de fontes das partes interessadas e quando cito aos críticos as provas contrá-rias fornecidas pelos jornalistas do *Times* elas são, por sua vez, recusadas como facciosas. Os representantes de "Se os Americanos Soubessem" acreditam seriamente que as informações que me apresentam sobre as mortes de crianças palestinianas são "simples critérios objectivos". Porém, penso que nenhum de nós pode ser objectivo no que respeita à nossa proclamada objectividade.

É limitado pela geografia. O *Times*, como virtualmente todas as organizações noticiosas americanas, mantém a sua delegação em Jerusalém Ocidental. Os seus jornalistas e as suas famílias fazem as suas compras nos mesmos mercados, caminham pelas mesmas ruas e sentam-se nos mesmos cafés que há muito correm o risco de ataques terroristas. Alguns defensores da causa palestiniana chamam-lhe "parcialidade geográfica estrutural".

Se os jornalistas vivessem em Gaza ou Ramala, prossegue o argumento, sentir-se-iam expostos a lutas e perigo de vida diários atrás das linhas palestinianas e talvez se tornassem mais empáticos em relação aos Palestinianos.

Nada sei de empatia, mas sei que o ângulo de visão determina o que se vê. Um jornalista sedeado numa Telavive europeizada e secular terá uma experiência de Israel muito diferente de um colega que viva em Jerusalém. Um jornalista com casa em Ramala encontrará provavelmente um mundo completamente diferente. O *Times* deveria tentar estar aqui também.

É apenas um jornal. Afinal, resume-se a isto: o próprio jornalismo é inadequado para contar esta história. Tal como a música gravada, que é apenas um *fac-simile* da música, o jornalismo é um substituto, algo que está em vez de outra coisa. É aquilo a que recorremos quando não podemos conhecer algo em primeira mão. Não é a realidade, mas uma versão da realidade e tanto os fechos de edição quotidianos como o espaço limitado transformam até o melhor jornalismo numa versão reducionista da realidade.

Ao preparar-me para escrever este artigo, as minhas conversas com Michael Brown e Andrea Levin, com outras partes interessadas e com os editores do *Times* consumiram horas. Os meus contactos por *e-mail* com os leitores consumiram meses. Para todos os que afirmem que ao comprimir nestes poucos parágrafos tudo o que obtive com esta pesquisa despojei muitos argumentos das suas subtilezas ou lhes anulei a força, não tenho resposta. Quanto mais importante e complicado é um assunto ou mais próximo está da fronteira entre a vida e a morte e do futuro das nações, menos provável é poder--se chegar à sua essência com esse servidor totalmente inadequado, mas absolutamente necessário que é o jornalismo diário.

Um pós-escrito:

Durante a minha pesquisa, representantes de "Se os Americanos Soubessem" expressaram a crença de que, a menos que o jornal enviasse um número igual de jornalistas muçulmanos e judeus para cobrir o conflito, os jornalistas judeus deveriam ser colocados fora do assunto.

Penso que esta ideia é profundamente ofensiva, mas não tão repelente como a calúnia que tem aparecido nos *e-mails* que me são dirigidos com lamentável frequência: a acusação de que o *Times* é anti-semita. Ainda que se parta do princípio de que os jornalistas e os editores do *Times* favorecem a causa Palestiniana (algo que eu não estou, nem sequer remotamente, disposto a fazer), trata-se de uma baixeza surpreendente. Se o noticiar que é simpático aos Palestinianos, ou antipático aos Israelitas, é ser anti-semita, o que será o verdadeiro anti-semitismo? Que palavra haverá então para designar a discriminação consciente, ou o ódio declarado, ou os actos de violência intencionais e etnicamente motivados?

O *Times* pode ser – é – imperfeito, mas não é anti-semita. Dizer que o é, rebaixa mais o acusador do que o acusado.

Os líderes do CAMERA, que há muito tempo parecem pensar que eu estou a desempenhar um trabalho justo e honesto como provedor dos leitores e gostaram sobretudo da minha intervenção anterior sobre o uso dos termos "terrorista" e "terrorismo", julgam agora que a minha lógica é perniciosa e os meus argumentos inaceitáveis. Uma mensagem da directora executiva do grupo, Andrea Levin, citava este comentário de um apoiante do CAMERA: "Muito calmo, muito bem pensado, muito bem escrito. Muito inadequado. É óbvio que ele não percebe nada do que está em causa: não se pode ignorar o facto de que um dos lados quer viver em paz e o outro pretende fazer a guerra." Levin levantou também objecções por eu ter citado as queixas particulares dos Parceiros para a Paz, embora não tivesse citado o CAMERA e, acrescentava ela, não escrevera correctamente o nome da sua organização: é Comité para o Rigor do Noticiário sobre o Médio Oriente na América, e não Comité para o Noticiário Rigoroso, etc.

Alison Weir, de "Se a América Soubesse", divulgou na *internet* um desmentido e uma denúncia que em breve apareceram em muitos outros locais. Entre outras coisas, Weir afirmava que fora eu quem sugerira que os jornalistas judeus deveriam ser afastados do assunto. Ela e eu recordamo-nos de modos diferentes do nosso encontro.

Michael Brown, dos Parceiros para a Paz, pensa que o meu artigo é razoavelmente justo.

A única reacção ao artigo que me surpreendeu veio de um jornalista muito conhecido, com muita experiência do Médio Oriente e que me pediu para não divulgar o seu nome. Disse-me ele que um jornalista americano que trabalhe a partir de uma delegação nos territórios ocupados ou em Gaza está a arriscar a vida.

SUMÁRIOS E FUGAS
E OS JORNAIS QUE OS PERMITEM

8 de Maio de 2005

Nos próximos dias será apresentada ao pessoal do *Times* uma comunicação intitulada "Manter a Confiança dos nossos Leitores". Preparada por um comité de jornalistas e editores chefiado pelo subchefe de redacção, Alan M. Siegal, o documento apresentará recomendações em áreas como as fontes, a parcialidade, a separação entre notícias e opinião e a comunicação com os leitores. Os membros do pessoal serão convidados a comentar e depois o editor executivo, Bill Keller, determinará quais as recomendações que deverão ser adoptadas, adaptadas ou recusadas.

Não vi as recomendações, mas suspeito que as relacionadas com as fontes anónimas serão as mais controversas entre o pessoal jornalista. Os jornalistas que frequentam os corredores da justiça, o mundo da política internacional e a comunidade

313

da informação não podem realizar o seu trabalho sem fontes não identificadas. Muitos dos que fazem a cobertura daqueles esgotos gémeos de duplicidade, amor-próprio e traição – Hollywood e a política – estão viciados nessa actividade. Aliás, implícita em muitas das críticas dirigidas a todos os jornalistas que utilizam a citação cega está a desagradável insinuação de um comportamento desonroso.

Desde que exerço esta função, a utilização de fontes anónimas tem sido uma questão importante levantada muitas vezes pelos leitores. Questionam a autenticidade das citações, questionam o rigor da informação nelas presente, pensam que os jornalistas que invocam fontes não identificadas são preguiçosos ou, muito pior ainda, desonestos. Como escreveu Leonard Wortzel, de Atlanta, "Sempre que encontro uma frase como, por exemplo, 'de acordo com um funcionário altamente colocado' interpreto-a como significando 'Eu, o jornalista, apresento agora a minha opinião, mas vou disfarçá-la de notícia.'"

Os jornalistas eriçam-se quando ouvem este tipo de coisas, tal como alguém cuja integridade é questionada. Todavia, não creio que interesse se é justo ou não. Se os leitores entendem que há mentira ou desonestidade, o *Times* encontra-se perante um problema.

O jornal sabe isso. Essa é a razão por que o grupo de Siegal, geralmente referido como "o comité de credibilidade", se reuniu. Essa é a razão por que Philip Taubman, o chefe da delegação de Washington, informou o seu pessoal na semana passada que o *Times* se juntara a um grupo de organizações noticiosas num amplo esforço para diminuir a inundação de "encontros de bastidores" em Washington, onde os funcionários divulgam a sua versão dos acontecimentos e das políticas e se lhes permite que permaneçam desconhecidos dos leitores do jornal.

A credibilidade é também uma razão para que muitos jornalistas reconheçam actualmente que os piores hábitos da profissão devem acabar: as descrições vagas sobre fontes fantasmas, a presteza com que se ignoram as motivações delas, a disponibilidade para as deixar dizer o que quiserem sem responsabilização pública. O correspondente na Casa Branca, David E. Sanger, de quem a maior parte do trabalho recente tem incidido na questão extremamente sensível da proliferação nuclear, disse-me que "no mundo pós-Iraque" – o mundo em que informadores ardilosos convenceram os jornalistas e os seus leitores de que Saddam Hussein possuía armas de destruição maciça – "a utilização de designações como 'funcionários dos serviços de informação' ou 'funcionários com aceso a informações' simplesmente não convencem."

Mas não é fácil alcançar o momento em que os jornalistas integrem esta consciência no seu trabalho. A recompensa psicológica que a sala de redacção pode proporcionar ainda vai para o jornalista que publica algo que a concorrência não possui. As fontes valiosas, ao insistir no anonimato, continuam a entregar livremente pormenores aliciantes como se fossem bolos atirados a cães famintos. Mesmo os encontros de bastidores têm o seu atractivo, se a alternativa é uma visão a duas dimensões da política. O subsecretário de Estado, Richard A. Boucher, disse-me que ele e outros funcionários são obrigados a socorrer-se dos bastidores "quando se relatam pontos de vista de outros governos que é necessário dar a conhecer, mas em nome dos quais não estamos autorizados a falar. Outros governos podem ser excepção quando os seus pontos de vista são caracterizados pelos nossos porta-vozes oficiais, mas não podem objectar tão facilmente quando falamos anonimamente."

David Leavy, que foi porta-voz do Conselho de Segurança Nacional durante o segundo mandato de Clinton, concorda:

"É uma lei da física política. É-se melhor aceite e utilizar-se-á muito menos a linguagem diplomática se o nome do próprio não ficar ligado ao que se está a dizer." Para além disso, presume-se, os jornalistas (e os leitores) ficarão a saber muito mais. Todavia, os decisores políticos querem divulgar a sua versão e mesmo sem o anonimato de uma personalidade de bastidores aposto que encontrarão um meio de o fazer.

É claro que há outra razão para alguns jornalistas de imprensa serem parciais na apreciação dos encontros de bastidores: logo que os sumários são gravados, as luzes da televisão começam a brilhar, as câmaras começam a funcionar e os jornalistas de emissão começam a actuar. Isso tende a provocar muita irritação aos rapazes da imprensa.

Tudo isto ajuda a explicar por que razão alguns planos bem intencionados ficaram por aplicar. Em Março de 2004, a redacção divulgou uma revisão da orientação sobre as fontes anónimas que incluía esta restrição: "Quando usarmos tais fontes, aceitamos a obrigação, não só de convencer o leitor de que são de confiança, mas também de transmitir quais pensamos serem as suas motivações."

Dois meses mais tarde, falei de um estudo sobre as práticas em relação às fontes realizado por Jason B. Williams, que era então um estudante licenciado pela Universidade de Nova Iorque. Analisando todos os artigos da secção A publicados na primeira semana completa de Abril de 2004, um mês após a nova orientação ter sido anunciada, Williams concluiu que uns escassos 2% das notícias que citavam fontes anónimas revelavam a razão da concessão do anonimato e apenas 8% das fontes não identificadas eram descritas de uma maneira significativa. (Maneira não significativa: "um funcionário do Congresso". Maneira significativa: "um funcionário do Congresso que se opôs à nomeação do Sr. Bolton".)

Há várias semanas, pedi a Williams para analisar a primeira semana completa de Abril um ano depois. A nova orientação está agora vigente há tempo suficiente para que os editores já se tenham familiarizado com ela e para que os jornalistas se tenham habituado a que os editores os macem por causa dela. Os resultados são... bem, na melhor das hipóteses estão bem. O número de fontes anónimas no jornal baixou 24%. Todavia, a percentagem de artigos que citavam fontes não nomeadas pouco baixara, de 51% para 47%. As descrições significativas das fontes e a explicação para a concessão do anonimato subiram... de muitíssimo raras para muito raras. 46% das fontes anónimas eram identificadas apenas como "funcionários" ou "conselheiros" e estes termos eram geralmente antecedidos de esclarecimentos pouco úteis como "do Congresso", "administração" ou – o meu especial favorito – "vários".

Só quando o editor de notícias em Washington, Greg Brock, me chamou a atenção é que eu verifiquei como era frequente a responsabilidade ser atribuída à fonte, não ao jornal: "Os funcionários pediram o anonimato porque" é uma afirmação que tem uma implicação, "O *Times* concede o anonimato porque" sugere uma muito diferente. "Se temos o compromisso de fornecer aos leitores tanta informação quanto possível", sugere Brook, "devemos começar por reconhecer que fomos nós que tomámos a decisão."

Estou bastante seguro de que se os polícias da sintaxe que têm autoridade sobre a linguagem do jornal insistissem nesta mudança os números de Jason Williams teriam diminuído grandemente. Uma coisa é deixar que alguém tire partido de nós, outra é proclamar que o encorajámos.

Há boas razões para utilizar as informações fornecidas por fontes não identificadas. O melhor que pode acontecer é isso conduzir a alguém que as confirme e permita ser nomeado para que aos leitores possa chegar algo com valor. Mas o ónus da prova é enorme quando ninguém quer aparecer publicamente a fazer uma afirmação corajosa. Assim deve ser a barreira a erguer contra a sua publicação.

Há também algo de valor no material anónimo que é fornecido por aquilo que o jornalista junto do Pentágono Tom Shanker designa, "não [como] uma fuga, mas um furinho". Explica Shanker: "O que pode parecer uma notícia coerente baseada em informações provenientes de uma só fonte, representa, na verdade, dias de trabalho relacionando factos dispersos divulgados por muitas pessoas. As fontes são muitas, as motivações variam. Algumas não são de modo nenhum "motivadas". Nem sequer sabem que estão a contribuir com um facto importante, embora só o seja se associado a outras observações recolhidas durante muitas conversas com muitas pessoas."

Isto não representa uma confiança excessiva nas fontes anónimas. Isto é o que se chama "fazer jornalismo". É o que separa os jornalistas dos estenógrafos e eu sou totalmente a favor da diferença.

Contudo, sou também a favor de uma cultura de sala de redacção que poderia ser simbolizada por uma nova peça de decoração de paredes. Imaginem uma caixa pequena com uma porta de vidro. Por trás do vidro um certificado com as palavras "autorização para utilizar fontes anónimas". Um pequeno martelo está pendurado na caixa e há um aviso que diz "Quebrar o vidro em caso de emergência", uma emergência não para os editores nem para os jornalistas, mas para os leitores do *Times*.

"Temos de fazer entrar as nossas orientações no *hardware* dos cérebros dos nossos jornalistas e editores, que são obrigados a dizer aos leitores como sabemos aquilo que sabemos", confessou-me Bill Keller há uns dias. "Há casos em que, por

318

razões excelentes, não as podemos cumprir, mas terão de ser excepcionais e têm de ser explicadas ao leitor."

Quando lhe perguntei porque falhara a última aplicação das orientações, disse-me também: "Ainda temos pouca experiência disto." Muito bem, mas a questão da credibilidade já começa a ter barbas.

No final de 2005, Keller – que se preocupava muito com esta questão – podia justamente dizer que os jornalistas e editores tinham novos circuitos impressos instalados. Segundo as minhas contas, feitas por alto, a frequência das fontes anónimas não tinha diminuído muito, mas os leitores tinham quase sempre explicada a razão para o anonimato (ainda que demasiadas destas explicações dissessem, de facto, que "a fonte insistiu no anonimato porque revelar o seu nome significaria que alguém que lhe podia fazer a vida difícil saberia quem ela era"). As identificações meramente descritivas eram mais claras e citações não atribuídas a ninguém pareciam ser menos frequentes nas peças jornalísticas mais ligeiras. Houve um progresso efectivo e significativo.

No entanto, estou convencido de que a confiança no anonimato diminuiria ainda mais se o jornal seguisse fielmente a recomendação de Greg Brock. Podem imaginar, por exemplo, uma cópia de artigo contendo uma frase como esta: "Foi concedido o anonimato à fonte, porque ninguém da presidência falaria *on the record* e a justiça exige que a crítica dos democratas seja contrabalançada pelo comentário da Casa Branca." Conjecturo que isto iria levar o editor a perguntar: por que razão seria injusto, se solicitámos um comentário *on the record* e eles preferiram não o fazer?

Ou então esta: "Foi concedido o anonimato à fonte, porque o *Times* pensou que ela já tinha falado com um dos nossos concorrentes." Tendo de publicar alguma coisa, este comentário poderia levar um editor a pensar que não valeria de modo algum a pena incluí-lo.

13 COISAS SOBRE AS QUAIS TIVE A INTENÇÃO DE ESCREVER MAS NUNCA O FIZ

✻

22 de Maio de 2005

É ASSIM. Todas as coisas boas (e tensas, e terríveis, e excitantes) têm de ter um fim. Quando comecei este trabalho em Dezembro de 2003, tinha uma lista de cerca de vinte tópicos que pretendia abordar. Nos meses seguintes, ocupei-me de cerca de metade deles e dediquei o resto do meu tempo e do meu espaço a questões que emergiram das páginas do jornal e na minha caixa de *e-mail*. Os dez que nunca abordei estão agora pendurados num armário com mais cinquenta outros. O que se segue, como verão em breve, é apenas uma selecção aleatória.

1. No meu primeiro artigo identifiquei-me como "um absolutista" da Primeira Emenda. Para além de ter chegado à conclusão de que o absolutismo na procura da autodefinição pode ser um pouco temerário, os meus pensamentos sobre o jornalismo e a Primeira Emenda mudaram consideravelmente.

Ainda aprecio a Primeira Emenda, ainda penso que é a pedra angular da democracia, mas gostaria de ver o jornalismo a justificar o seu trabalho, não acobertando-se sob o longo manto da lei, mas invocando defesas mais convincentes: o rigor, por exemplo, e a equidade. Como corolário, em algumas áreas de disputa, a Primeira Emenda pode não ser até a defesa legal mais eficaz. A ideia de que a jornalista do *Times* Judith Miller e o jornalista da revista *Time* Matthew Cooper possam em breve ser presos por não terem identificado as suas fontes provoca náuseas, sobretudo devido ao facto de a fonte continuar em liberdade. (Ninguém está a sugerir que Judith Miller e Matthew Cooper possam ter violado a lei, mas a fonte pode tê-lo feito). Os jornalistas Glenn Kessler e Walter Pincus, ambos do *Washington Post*, foram representados por advogados criminais no mesmo caso e continuam hoje a fazer a sua vida, enquanto os que fizeram depender a sua defesa da Primeira Emenda podem dentro de pouco tempo ir parar à prisão.

2. O colunista de opinião Paul Krugman tem o hábito perturbador de moldar, cortar e citar selectivamente números de uma forma que agrada aos seus acólitos, mas abre o flanco a ataques justificados. Maureen Dowd continuava a escrever que Alberto R. Gonzales "considerou 'singulares' as Convenções de Genebra" cerca de dois meses após uma correcção nas páginas de notícias ter feito notar que Gonzales aplicou especificamente o termo às disposições de Genebra sobre os privilégios nas aquisições, os uniformes de atletas e os instrumentos científicos. Antes de em Janeiro se reformar, William Safire aborreceu-me com a sua afirmação crónica de existirem laços evidentes entre a Al-Qaeda e Saddam Hussein, baseando-se em provas que apenas ele parece possuir.

Ninguém merece o insulto pessoal que Dowd recebe todos os dias e alguns dos inimigos de Krugman são tão ideológicos (e, logo, tão injustos) como ele. Todavia, tal não significa que o seu patrão, o editor Arthur O. Sulzberger Jr., não devesse exigir aos seus colunistas padrões mais elevados.

Não concedi a possibilidade de resposta a Krugman, Dowd e Safire antes de escrever os dois últimos parágrafos. Decidi fazer de colunista de opinião.

3. Questão: o que é que as caracterizações seguintes têm em comum?

"Ao primeiro som da sua voz peremptória e do ruído seco dos saltos pontiagudos, as pessoas furtam-se para trás das portas e apagam as luzes" – diz a crítica de televisão Alessandra Stanley sobre Katie Couric, em 25 de Abril. "A Sr.ª Lakshmi pode ser uma semicelebridade oportunista" – disse em 8 de Fevereiro o articulista de moda Guy Trebay sobre Padma Lakshmi.

"*Le mot juste* aqui é 'imbecil'", disse em 3 de Outubro o crítico literário Joe Queenan sobre o escritor A. J. Jacobs.

Resposta: todas são gratuitamente maldosas e inadequadas num jornal para que muitos de nós olham como um defensor das análises bem-educadas. Incluo na mesma categoria repelente o cartaz que apareceu na edição de 20 de Fevereiro da "T" do *Times*, a revista feminina de moda, que divulga o OxyContin como símbolo de estatuto.

4. No último mês de Julho, quando chapei com o título "O *New York Times* é um Jornal Liberal?" no cimo do meu artigo e iniciei a peça com a aliciante e incisiva piada "É claro que sim", não estava a fazer um favor a ninguém, fosse ao jornal, aos seus críticos sérios ou a mim mesmo. Reduzira uma questão complexa a uma frase síntese. Quanto ao próprio artigo, eu defendo-o. Ainda penso que o jornal é o produto inevitável da experiência e da visão do mundo do seu pessoal e que a sua cobertura noticiosa reflecte a aceitação geral das posições liberais sobre a maior parte das questões.

Para os críticos ideologicamente motivados da direita, no entanto, não havia razão para invocar esta análise algo mais complexa, quando podiam afixar num *outdoor* as minhas palavras mais incendiárias: "Segundo o próprio David Okrent, do *Times...*" O que posso desejar é que eles vivam segundo o padrão que pedem ao *Times*: a representação equilibrada de opiniões controversas. No entanto, entreguei-lhes uma metralhadora quando uma pistola serviria.

5. O leitor Steven L. Carter, de Bala Cynwyd, Pensilvânia, pergunta: se "Tucker Carlson é considerado conservador" no *Times*, então por que razão [é] "Bill Moyers apenas, bem, o bom velho Bill Moyers?" Boa questão.

6. Há poucas características que sejam mais valiosas para um grande crítico cultural do que um ponto de vista estético que seja consistente. Todavia, um ponto de vista estético consistente ajuda inevitavelmente a desenvolver pontos cegos no campo de visão. Se um crítico simplesmente não aprecia a obra de um determinado dramaturgo (ou pintor, ou cantor, ou romancista), tanto o dramaturgo como os leitores ficam a perder. Ele nunca tem uma oportunidade que seja justa, nós nunca podemos ter uma nova abordagem. Que tal um prazo fixo para os críticos, por exemplo, 10 anos?

7. Se têm vindo a notar que há cada vez mais nomes não familiares a assinar os artigos no jornal isso não é por acaso. Novas secções, as exigências do *site* do *Times* e da sua actividade televisiva e as pressões económicas generalizadas dispersaram recursos finitos de pessoal por todas as necessidades de uma missão muito mais ampla e fizeram aumentar a dependência do jornal em relação a jornalistas *freelance*.

Ora, não tenho nada contra jornalistas *freelance*. Já o fui também e amanhã de manhã voltarei a sê-lo. É um modo respeitável de ganhar a vida (ainda que seja absurda do ponto de vista material). Embora os *freelancers* do *Times* concordem em alinhar pelas regras éticas e os padrões profissionais do jornal, não há modo de alguém que trabalhe hoje para o *Times*, amanhã para outra publicação e na terça-feira ainda para outra poder absorver o código complexo deste jornal, vivendo de acordo com ele de forma tão fiel como os elementos do seu pessoal. Conflitos não manifestos, violações de regras de reportagem específicas do *Times* e uma grande diversidade de outros problemas foram sucessivamente encaminhados para o meu gabinete durante os últimos 18 meses.

As pressões económicas sobre todos os jornais são reais, é claro, e não há jornal moderno que possa prosperar, a menos que afecte recursos a novas formas de distribuição. Estou certo de que o *Times* destina à cobertura jornalística uma parte mais substancial das suas receitas do que qualquer outro jornal deste país. Porém, o preço de exigir demasiado aos seus profissionais e de disfarçar os pontos fracos com trabalhadores temporários pode ser muitíssimo mais elevado.

8. Na secção de "Viagens", na secção "Fugas" e nas edições ocasionais de viagens da revista de domingo, que agora se chama "T: Revista de Viagens", por que razão os restaurantes são quase sempre encantadores, os hotéis hospitaleiros, os panoramas gloriosos, as experiências gratificantes? Esta é uma forma estranha de criptojornalismo. Se os críticos de teatro fossem tão sistematicamente acríticos seriam vaiados.

9. É uma história, digamos, sobre as escolas públicas da cidade de Nova Iorque. No primeiro parágrafo uma mãe, aparentemente escolhida ao acaso, dá o seu testemunho: "não melhoraram". Espera-se nitidamente que os leitores retirem conclusões disto.

Todavia, não é claro por que razão foi esta pessoa seleccionada. Não é possível determinar se ela é representativa e não é possível saber se ela sabe do que está a falar. Abordar na rua um homem ou uma mulher para apresentar juízos definitivos está abaixo da dignidade jornalística. Se as sondagens de opinião que envolvem centenas de pessoas vêm acompanhadas de uma nota de esclarecimento que indica a margem de erro de mais ou menos cinco pontos, que espécie de aviso ao consumidor deve ser colado na sondagem *ad hoc* de três ou quatro inquiridos?

10. Há seis meses atrás, apliquei os adjectivos "arrogantes" e "condescendentes" aos editores da cultura que arruinaram por incompetência a sua revisão/redução das listas de domingo sobre as artes. Por isso, pouco depois da reintrodução no mês passado das listas largamente melhoradas da secção "Fim-de-semana" e da total remodelação de uma página de eventos próximos, em "Artes & Lazer", devo-lhes novos adjectivos como "responsivos" e "rápidos". Fizeram um trabalho magnífico.

11. Agradecimentos: já mencionei várias vezes na minha coluna o meu colega Arthur Bovino, mas nunca disse que sem ele nem sequer teria havido gabinete do provedor. O telhado teria desabado há meses. Os revisores Steve Coates e John Wilson evitaram em diversas ocasiões que caísse no ridículo (quando falharam não foi por falta de empenhamento). O meu velho amigo Corby Kummer, em trabalho extra para além do *Atlantic Monthly*, leu e comentou todos os meus artigos antes de terem ido para o jornal. Susan Kirby fez a edição dos artigos periódicos sobre cartas. Vários membros qualificados do pessoal do *Times* proporcionaram ajuda, foram tolerantes e agradáveis, mas sempre fiéis à instituição.

É sobretudo aos leitores do jornal a quem, evidentemente, tenho de agradecer. Tenho uma estima especial por todos aqueles cujos desgostos periódicos com o *Times*, mesmo no seu auge, são o preço da sua lealdade ao jornal e do reconhecimento da importância que tem nas suas vidas.

Esta atitude é bem simbolizada por uma longa mensagem que recebi, durante a minha primeira semana em funções, do economista e ex-editorialista do *Wall Street Journal*, Jude Wanniski. A sua carta alongava-se por páginas e páginas de críticas à cobertura feita pelo *Times* de tópicos tão diversos como a sua aceitação implícita da afirmação de que Saddam Hussein lançou ataques com gases contra milhares de Curdos durante a guerra Irão-Iraque (Wanninski afirma que foram os Iranianos os responsáveis pela atrocidade) e o desrespeito contínuo do jornal pelo lado da oferta da economia. No final da sua azeda carta, Wanniski juntou um P. S. "Tendo dito isto", escreveu ele, "continua a ser um dos maiores prazeres quotidianos da minha vida."

12. Desejaria não ter dito tantas vezes, quer em letra impressa quer em entrevistas, como foi difícil esta função. Dexter Filkins, em Bagdade, tem um trabalho difícil, Steve Erlanger, em Jerusalém, tem um trabalho difícil. Por qualquer critério razoável, ser provedor dos leitores é um passeio no parque.

13. Durante um encontro tenso com um grupo de jornalistas, há 17 meses, o jornalista de economia Louis Uchitelle perguntou-me o que pensava eu que iria ser o meu legado. Na verdade, não tinha resposta, mas como qualquer bom jornalista, Uchitelle insistiu. Eu, tal como qualquer pessoa não preparada e que é objecto de notícia, furtei-me à questão.

No entanto, veio-me uma resposta quando nessa noite ia no metropolitano e enviei-a de manhã a Uchitelle. "A verdadeira contribuição que posso dar ao *Times*", escrevi eu, "será o produto de 18 meses de orientações reafirmadas, membros do pessoal irritados, leitores mal-humorados, procedimentos revistos e todos os outros erros e falsas partidas que têm de acontecer quando se inicia uma função tão nova, carecida de experiências e incipiente como esta é. Quando me for embora, o meu sucessor saberá como realizar a tarefa e as pessoas do *Times* saberão como lidar com ela."

Senhoras e senhores, os vossos aplausos para Barney Calame.

Últimos pensamentos:

1. Por fim, as manobras legais do *Times* terminaram em ruínas. A minha própria conjectura é que quando Judith Miller foi de início intimada, alguém do 14.º andar do Edifício Times – ou Sulzberger, ou o então presidente-executivo Russ Lewis ou ambos – apanhou uma bandeira do mastro mais próximo e disse "Para as barricadas." Ou, se fosse necessário, para o Supremo Tribunal. Aparentemente, ninguém disse "Vamos pensar no assunto com tempo e aprofundadamente e ver se podemos resolvê-lo sem comprometer nenhum princípio importante." O suposto era que não havia compromisso possível, o que nunca é uma forma adequada de começar uma batalha.

2. Sensacional. Arranjei a minha própria dor de cabeça com este artigo. A minha única frase sobre Paul Krugman, que não afirma que ele mentiu, ou que fabricou os números, ou sequer que foi impreciso, deu azo a mais comentários hostis do que qualquer outra coisa que eu tenha escrito em 18 meses. Quando saí, Krugman e eu entrámos numa troca de *e-mails* seguida de algumas entradas no *site* do provedor do leitor [@], num contratempo a que o gawker.com chamou adequadamente "A Batalha do Gabinete das Estatísticas Laborais".

Concedo que Krugman (e legiões de apoiantes alinhados atrás dele) me levou vantagem nuns quantos aspectos particulares. Nunca passei de um aluno mediano de economia. Mas sou muito bom a ler jornais e penso que os colunistas realizam uma função valiosa quando apoiam os seus argumentos com investigação jornalística e quando a investigação jornalística não negligencia, nem furta aos leitores, provas que podem apoiar o ponto de vista contrário. Doutro modo, estão apenas a entreter os fãs do balcão.

Os que odeiam Krugman e perguntaram por que razão, se eu atacava tanto o homem, não o fiz antes disto deixam escapar o aspecto importante: os colunistas têm o direito de moldar, cortar e citar com o objectivo de agradar os seus apoiantes. Acontece apenas que eu não gosto disso.

Maureen Dowd estava muito, muito zangada no primeiro *e-mail* que me enviou, mas foi educada no segundo e perfeitamente cordial na vez seguinte em que nos encontrámos. Nunca obtive reacção de Safire.

3. Deste trio, a única pessoa que entrou em contacto comigo foi uma desagradada Alessandra Stanley. Não a encontrei nesta altura, mas mais tarde deparei com "algumas orientações difíceis de obter para fazer uma análise responsável", escritas pelo crítico John Leonard, um ex-editor da "*Times Book Review*". Entre essas orientações, "a primeira, tal como em Hipócrates, é não fazer mal. A segunda é nunca se rebaixar para fazer valer um ponto de vista ou criticar alguém. A terceira é compreender que nesta simbiose o parasita é o próprio." São palavras que nos devem orientar na vida.

8. *Aqui* trata-se verdadeiramente de um lamento. Há muito que pretendia escrever sobre as várias secções relacionadas com as viagens, mas nunca comecei a fazê-lo, nunca entrevistei os editores para ter um melhor conhecimento do que fazem e, em vez disso, lancei um insulto quando me preparava para sair. Foi um exemplo de mau jornalismo, de mau artigo e peço desculpa por isso.

9. David Herszenhorn, o autor do artigo sobre o sistema escolar, disse – gritou – que discordava. Tivemos uma acesa discussão em que defendeu a escolha de um indivíduo em representação das muitas pessoas que entrevistara e por que razão uma tal introdução ao artigo era preferível à recitação seca de dados de sondagens ou ao testemunho dos especialistas. Penso que a recitação seca não era a única alternativa.

13. A questão surge com frequência: do que é que mais se orgulha no que fez no *Times*? É fácil: o *Times* prefere continuar com a experiência do provedor dos leitores, nomeando um novo. Byron S. Calame, que estava no *Wall Street Journal*, assumiu funções quando eu as abandonava. Sob muitos pontos de vista – educação, experiência profissional, tom de voz – não poderíamos diferir mais. No entanto, tanto Barney como eu exigimos independência. Keller e Sulzberger garantiram-na e eu gostaria de acreditar que os leitores do jornal passaram a contar com a presença de um crítico não censurado nas páginas do jornal.

É uma das boas coisas dos jornais: em geral, os leitores hão-de ter o que pedirem.

AGRADECIMENTOS

PARA ALÉM daqueles a quem agradeci no meu artigo final, devo a minha gratidão a um certo número de outras pessoas sem as quais este livro seria muito mais pobre, porque sem os seus conselhos generosos eu seria um provedor dos leitores muito mais fraco. Destaco entre elas Taylor Branch, John Carroll, Chris Chinlund, Liz Darhansoff, Max Frankel, Jim Gaines, Mike Getler, Lisa Gunwald, Marian Heiskell, John Hey, Dave Jones, Chuck Lewis, Craig Pyes, Jack Rosenthal, Jack Shafer e Glen Waggoner. Alex Jones suportou-me de início e no fim: quando estava a iniciar funções, com conselhos sábios, quando estava a escrever o novo material para este livro, com uma bolsa no Joan Shorenstein Center on the Press, Politics and Public Policy, da John F. Kennedy School of Government, em Harvard. Os encorajamentos proporcionados por Neal Shine, o meu primeiro chefe na actividade jornalística, foram-me muito úteis. Não poderia ter encontrado editores mais colaborantes (e mais pacientes) do que Peter Osnos, David Patterson e Melissa Raymons, da PublicAffairs. São devidos agradecimentos também a Ernie Imhoff, que me deu a epígrafe do livro, e à filiação na Organization of News Ombudsmen, um raro conjunto de jornalistas dedicados, cujos conselhos e apoio agradeci todos os dias.

No *Times* houve muitas pessoas que me ajudaram e estou grato a todos eles. Todavia, Bill Borders, Andy Rosenthal e Paul Winfield merecem agradecimentos especiais por terem tolerado com particular paciência (e terem satisfeito com muitos conselhos sábios) a minha importunação contínua. Os chefes de redacção Jil Abramson e John Geddes e a editora da página editorial, Gail Collins, foram muitíssimo tolerantes, mesmo quando eu era crítico.

Desnecessário será dizer que Bill Keller e Arthur Sulzberger tornaram possível este livro, mas dizer apenas isto seria minimizar a sua contribuição. Desde a sua decisão de instituir a função de provedor dos leitores até à sua determinação inabalável de honrar o seu compromisso com a absoluta independência do cargo, nunca deixaram de cumprir totalmente a sua parte do acordo, não só ao concederem-me a liberdade de executar o meu trabalho sem impedimentos, mas também ao publicarem o melhor jornal da América.

No entanto, entre todos os que trabalham no *Times* tenho de destacar Al Siegal. A sua crença no grande jornalismo, a sua dedicação ao jornalismo ético e a sua partilha generosa e profunda de conhecimentos sobre o *Times*, os seus hábitos e a sua história foram para mim tesouros sem preço. A minha imensa gratidão para com Al só encontra paralelo na minha admiração por ele.

Finalmente John, Lydia e Becky. Os meus filhos leram os meus artigos e confessaram-se orgulhosos de mim, que é o mais apreciado dos cumprimentos. A minha mulher disse-me para aceitar o cargo no *Times* quando eu hesitava ainda e apoiou-me com alegria e determinação ao longo do meu desempenho. Evidentemente, Becky vem-no fazendo há aproximadamente 30 anos, por isso penso que não deveria ter estranhado. Quem eu deveria ser e quem eu sou ficam imensamente gratos por poder partilhar a minha vida e o meu amor com a pessoa mais maravilhosa que alguma vez poderei conhecer.

ÍNDICE

A Crítica Pública do Jornalismo 11

Notas sobre uma Profissão Antipática 15

1 O Advogado dos Leitores do Times Apresenta-se 45
2 Podemos Assumir uma Posição de Princípio, mas mesmo assim Tropeçar 52
3 A Citação, Toda a Citação e nada mais do que a Citação 60
4 O Dr. Dean Deita-se na Marquesa 69
5 Todas as Notícias são Notícia? Ou apenas as Nossas? 77
6 Passaram 11 Semanas. Sabem onde Está o vosso Ombudsman? ... 84
7 O que Sabe e como o Sabe? 92
8 Manter o Registo Exacto – Mas quem Pode Encontrar o Registo? 100
9 Os Privilégios da Opinião e as Obrigações de Facto 107
10 O Jurado, o Jornal e uma Necessidade Duvidosa de Conhecer.... 115
11 Jornal de Referência? De Modo Nenhum, não Há Razão para Tal, não Obrigado 122
12 Não há Negócio como o Negócio dos Prémios Tony 129
13 E Agora um Breve Intervalo… 137
14 Armas de Destruição Maciça? Ou Distracção Maciça? 140

335

15 Um Electricista da Cidade Ucraniana de Lutsk 152

16 A Notícia, a Crítica e um Jogo no Estádio Nacional 159

17 Quando o Direito de Saber se Confronta com a Necessidade de Saber 166

18 O *New York Times* é um Jornal Liberal? 173

19 P. Como Foram as Suas Férias? R. Cheias de Notícias, Obrigado ... 181

20 Correcções: Excêntricas, Essenciais e Prontas para Ser Melhoradas. 188

21 Como é que Jackson Pollock Faria a Cobertura desta Campanha? 195

22 Parcialidade Política no *Times*? Dois Contra-argumentos 204

23 Uma Correcção 301

24 Os Analistas Dizem que os Especialistas São Perigosos para o Vosso Jornal 214

25 É Bom Ser Objectivo, melhor ainda É Ter Razão 222

26 Editores das Artes e Consumidores das Artes: Não na Mesma Página 230

27 Agora é Tempo de o *Times* Falar do *Times* 238

28 Antes de mais, Há o Milagre que Acontece todos os Dias 245

29 Nenhuma Fotografia Diz a Verdade e as Melhores Fazem mais do que isso 253

30 Atordoado pelos Números quando afinal a Soma Está mal Feita. 261

31 Falar no Ar e Fora de Tempo: O Problema da TV 269

32 Quando os Leitores Falam Livremente Há Alguém que os Oiça?. 277

33 A Guerra das Palavras: Um Despacho das Linhas da Frente 284

34 Algumas Notas na Fronteira entre Notícia e Opinião 291

35 SEGUNDA EDIÇÃO! SEGUNDA EDIÇÃO! Não Leiam tudo sobre o Assunto! 298

36 O Botão mais Quente: Como o *Times* Noticia Israel e a Palestin . 305

37 Sumários e Fugas e os Jornais que os Permitem 313

38 13 Coisas sobre as quais Tive a Intenção de Escrever mas nunca o Fiz 320

Agradecimentos 331